WŁADYSŁAW JAN GRABSKI

SAGA
O JARLU
BRONISZU

TOM III

ROK TYSIĄCZNY

Replika

Projekt okładki
Mikołaj Piotrowicz

Zdjęcie na okładce
Copyright © depositphotos.com/ paulfleet
Copyright © depositphotos.com/ rimglow

Wydanie I w tej edycji
przygotowane na podstawie wydania VI
(PAX, 1968)

ISBN 978-83-7674-442-1

Wydawnictwo Replika
ul. Wierzbowa 8, 62-070 Zakrzewo
tel./faks 61 868 25 37
replika@replika.eu
www.replika.eu

I

Począwszy od Wielkiej Nocy, cały lipiański dwór pracował usilnie nad przygotowaniem zamorskiej wyprawy Bronisza.

Gniewomir został wysłany do przyjaznych domów kujawskich, Nałęczów, Grzymalitów i Leszczyców, z powołaniem do świty poselskiej po trzech z każdego rodu młodzieńców, odpowiednich postawą, wiekiem i ochotą. Mieli oni, prócz zaszczytu uczestnictwa w królewskim poselstwie, otrzymać jako nagrodę za dobre sprawowanie podarki, które drużyna spodziewała się zdobyć w zapraszanych dworach. Pani Matylda Przecławowa, zjednana cennym upominkiem ze stamfordzkiej skrzyni, zobowiązała się dopilnować w Cisowie zszycia dla jedenastu wojów na dobrą miarę skrojonych szat spodnich i płaszczy z przedniego sukna, dostarczonego jej z Poznania. Sporządzeniem jednolitego przyodziewku dla wiosłowych zajęły się białki lipiańskie.

Gdy tylko stajał lód na Tążynie, Bronisz, naładowawszy na czółna, co mu trzeba było, ruszył w towarzystwie Cho-

5

ciana i trzech rzemieślników pod Słońsk do miejsca, gdzie na brzegu, pod szopą dobrze ogaconą sitowiem, spoczywał żaglowiec. Widok statku osobliwie go wzruszył. Bez płócien, masztu, bez wioseł, a przede wszystkim bez wody i załogi, Mewa przedstawiała się srodze opuszczona, martwa, bezwstydna prawie. Na burtach tu i ówdzie zieleniał już mech, a we wręgach jakieś nieopatrzne stwory nagromadziły ściółkę na gniazda. Kadłub, wzdęty niby brzuch zdechłego konia, kosmacił się resztkami zeschniętych wodorostów. Trzeba było dobrze wysilić wyobraźnię, by w tym niekształtnym budulcu domyślić się łodzi, na której jarl Bronro budził podziw i zazdrość wśród Normanów.

Na ogół Mewa dobrze przezimowała. Przecież, by doprowadzić ją do doskonałości przystojnej poselskiemu statkowi, wypadało niejedno odnowić i dodać. Uradzono zmianę kilku dyli; dziób i kil wymagały wygładzenia i osztukowania, szpary prosiły się o uszczelnienie smołowanym konopaczem, wreszcie całość należało oskrobać do żywego drewna i pomalować: na biało z zewnątrz, a na popielato od środka.

Karp, z niewolników duńskich, którego pieczy zlecono na jesieni Mewę, a teraz jako najbieglejszemu w orylce powierzono naprawianie kadłuba, podjął się pracy z przykładną gorliwością. Nie odstępował statku na krok, przy nim jadł, na nim spał, a każdy cal drewna tak zmacał i oprawił, że po jego przejrzeniu pewniejsze było od nowego.

Bez koniecznej potrzeby, ale dla dorównania wspaniałości purpurowemu żaglowi, zmieniono wszystkie liny i płótna namiotu. Ten jeden żagiel zszyty z najtęższych jedwabi bizantyjskich więcej kosztował niż reszta razem wziętych odnowień. Kupiec poznański przysięgał, że jedwab przeznaczony był dla szatni królewskiej, nie wstyd mu przeto, by zdobił okręt królewskiego posła... Sam Bronisz, dozorując całości, ile mógł, pracował z innymi. Sprawdzał nawet drobiazgowego Karpa. Ostukiwał poszczególne deseczki, dobijał zluzowane diunale, wybłyszczał mosiężne knagi, pomagał Wromotowi dorabiać uszkodzenia rzeźby na dziobie.

Gdy pomalowana sterburta podeschła nieco, przystąpiono do próby nowych wioseł i tarczy. Wiosła wycięte wedle miary Chociana, dłuższe, o szerszych niż zwyczajne piórach, zmocowane były w krąg gryfu blaszanym okuciem. Tarcze obmyślił dla wiosłowych sam Bronisz. Po prostu obciął węższy brzeg obłych szczytów, tak że przyciętą równią wspierały się wprost o nadburtnicę, wklęśnięciami okrywały wiosła, a półokrągłą górą osłaniały głowy i barki wioślarzy. Wprawdzie wojowie przyganiali temu, jako że takie tarcze słabo nadawały się do potrzeby lądowej, jednak Bronisz postawił na swoim, dowodząc, że nie ma zamiaru używać wioślarzy do walki, a stać go na to, by własny statek ozdobić osobliwością naprawdę wygodną do podróży, a niezłą i do koniecznej obrony na morzu.

Bronisz przynaglał do pracy, by móc stawić się przed Zielonymi Świątkami w Cisowie na zjazd weselny, jako że król Bolesław przyobiecał patronować zaślubinom Sobiebora Sławnikowicza z Dalechną. Szczęśliwie zyskał tyle czasu, że zdążył nawet wpaść przedtem do Kruszwicy na sądy królewskie. Miano na nich rozstrzygać roszczenia dalszych spadkobierców Zbyluta łekneńskiego, więc bodaj całych Pałuków, które przez Dalechnę przechodziły we władanie Sobiebora. Obecność Ganowiczów była tam konieczna, gdyż sprawa obudziła wielu przeciwników, na sądach królewskich zaś nigdy — i do ostatka — nie można było być pewnym swej wygranej. Bolesław rzadko sprawował sądy osobiście, ale gdy już raz zasiadł pod wiecowym dębem, sądził tak, jak pragnął, by sądzono w jego imieniu, tak, jak pragnął, by lud rozumiał sprawiedliwość swego króla. Ani zamożność, ani dawne, choćby największe zasługi nie miały wtedy wpływu na sumienie władcy. Szeptano sobie, że jedynie królowa Emnilda umie, i to nie zawsze, uśmierzać gniew sędziego-małżonka. Wszakże i łaska królowej nic nie wskórała, gdy na rozprawie przytomny był ktoś z cudzoziemców albo dostojnik kościelny. Wtedy Bolesław jako judex stawał się uosobieniem nieubłaganej sprawiedliwości. Takim właśnie okazał się w Kruszwicy.

Do dnia przybycia Bronisza obcięto już paru złodziejaszkom ręce, setnika z drużyny gnieźnieńskiej okastrowano za gwałt dokonany na córce wędrownego kupca, a teściowej łowczego kujawskiego wybito dwa przednie zęby za to, że gorszyła swych domowników, obżerając się mięsem w czasie Wielkiego Postu. W rozprawie o dziedzictwo po wojewodzie Zbylucie wyszły na jaw niecne sprawki starszego z zarządców, który na skutek fałszywego oskarżenia, przez zemstę wysłał jednego z łekneńskich kmieci do prac w kamieniołomach. Bolesław zobowiązał starostę do natychmiastowego zwolnienia nieszczęśnika i osadzenia na jego miejscu fałszywego oskarżyciela. Resztę załatwiono na ogół w myśl życzeń rodu Ganowiczów. Ci, wywdzięczając się za doznane łaski, hojnością rozdanych podarków i zapewnionych przywilejów przewyższyli oczekiwanie ludu, dążącego — zgodnie z naturą biedniejszych — do poprawiania swej doli przy każdej zmianie.

Wprost z Kruszwicy, towarzysząc orszakowi Bolesława i księcia biskupa Ungera, Ganowicze ruszyli ku Cisowowi, gdzie bawiła już od kilku dni królowa Emnilda.

Przecław, zasilony Broniszowym srebrem, dzielnie się

wysilił, aby siedziba potomków książąt kujawskich nie powstydziła się gości z Poznania. Dwór strojny całym bogactwem dziedzictwa ustąpiono rodzinie królewskiej; domek księdza Mojżesza oddano biskupowi i jego świcie, zaś gospodarze i mniej ważna drużba upchali się jak bądź w przyozdobionych zielenią i sprzętem chatach kmieci i namiotach myśliwskich.

Korzystając z dwudniowego wczasu przed rozpoczęciem obrzędu zaślubin, król wybrał się na zwiady do Lipia. Bronisz przywitał go tam na czele swej poselskiej drużyny. Postawa i wspaniały jednolity strój dwunastu towarzyszy zachwycił Bolesława. Każdy z osobna mógł uchodzić za dostojnego posła, a przecież Bronisz wyróżniał się wśród nich niby jeleń pomiędzy łaniami. O głowę przewyższał najroślejszego. Zgrabnie dopasowana kolczuga lśniła złotą łuską, zwiększającą się ku dołowi, a przy kolanach, na brzegu zielonego kaftana, kończyła się półkolistymi zębami. Nogi oblegała drobna a giętka siatka, ginąca przy kostkach w obcisku wytłaczanej skóry obuwia. Spiczasty hełm bez nosala, obity złotą blachą, pysznił się kitą barwnych piór. Na szerokich ramionach wisiało sobolowe futro, spięte na prawym barku bezcenną broszą. Piersi zdobił rycerski krzyż na złotym łańcuchu — odznaka rajców królewskich. Tylko miecz i tarcza nie były nowe, ale jakże wymowne swym zużyciem, daleko słynne: Ścinacz Łbów i tarcza Eryka Zwycięzcy...

Towarzysze jarla, zgodnie jak jeden, kolczugi mieli srebrzyste, kaftany spodnie barwy popiołu, hełmy srebrne, niższe nieco, bez piór, z kolcem chroniącym nos i z siatką na karku; miecze bez pochwy, różnej długości, zaś tarcze jednakowiusieńkie, z rysunkiem ptaka Bolesławowego pośrodku. Z wyjątkiem mieczów wszystko było tak równe i podobne, że pod osłoną hełmu obcy nie odróżniłby młodzika Gniewomira od bezuchego łyska Chociana.

Warto było ich widzieć razem zgromadzonych, ale niemniej przyjemnie oglądać radość, jaką sprawili Bolesławowi. Cieszył się ich widokiem niczym dziecko ulubioną zabawką. Obiecał szczególne wyróżnienia, jeżeli po szczęśliwym powrocie zechcą mu służyć w tym samym zespole. Że miecze ich warte były stroju, nie wątpił, polegając na doświadczeniu Bronisza.

Podobało się księciu biskupowi Ungerowi ochrzcić i do społeczności chrześcijańskiej włączyć obie poganki chycińskie po to, by te dwie rańskie księżniczki, Miłka i Wanda, mogły jako druhny zdobić orszak panny młodej z rodu Ganowiczów.

Zastrzeżenia księdza Mojżesza, czy aby dusza Miłki dojrzała na pewno do przyjęcia sakramentu, rozstrzygnął sam król, chętnie godząc się być jej ojcem chrzestnym. O Wandę nikt się nie trapił, gdyż na wszystko, co jej mówili starsi, zgadzała się, nie podnosząc żadnych wątpliwości. Miłka natomiast zbyt często niepokoiła innych i siebie zbędną dociekliwością. Alboż można ludzkim, tym bardziej niewieścim rozumem zgłębić lub uzgodnić z przejawami pospolitego życia tajemnice świętej wiary? Biskup Unger, gdy mu na Miłkę naskarżono, uśmierzył jej niepokój zapewnieniem, że wszystko, co potrzebne do zbawienia duszy, pozna w swoim czasie, pod warunkiem, że będzie modlić się o to, więc prosić pokornie Boga o światło wiary. Przeciwnie, gdyby się z niezaspokojonej ciekawości buntowała, nigdy nie dociecze prawdy, ponieważ taka ciekawość to pokusa diabelska.

Zapytana wprost przez biskupa o to, co ją gnębi, Miłka nie dała odpowiedzi. Już tyle razy ofuknięto ją za zuchwalstwo myślenia. A przestać myśleć nie umiała, nie mogła, gdyż musiałaby przestać być sobą. Jeden Bossuta nie gorszył się jej rozmyślaniami, wierząc, że pragnie więcej wiedzieć o Zbawicielu po to, by Go bardziej miłować. I jego zaciekawiało, choć nie niepokoiło, dlaczego na przykład poganin, choćby był najlepszym człowiekiem, nie może dostać się po śmierci do nieba. To zagadnienie męczyło Miłkę najpoważniej. Dlaczego? A dlaczego z powodu jednego jabłka, które Adam wraz z Ewą skradli w raju, wszyscy ludzie na świecie muszą cierpieć? Gdyby nie to jabłko, nie byłoby przecież grzechu i pogan, a Jezus Chrystus nie potrzebowałby umierać za nas na krzyżu. Bossuta odpowiadał, że taka była wola Boga. Dlaczego? Stwórca mógłli chcieć tego, aby z powodu grzechu jednego Adama tylu ludzi cierpiało? Bóg wszystko może chcieć — bronił się Bossuta, lecz już nie był taki pewny siebie, gdy obiecywał Miłce, że gdy zostanie księdzem, wymyśli jej mądrzejszą odpowiedź i objaśni to, co na pewno jest jasne, choć im się teraz wydaje zaćmione.

O wiele łatwiej żyło się takiej Wandzie. Gdy miała obok siebie Gniewomira, nic jej do szczęścia nie brakowało. Na pytanie, czemu Bóg stworzył pogan, umiała odpowiedzieć beztrosko, że po to właśnie, by chrześcijanie cieszyli się, iż nie są poganami. Nikt też nie żywił wątpliwości, że Wanda już najzupełniej dojrzała do chrztu. Sama sobie uprosiła Przecława na ojca chrzestnego. A Przecław uważał, że zbyt długie i wnikliwe przygotowanie pogan do sakramentu jest całkiem zbędne. Głosił, że można ich chrzcić nieświadomych, choćby przymusowo, gdyż reszty dokona w nich Łaska Boża. Podobny pogląd wyznawało wielu świeckich panów, a i Bolesław nie był od niego daleki, chociażby na złość Niemcom, których pomawiał o to, że nie ochrzczą Słowianina, póki nie nauczą go „Kyrie elejson" po niemiecku.

II

Bronisz opuścił Cisów wnet po ostatnich gościach. W trzy dni później ruszył z Lipia czółnem pod Słońsk, gdzie go oczekiwali towarzysze i załoga gotowej do podróży Mewy. Do wieczora zszedł im czas na układaniu w szczelnych skrzyniach pod namiotem ozdobnych strojów i zabezpieczaniu zapasów jadła. Po krótkim śnie, przed świtem wpłynęli na Wisłę. Ranek był chłodny i mglisty. Tylko wioślarze pracowali w roboczych kaftanach bez okryć. Nowicjusze, a było ich aż dziewięciu, tuląc się pod opończami, dygotali z wrażenia, że oto rozpoczęła się ich wielka przygoda: pierwsza podróż ku bezbrzeżnemu morzu. Jeszcze go nie widzieli, jeszcze go nie poznali. Jedni pocieszali się myślą, że chyba żywioł słonych wód nie jest wiele groźniejszy od fal wzburzonego jeziora Gopła, z którymi walczyli nieraz od dzieciństwa na czółnach. A przecież Mewa na Wiśle, tak wielkiej rzece, zdawała się niezagrożona. I na Wiśle w porannej mgle nie widać było brzegów. Gniewomir naopowiadał im tyle okropności... Sam przeżył je przecież i tęskni do nich, dlaczego by więc oni mieli gorzej od niego wytrzymać morską próbę?

Pierwsze promienie słońca zbudziły wiatr południowy. Statek z prądem i wiatrem pomknął tak szybko, że załoga odłożyła wiosła. Mgły zeszły, rozwidniając daleki horyzont. Ocepliło się. Ciężkie okrycia powędrowały na stos pod masztem. Wromot poddał wioślarzom słowa tęsknej pieśni rybaków. Za Gniewomirem przyłączyli się do niej i młodzi rycerze. Chór męskich głosów zgłuszył pluskot fal i ponad szumem wiatru daleko a szeroko wieścił ziemi i wodzie o jedności ducha poselskiej drużyny.

Bronisz, udając, że ma jakieś zajęcie przy namiocie, skrył się przed podglądaniem, i spokojny, że podróż rozpoczęła się tak pomyślnie, poddał się tłumionym dotychczas marzeniom. Po Wiśle ku morzu dąży jego statek. Na Wiśle grzmi śpiew jego dobrych chłopców. Już nieraz płynął podobnie. Nie bez celu pływał, ważnie pływał. I z biskupem Wojciechem, i z Helgą… Gdyby nie biskup Wojciech, kto wie, czyby płynął dzisiaj tak radosny ku Heldze? Niby własnym męstwem i wytrwałością doszedł do niej, uwolnił z więzów nieprawego małżeństwa, zabezpieczył pod skrzydłem królowej Sigrydy, ale czuł to i pamiętał, że tyle razy mógł był ją stracić, nie dojść, przegrać, że gdyby nie szczególna łaska, wyjednana zapewne onym błogosławieństwem Świętego, nie byłby dzisiaj taki szczęśliwy… Aż dziw, że Helga jeszcze Wisły nie poznała. A tyle łączy się z nią tu wspominków. Ten sam statek, po tych deskach stąpała nieraz… tyle ludzi znajomych, bliskich jej; tu blisko: Wromot, Chocian, Gniewomir, większość wioślarzy widziała ją, rozmawiała z nią. Okręt to przecież dom. Przebywała w tym domu z tymi ludźmi, ale w tym miejscu na Wiśle nie bywała nigdy. Przybędzie, nabędzie się i tutaj. Pod purpurowym żaglem, otoczona królewską świtą, zawita Helga na Wisłę, Bóg da, zawita...

W Gdańsku zatrzymali się na pół dnia i noc, tyle, by zawiadomić miejscowego księcia, żeby stawił się natychmiast w Poznaniu przed królem dla ustalenia zobowiązań na rok przyszły. Mimo że książę był ogromnie zaciekawiony posłannictwem Bronisza, jarl nie chciał go wtajemniczać w cel swej wyprawy. Jeśli ciekaw, niech śpieszy, a dowie się wszystkiego od samego Bolesława.

W Zatoce Gdańskiej po raz pierwszy rozwinęli purpurowy żagiel. Książę, żegnając ich, z zawiścią spoglądał na okręt, który i jemu służył ongiś do morskich wycieczek.

Okrążywszy mierzeje, pożeglowali wzdłuż lądu na Kołobrzeg. Tam następnego dnia przed zmrokiem zakotwowali w nowym porcie rybackim. Bronisz z radością stwierdził, jak znacznie rozwinął się gród od czasu otrzymania przywilejów królewskich na handel zamorski z Polską. Dokoła Mewy kołysały się na spokojnej fali kupieckie okręty nie tylko Normanów, ale i fryzyjskie, niemieckie, jeden frankoński nawet. Roiło się od łodzi i czółen słowiańskich z Prośnicy, Noteci i Gopła. Cieszył się tym Bronisz, boć przecież niemało jego rad i pomysłów przyczyniło się do tego, że pod bokiem olbrzymich miast pogańskich powstała ta polska przystań, niezależna od pułapek cieśnin, utrudniających bezpieczną żeglugę z Odry na pełne morze. Pewnie, że Kołobrzeg nie mógł Szczecina czy Wołynia zastąpić, ale dla kupców pogańskich był nieustanną groźbą pomniejszenia się ich zysków w razie narażenia się na gniew króla polskiego.

Starosta kołobrzeski, dowiedziawszy się, że pod jego barwami staną na zjeździe gnieźnieńskim załogi z Kamienia, Białogardu, Sławna i Słupska, wzrósł tym ogromnie w dumę. Obiecał dołożyć wszystkich starań i znaleźć środki na to, by król nie powstydził się i nie żałował takiego wyróżnienia najmłodszego ze swych nadmorskich miast. Pragnąc okazać, iż stać go będzie na wiele, opatrzył przy pożegnaniu Mewę tak hojnie zapasami, a jej załogę obdarował tak pięknymi podarkami, że lepiej by nie potrafił i konung normański.

Po jednodniowym postoju w Kamieniu i wydaniu odpowiednich rozkazów, Bronisz skierował się wprost do Wołynia. Pewny był, że zastanie tam Sigvaldiego. Niestety, jarl przed miesiącem opuścił wyspę, i nawet małżonka jego, Astryda, nie wiedziała ponoć, dokąd popłynął na wojennym statku w towarzystwie swego brata Thorkilla. Broniszowi wydało się to nieco podejrzane. Dowiedziawszy się, że zastępstwo złożył jarl na barki Gudmunda, wrócił na Mewę i w pełni krasy poselskiej wpłynął do portu jomsborskiego. Gudmund, chwilowy pan i władca jaskini zbójeckiej, przyjął Bronisza z oznakami najwyższej czci i przyjaźni. Na widok jarla Bronro, jego pięknego statku i świty, wikingowie ryczeli z zachwytu, a hucznym: „Heil" i „Sława" końca nie było.

Bronisz, nie wspominając o Sigvaldim, powitał Gudmunda w imieniu Bolesława tak, jak na to zasługiwał prawy jarl. Radość, jaką okazali rozumiejący to starsi wikingowie, świadczyła, że obrał właściwą drogę. Gudmund, chociaż z postaci i obyczajów mało nadawał się na jarla potężnej warowni, przecież do nowej roli dostosował się chętnie. Wdzięczny za okazane wyróżnienie, na początku uczty w prostych słowach dał wyraz życzeniom całego bractwa, by Bronisz nie tylko jako poseł zaglądał do Jomsborga, ale ostał się tu wreszcie jako namiestnik królewski i brat, który by każdej wiosny i jesieni wiódł jomskie statki na wyprawę przynajmniej tak szczęśliwą, jak ostatnie jego fara i viking na Anglię. Ryk stu gardzieli potwierdził szczerość tego oświadczenia. Nie pragnęliby lepszego wodza. Toć to najpierwszy konung-wiking, o jakim dziś jeno w pieśniach opowiada się młodym. Silny jak tur, a śmielszy od sokoła, mądry jak bóbr, a chytrzejszy od lisa, nade wszystko zaś sprawiedliwy i hojny niby sam Burisleif. Nawet Olaf Tryggvason nie mógł się mierzyć ze szczęściem jego gwiazdy. Śmieli się, poszeptując o przygodach Olafa w Uppsali i wyrwaniu z jego rąk Helgi Jarandówny.

Imię Sigvaldiego nie padło głośno ni razu. Gudmund przyznał się pokornie, że gdyby słuchano do końca jarla Bronro, Jomsborg nie straciłby tych trzydziestu wikingów, którzy padli ofiarą zarazy przeszłej jesieni, opuszczając Mewę, by na własną rękę próbować szczęścia u fryzyjskich brzegów. Bronisz po raz dziesiąty musiał wysłuchać opowieści o przygodach jomskich towarzyszy, gdy odłączyli się od niego za Anglią. W Egmond coś niecoś zarobili, ale już dalej bogatsza ludność uciekła z miast w lasy przed powietrzem. Przez to i obrona była słaba, można było wpływać głęboko w ląd, ale znikomość łupów nie opłacała trudu. Ranowie mało im pomagali, gdyż Dzik jako chrześcijanin nie pozwolił swoim dobywać kościołów i klasztorów, a tam przecież najwięcej czekało zdobyczy. Szczęśliwiej się wiodło, gdy wpłynęli na niemieckie rzeki i Ranowie popuścili wodze swej ochocie. Na Łabie tak się umówiono, że wszystko, co zdobędą do rzeki Ossy, więc na Ben Azie, miało należeć do Dzika, a co dalej w górę Łaby — do jomsborczyków. Dzik, przebiegły, najlepsze wybrał sobie. Ben Azę przyłapano w ciepłej pościeli. Statki rańskie zanurzyły się pod ciężarem łupów do granic możliwości, ale to nie wszystko, gdyż Dzik zażądał za

Ben Azę i jego syna okupu siedem tysięcy grzywien, tyle więc, ile przed pięciu laty pragnął otrzymać Gudmund za trzech grafów stadeńskich, krewniaków cesarskich, i nie zdołał od nich tego wydusić. Tymczasem za Ben Azę jego krewniacy wnet przywieźli z Hamburga trzy czwarte okupu w srebrze, a resztę dopożyczył im sam książę saski i biskup hamburski. Dzik więc swoje wziął, lecz niestety zwłoka i układy z Izraelitami całą Łabę postawiły na nogi i trza było dalszego poniechać. „Nie z lęku przed Niemcami — dodał pogardliwie Gudmund — oni nawet swojej rzeki nie umieją obronić przed wikingami, ale dla próżności dalszych wysiłków. Jastrząb zlatuje znad pola, nad którym dostrzegły go kury i zające." W drodze powrotnej zaczęło się prawdziwe udręczenie. Pierwsza zmieniona woda do picia przyniosła zachorzenie czterech jomsborczyków z Wendów Thorkilla. Porty były zamknięte, brzegi duńskie opustoszałe, przeprawa przez Sund pod wiatry okropna. Nim dobili do Wołynia, na statkach zmarło dwudziestu, a reszta, dziesięciu, po wylądowaniu na Srebrnym Wzgórzu. U Ranów straty były jeszcze większe. A to wszystko dlatego, że nie trzymali się Mewy. Szczęśliwa gwiazda jarla Bronro nie dopuściłaby do tego, by trzydziestu walecznych braci jomskich zginęło nędznie w szponach czarnej śmierci, bez nadziei na ucztę Odyna...

Po skończonej biesiadzie, w ściślejszym gronie starszyzny, Bronisz zaczął się dopytywać o Sigvaldiego. Właściwie nie wiedzieli o nim nic pewnego, chociaż się godziło, by wódz wtajemniczył swego zastępcę, gdzie i na jak długo wyrusza. Gudmund z rozmów z Thorkillem wywnioskował, że popłynęli do Szwecji, na ślub króla Olafa Skottkonunga. Byli tu bowiem posłowie nie posłowie, kupcy raczej z Sigtuny, na statku z załogą norwe-

ską i opowiadali, że królowa Arngierda, pierwsza żona
władcy szwedzkiego, zmarła na samym początku zarazy.
Młodemu królowi dobrze widać smakowało małżeństwo,
skoro już zechciał żenić się powtórnie. Podobno upodobał
sobie którąś z dawnych dworek swej matki, córkę jakiegoś
księcia Obodrytów. Sigvaldi, gdy go o to pytano, nie za-
pierał się, ale też i nie potwierdzał wyraźnie, że do Szwecji
zmierza.

Wikingowie, przywykli do częstej nieobecności jarla
w warowni, nie zastanawiali się wiele nad jego ostatnią
wyprawą i dopiero ciekawość Bronisza wzbudziła w nich
pewne wątpliwości. Posłuch dla władzy i prawość brater-
stwa związkowego powstrzymywała ich od tego, by wyznać szczerze, czego sobie naprawdę życzyli: by Sigvaldi
z tej czy innej samodzielnej wycieczki nie powrócił do
nich w ogóle.

Po obgadaniu powszednich spraw, po najmniej ważnym, jak kazał dobry obyczaj, Bronisz przystąpił do naj-
ważniejszego, objawiając gospodarzom cel swego przybycia. Wyjaśnił, że Bolesławowi szczególnie na tym zależy,
by jomsborczycy przy jego boku wystąpili jak najokazalej
wobec przedstawicieli całej potęgi Rzymu i cesarstwa.

— Czy może na tym zjeździe dojść do walki? — spytał
Gudmund z zaczajonym uśmiechem.

— Do walki prawdziwej chyba nie. — Bronisz udawał,
że się waha. — Ale z Bolesławem, jak wiecie, nigdy nic nie
wiadomo. — Wikingowie spojrzeli po sobie porozumiewawczo. — Może uzna za konieczne uwięzić wszystkich
lub kogoś wybranego i zażąda okupu, ot, po księstwie lub
wyspie od królewskiej czy książęcej głowy. Naturalnie,
że wtedy jego wierni sojusznicy mieliby potężny udział
w łupach. Ale to nic pewnego.

To pewna natomiast, że ci, którzy nie okażą przyjaźni Bolesławowi albo, co gorsza, zamącą spokój zjazdu, napadając na przykład na ziemie zaproszonych do Gniezna gości, tacy padną niechybnie ofiarą straszliwej zemsty władcy polskiego. Przyjaznym zaś z góry obiecuje nagrodę. Polecił nawet wypytać jomsborczyków, czego by sobie życzyli na przyszłość do pomyślnego rozwoju swego bractwa. Mogą o tym rozprawiać całkiem otwarcie. Bronisz, jako najwyższy poseł z pierścieniem Piastów, ma prawo nie tylko zmieniać jarlów na grodach, ale i grody wydzielać, i nowe bractwa w rodzaju jomskiego zakładać. Co obieca, święte będzie i dla króla.

Wikingowie długo pochrząkiwali, rozglądali się, drapali po głowach i brodach, nim wreszcie Gudmund ośmielił się wytoczyć skargę przeciwko Sigvaldiemu. Zawiła to sprawa, gdyż o kobietę chodzi, a tą kobietą jest właśnie polska księżniczka Astryda. Przed ożenkiem Sigvaldi był innym człowiekiem. Żeniąc się i zakładając dom poza obrębem warowni, on, pierwszy jako wódz wśród bractwa, pierwszy złamał prawa tego bractwa. Wciąż przebywa w Wołyniu w swym dworze, gdzie rojno od niewiast i plotek. Buduje, upiększa miasto, o nim tylko myśli, a z warowni wyciąga jeno złoto na własne potrzeby. Nie wystarcza mu, że jest jarlem i zięciem królewskim, gdyż ostatnio kazał mieszczanom tytułować siebie księciem Wołynia. Chytry on i zamknięty człowiek, ale ma brata, który po pijanemu nie pilnuje języka i pamięci. Thorkill wygadał się kiedyś przed towarzyszem biesiady, że Sigvaldi chętnie by chciał, naturalnie jako wierny sługa Bolesława, wyzuć księcia gdańskiego z jego dziedziny i opanować całe wendyjskie Pomorze od Gdańska do Szczecina. Sam byłby księciem tego obszaru, a Thorkilla zrobiłby jarlem Jomsborga.

Bronisz kiwał potakująco głową, udając, że go te zdumiewające wieści nie zaskoczyły bynajmniej. Gudmund zapalał się w szczerej wymowie.

Jomsborczykom wielkość Sigvaldiego nie tylko nie jest potrzebna, ale wręcz niemiła. Oni pragną takimi pozostać, jakimi ich zjednoczył Palnatoke. Nie po to rzucili swe kraje i domy, nie po to wyrzekli się niewiast i potomstwa, w wolnym bractwie wikingów znajdując szczęśliwość, by służyć jednemu spośród siebie wywyższonemu przez małżeństwo z księżniczką, by zdobyć dlań nowe królestwo, w którym chciałby i nad nimi rządzić jak nad niewolnikami. Dość mają doświadczenia ze Styrbiornem i Olafem Tryggvasonem. Najgorszy wróg nie wykrwawił tak jomskiego związku jak ci jego jarlowie-królowie. Owszem, wiking dla sławnej śmierci żyje, ale zginąć chce jako wiking, najwolniejszy z ludzi, a nie jako poddany fałszywych braci, szukających królestwa i władzy dla siebie. Zapytani wielkodusznie przez Bronisza o szczerość, jomsborczycy wyznają, że pragnęliby więcej wolności. Nazbyt są skrępowani dobrym sąsiedztwem sojuszników Bolesława. Nie mają gdzie i z kim próbować szczęścia w walce. Do Finów nie warto się zapuszczać, bo to dzicz i bieda, nie posiadają grodów ani skarbów. Wschód opanowali Waregowie dla siebie i dobrze pilnują swych twierdz. W Szwecji siostrzeniec Bolesława, w Danii siostra Bolesława, w Norwegii dawny brat-jarl Tryggvason, na Ranie przyjaciele z Dzikiem na czele, a na każdą wyprawę przeciwko Wilkom czy Obodrytom trzeba uzyskać zgodę Poznania. O wyprawach na Anglię Sigvaldi, odkąd przyjął chrześcijaństwo, nie chce gadać nawet. Więc co robić? Puszczać się na wody saraceńskie? Lecz na to nie trzeba mieszkać tu, w Jomsborgu.

Wysłuchawszy cierpliwie wszystkich żalów, Bronisz pocieszył starszyznę zapewnieniem, że pokój Bolesława jest tylko czasowy. Dość chyba znają życie i świat, by wiedzieli, że kto się zbroi od lat, nie czyni tego bez celu. Mogą być pewni, że gdy już Bolesław wojnę zacznie, to i nie skończy jej rychło, a wtedy nie zabraknie im przygód i wypraw. Pod jego władzą zdobędą tyle sławy i łupów, że powetują sobie z nawiązką cierpliwość obecnego wyczekiwania.

Najlepszym dowodem tego, że Bolesław potrzebuje ich do przyszłej wojny, jest zaproszenie ich na zjazd.

Z końcem zimy mają stawić się w Gnieźnie w szyku zbrojnym z taką odmianą, by strój ich był, o ile to możliwe, jednaki w barwie dowolnie obranej. Ilu mężów mogą wystawić przed królem?

Po namyśle i rachubie orzekli, iż zimą stać ich będzie na wyruszenie do Gniezna jak na największą wyprawę wraz z uzbrojoną czeladzią — w pięćset mieczy. Byłoby to możliwe oczywiście pod warunkiem, że warownia na czas potrzeby będzie miała zapewniony pokój.

— A któż by śmiał zaniepokoić was w owym czasie? — zaśmiał się Polak. — Przecież to od was właśnie mam ubezpieczyć sąsiadów, byście ich nie ograbili, gdy będą świętowali w Gnieźnie.

Po dokładnym omówieniu wzajemnych praw i obowiązków, Bronisz rozstał się z jomsborczykami w najlepszej przyjaźni i spokojny o nich zawrócił do Wołynia. Tam, po naradzie z rajcami miejskimi, obradującymi pod przewodem bogacza Mazona, uzyskał w zamian za obietnicę pewnych ulg w daninach zobowiązania Wołynian pokrycia wszelkich wydatków Jomsborga, związanych z wyprawą do Gniezna; a nadto przysłania na zjazd przez samo miasto stu dobrze uzbrojonych i odpowiednio przyodzianych strażników. Dla bogatego grodu nie było to zbyt wiele, kupcy jednak umieli się dobrze prawować, narzekając na ciężkie czasy, wielkie koszty utrzymania dworu Sigvaldiego i współzawodnictwo Kołobrzegu.

Po Wołyniu przyszła kolej na Szczecin. Wielkie miasto, by zdobyć przewagę w łaskach królewskich nad Wołyniem, podjęło się wysłać do Gniezna legię czterystu najemników, a nadto dać srebra na utrzymanie przez trzy miesiące tysiąca wojów. Wzajemnie Bronisz obiecał w imieniu królewskim, że w ciągu najbliższych pięciu lat nie będzie się prowadzić żadnych robót nad budową zamierzonego portu u ujścia Iny do Jeziora Babskiego, czego szczecinianie obawiali się nie mniej jak wołynianie Kołobrzegu.

III

Choć na Ranę do Arkony bliżej było ze Świnoujścia pełnym morzem płynąć, tym bardziej że wiatr dął pomyślny, Bronisz nie mógł powstrzymać się od zboczenia przez Strzałów na Chycinę. Jeżeli Dzik przebywał u siebie, jakże by mógł bez niego posłować do Rany. Tym bardziej że tyle miał do mówienia z przyjacielem. Musiał go wreszcie zawiadomić i wytłumaczyć się z porwania i ochrzczenia dziewcząt. Jak to uczyni, nie wiedział i lękał się trochę, powierzając sprawę opiece świętej pamięci biskupa Wojciecha. Tylko Gniewomir i Chocian wiedzieli, gdzie sterują. Gniewomir gorączkował się ciekawością, by poznać rodzinne gniazdo miłej Wandy.

Chocian, od chwili gdy przepłynęli przez Świnoujście, zachowywał się jako chrześcijanin co najmniej podejrzanie. Zawiesił sobie na szyi na zielonym sznurku jakiś znak do swastyki podobny, a ciekawym tłumaczył, że to pamiątka starodawna, którą chce na dowód łączności z rodem okazać krewniakom.

Kilkakrotnie namawiał Bronisza, by jednak Chycinę ominęli. Dowodził, że w Arkonie mimo wszystko będą korzystali jako posłowie królewscy z opieki samego Światowita, natomiast w tajemnym chramie chycińskim nic ich nie będzie chroniło przed zemstą złych duchów i samego bożka, któremu bądź co bądź niemałą uczynili krzywdę porwaniem kapłanek.

Bronisz nie zwracał uwagi na te obawy. Wiosłując jak najbliżej brzegu Chyciny, nie napotkali tam najmniejszego śladu życia ludzkiego. W zatoce Światowita piach wygładzony falą nie zdradzał, by gdziekolwiek tknęła go ludzka stopa. W rozpoznanym miejscu, skąd wiedział, że głos dobrze słychać w chramie na Górze Świętej, kazał Wromotowi dąć w róg. Po sześciokrotnym, długo odczekiwanym otrąbieniu, gdy ani Bożena, ani Dzik, ani Maurowie, poprzedzani, jak zwykle bywało, psami lub niedźwiedziem, nie zjawili się na skraju lasu, Bronisz wysiadł na brzeg i w towarzystwie Gniewomira i trzech tarczowników z kuszami ruszył znajomym sobie tropem pod Górę Świętą. Stąpali po ścieży dawniej udeptanej, ninie zarosłej spóźnioną zielenią, próżno nasłuchując odzewu na ponawiane wciąż nawoływania. Przy ścianie cierniowych zarośli spłoszył ich nagłym zjawieniem się wielki, zdziczały pies. Wilczur nie zdradzał napastliwych chęci, raczej okazywał, że ciekawość walczy w nim z lękiem przed gromadą obcych. Gdy Bronisz klasnął znienacka w dłonie, zwierz skoczył w zarośla, by więcej się nie pokazać. Tak oczywista strachliwość dodała otuchy mocującym się z przerażeniem tarczownikom. Najbezpieczniej czuli się tuż za plecami wodza, a Bronisz rad był mimo wszystko, zbliżając się do ostrokołu, że osłaniają go z tyłu żywi znajomi ludzie. Podszedłszy pod samą świątynię, przekonali się, że była całkowicie opuszczona. Wrota zerwane z zawiasów leżały w trawie. Rozgrodzona zagroda dla żubra i kóz świeciła pustką. Wnętrze chramu zaśmiecone jesiennymi liśćmi, wilgotny popiół na palenisku, warstwy kurzu i pajęczyny zniekształcające posąg bożka świadczyły, że dawno tu już nikt nie gospodarował. Zleciwszy towarzyszom, by zaczekali nań na dworze, Bronisz zbadał uważnie wejście do tajemnego przekopu pod ołtarzem. Zasypany był gruba warstwą kamieni i ziemi obrosłej mchem. Gdy poruszył ją nogą, ze szczeliny między kamieniami wylazła wielka, plamiasta ropucha i zaczęła mu się nieruchomo przyglądać. Bronisz przeżegnał się i wycofał, pilnując stwory oczami. Dopiero za progiem odwrócił się i otrząsnął z obawy, że gad mógłby mu nagle skoczyć na kark i... Tak mu ta ropucha przypomniała Bożenę.

Z pełną ulgą odetchnęli dopiero, gdy poczuli pod stopami deski swego statku. Chocian, ujmując ster, ożywił się o tyle, że zaczął nucić pogańską, tutejszą piosenkę o dziewczynie, co znalazła rydza. Młodzież przyłączyła się doń żywymi przyśpiewkami. Tylko Bronisz nie stracił powagi. Domysły nad przyczyną, która spowodowała opuszczenie Chyciny przez potomstwo Bysza, plątały się z niepewnością, jak uda mu się poselstwo u rańskich kapłanów. Nigdy dotychczas nie posłował tam samodzielnie, a w Arkonie był wszystkiego trzy razy, jako towarzysz Dzika. Po raz pierwszy wypadło mu układać się 70 słowiańskimi kapłanami nie jako zwycięzca i rozkazodawca, ale jak niby równy im poseł królewski. Zależność Rany od Bolesława była dosyć luźna. Poddał mu się właściwie pokonany ród królewski, zaś kapłani nadal uznawali zależność swą od Piastów przede wszystkim dlatego, że chroniła ich od napaści sąsiadów, którzy musieli się liczyć z Polakami. Na samodzielną Ranę nie było jeszcze miejsca przy tym układzie sił na wendyjskim i normańskim morzu. Najwyższy kapłan Sulisław stale wykręcał się od zobowiązań dorocznych wobec Poznania rzekomymi ofiarami, poniesionymi dla wygodzenia opiekunce swej Piastównie, Świętosławie, królującej to w Szwecji, to w Danii, przed nią zaś zasłaniał się wysokością danin gromadzonych dla Polski, których Bolesław nigdy nie oglądał.

Bronisz, wiedząc, jakie znaczenie przypisują Ranowie obrządkom, postanowił wystąpić przed nimi z całym blaskiem godności poselskiej. Chocian okazał się w tym nieocenionym przewodnikiem, pouczając każdego z osobna, jak ma się zachowywać i czego strzec na ostrowiu. Oddalili się od brzegu, by nadpłynąć do świątyni z północy, z pełnego morza. Na pół mili Wromot rozpoczął dąć w mosiężną, łokciowej długości trąbę. Z wysokości kredowej wieży, strzegącej świętego miasta Wendów, Mewa objawiła się im niby czarodziejskie zjawisko. Na tle ciemnej zieloności fal białe burty, nakrapiane migotem miedzianych tarcz, purpurowy żagiel, nadęty niby bąbel pod wężowo ruchliwym proporcem królewskim, usidlały spojrzenie pogan. Przy zbliżeniu całą uwagę ciekawych skupiła na sobie postać wspaniałego męża stojącego na dziobie. Złotem błyszczał mu hełm i kolczuga, barwiły się kamienie na spinach i tarczy, a cenny płaszcz na ramionach falował pod dmuchami wiatru. Kapłani, pierwej nim twarz posła, rozpoznali na jego piersi złoty krzyż. Ten znak nade wszystko kazał im pilnować świętości arkońskich obrządków. Polski statek nie przybył zwyczajnie. Świadczyło o tym zatrzymanie go przed kredową wieżą, zamiast, jak to mógł każdy, podpłynięcia do kupieckiego pomostu. Arkońska świątynia miała swą osobną przystań, z której korzystały tylko statki kapłanów i dokąd powracały z wyprawy wojenne okręty, by otrzymać błogosławieństwo i podziękę. Ranowie zrozumieli, że polski statek oczekuje, by tam go powitać. Królewski proporzec na Mewie domagał się osobliwych względów i nie wolno mu było ich odmówić ani drażnić zwłoką. Otwarto wrota, a dudnienie bębnów zawiadomiło grodzian o ważności chwili. Na wybrzeżu zaroiło się wnet od gawiedzi. Czterdziestu zbrojnych sług cerkiewnych rozdzieliło ludzi, ustawiając się szpalerem wzdłuż podjazdu. Na trzy wysokie maszty zaciągnięto chorągwie Światowita. To był też znak dla Mewy. Gdy burta statku skrzypnęła, ocierając się o słupy przybrzeżne, jednocześnie z pobliskiej gontyny wyszło trzech żerców, przybranych w długie, czerwone szaty, a każdy z nich niósł przed sobą misę z chlebem, miodem i solą.

Trójka kapłańska, doszedłszy środkiem szpaleru sług do końca podjazdu, skłoniła się stojącemu na dziobie statku posłowi, a gdy ten odwzajemnił się pokojowym podniesieniem prawicy, kapłani wyciągnęli ku niemu ofiarne misy, co było znakiem potrójnego zaproszenia na ląd w gościnę do Światowita przez kapłanów, ród królewski i lud ostrowu. Na dowód szczególnego wyróżnienia gościa jeden z kapłanów rozpostarł w miejscu, gdzie poseł miał stąpnąć na deski, barwny kobierczyk ze świątyni. Bronisz, stanąwszy na nim, wygłosił oświadczenie, że on, kneź Polski i namiestnik Bolesława, posłuje w pokoju i przyjaźni do świętej Rany. Na te słowa gapiący się dotąd w milczeniu tłum wzniósł radosne okrzyki w podzięce, a na dowód najlepszych zamierzeń i wielkoduszności, Bronisz sypnął gawiedzi ponad głowami straży trzy pełne garście srebrniaków. Za pieniążkami uganiała się tylko młodzież. Starsi Ranowie nie poniżali się do odruchów chciwości, tak pospolitej w normańskich i duńskich portach. Dopiero w rozległej izbie gościnnego dworu, gdzie zaprowadzono Bronisza i jego towarzyszy, zarówno Polacy, jak i dopuszczona tam starszyzna rańska rozwiązali języki, wszczynając osobistą gawędę. Rycerze, zaproszeni do opłukania się po słonych wiatrach, chętnie korzystali z usług urodziwych dziewcząt, przekomarzając się z nimi wesoło. Jeden tylko Chocian nie odsłonił dotychczas twarzy i unikał zbliżenia się do ziomków, nie odstępując na krok Bronisza. Młodzi swawolili sobie, ale starszyzna i kapłani zachowali w stosunku do gości postawę i mowę wstrzemięźliwą. O nic się nie pytali wzajemnie. Owszem, Polakom należały się szczególne względy, jednak i oni, jako chrześcijanie, póki nie spoczęła na nich łaska najwyższego kapłana, nie liczyli się za swojaków.

Zdawkowe rozmowy ograniczały się do zgodnych pochwał morza, nieba i ziemi, byle zwlec czas oczekiwania na przedstawienie w świątyni. Bronisz trzymał się na uboczu, a nie śmiano doń przystępować, chociaż wszyscy śledzili go z najżywszą ciekawością. Zamyślony był, powtarzając sobie w pamięci mowę, którą zamierzał wygłosić, i odgadując, jaką chytrością spróbują podejść go kapłani. Niepokoił się dziwacznym zachowaniem Chociana. Przez chwilę wątpił, czy dobrze uczynił, wyprowadzając swego sternika na ląd. Chocian od czasu wygnania z wyspy, gdzie wyklęto go jako zdrajcę bogów i ziomków, ninie po raz pierwszy zjawił się w Arkonie. Wprawdzie chroniła go godność członka poselstwa, sam jednak nieraz wspominał, że kapłani mają tyle tajnych czarodziejskich sposobów, iż nie sposób ich wszystkich przewidzieć. Kto wie, czy lęk przed nimi nie skłoni nieszczerze przechrzczonego

Rana do jakiej niegodziwości. Gdyby wydał na przykład, że Bronisz porwał z Chyciny Miłkę i, co gorsza, ochrzcił ją w Cisowie, tajemne porachunki z nim mogły być ważniejsze dla Sulisława od zemsty nad Chocianem.

Tak niepokojącą zadumę przerwało zjawienie się w izbie nowego kapłana, przybranego w długą, wlokącą się po ziemi zieloną szatę.

Ten przybył w towarzystwie czterech w skóry wołowe i rogate czapy przybranych strażników, aby posłów wielkiego króla Bolesława przywieść przed oblicze wielkiego boga Światowita.

Gdy gotowali się do wyruszenia, poprawiając stroje, Chocian zwierzył Broniszowi, że Ranowie najbardziej się ciekawią, jakiego rodzaju podarek przekaże im w imieniu Polski. Dla nich bowiem rodzaj, a nie cena podarku ma głębsze znaczenie. Usłyszawszy to, Bronisz kazał Wromotowi podać swój drugi miecz o wyszukanej, złocistej rękojeści, w pochwie nabijanej kosztownymi kamieniami, i przypasał go sobie, oddając Ścinacza Łbów do niesienia Gniewomirowi.

Orszak poprowadził zielony kapłan, za nim postępowali trzej czerwoni, poprzedzając Bronisza i jego towarzyszy. Pochód zamykała czwórka rogatych strażników. Szli krokiem poważnym, nie śpiesząc. Do cerkiewnego ostrokołu wkroczyli przez zachodnie wrota. Tu zatrzymano, nie puszczając dalej, dzieciarnię rańską i kobiety. Następną bramę przestąpili tylko kapłani, Polacy i ci ze starszyzny, którzy nosili na piersi zielone sznurki ze znakami podobnymi do tego, jaki przywiesił sobie Chocian już w Świnoujściu. Trzecia brama prowadziła pod dach okrywający przestrzeń ogrodzoną ścianami purpurowego sukna. Wprost z widności dnia wstąpili w półmrok poprzerzynany snopami promieni padających z bocznych otworów. Światło skupiało się pośrodku nasyconego czerwienią półmroku, tam, gdzie stał olbrzymi, dwunastołokciowej wysokości posąg Światowita. Wzrok z przerażeniem ogarniał tę potworną postać, one cztery łby oglądające cztery strony świata, a prawdziwie zapatrzone na krwawą czerwień sukiennych ścian. Wysoki strop wiązały jaskrawo barwione belki, obwieszone nierozpoznawalnymi z dołu przedmiotami. W krąg posągu sterczały niby straż boga stołbce pokryte rzeźbami ptaków i pokracznych zwierząt, a na nich pozawieszane zbroje i oręże nieludzkich iście rozmiarów: osobisty sprzęt bojowy bożka. Na osobnym, najbliższym i nieco niższym słupie tkwiło siodło i uździenica białego konia Arkony, na którym ponoć w najdziwniejszych chwilach sam bóg, przyjmując bardziej ludzką postać, objeżdżał święty ostrów.

Podczas gdy goście, zadzierając głowy, przypatrywali się dziwacznym obrazom, kapłani, którzy ich wprowadzili, ustawili się u stóp posągu, otaczając półkręgiem zielonych i czerwonych szat trójkę swych najważniejszych dostojników, władców świątyni i wyspy. Stali tam: pośrodku, białą odróżniony suknią, siwowłosy kapłan Sulisław, najwyższy żerca Światowita, głowa wszystkich pogan wendyjskich; obok niego po prawej jego bratanek Racibor, pucołowaty młodzian w srebrnych blachach, ze srebrnym wiankiem na płowych włosach, po lewicy zaś — Bronisz wytrzeszczył oczy, rozpoznając w krępym rycerzu, patrzącym nań poważnie, Dzika z Chyciny. Miejsce wzbraniało okazać radość swą lub zdziwienie okrzykiem czy ruchem szczerym. Poznawali się milczącymi spojrzeniami.

Ranowie okazali gościom najwyższy zaszczyt, pozwalając stawić się przy orężu przed oblicze swego bóstwa.

W milczeniu oczekiwali na pierwsze słowo posła. Wywiadowcy donieśli im już, jak sobie Bronisz poczynał w Wołyniu i Szczecinie, wyduszając od kupców daniny, toteż nie spodziewali się po nim nic dobrego. Z niepokojem śledzili, gdy poseł postąpił w przód trzy kroki, przeżegnał się, odpasał złocisty miecz, niósł go na wyciągniętych dłoniach, podszedł do posągu Światowita i złożył na podnóżku. To uczyniwszy, Bronisz zawrócił i stanąwszy przed kapłanami, głosem doniosłym oznajmił im, że oto w imieniu króla Bolesława ofiarował Światowitowi miecz na znak, że władca Polski życzy świętej Ranie, by się wzmogła w siłach orężnych. Niechaj okaże, iż godną jest stać u jego boku nie jako sąsiad uległy, ale jako mężny sojusznik, na którego mógłby liczyć w potrzebie, dzieląc się z nim zarówno sławą wspólnych zwycięstw, jak i zdobyczą.

Kapłanów, przygotowujących się na obronę przed żądaniem danin, ta ofiara i mowa do tyla zaskoczyła, że zrazu nie wiedzieli, jak i co odpowiedzieć: czy się radować, dziękując, czy się uzbroić w dalszą cierpliwość i wyczekiwanie? Wszakże nie wolno im było milczeć, gdyż brak odpowiedzi na tak znamienne a pomyślne poselstwo mógłby zostać uznany za obelgę; to rozważywszy, Sulisław wysunął się naprzód, a chcąc obrzędem odwlec czyn zobowiązujący, zbliżył się do Bronisza i ruchem zapraszającym podprowadził go do tronowej ławy. Prócz najwyższego żercy siadywał tu dawniej tylko Boruta, ostatni król Rany. Kapłani, widząc, że Sulisław sadza obok siebie Bronisza, uznaje więc w pośle osobę króla, zwierzchnika, pochylili się w kornym ukłonie, po czym ustawiwszy się po ich lewicy, Polakom wskazali miejsce po prawej stronie ławy. Gniewomir, baczny na wszystko, dziwił się, jak Ranowie bez widocznego porozumienia sprawnie wykonywali swe dalsze czynności. Oto jeden z czerwonych podał Sulisławowi srebrny cebrzyk pełen bryłek bursztynu, a arcykapłan, zaczerpnąwszy z niego cztery garście, podrzucił strawę ogniowi. Z kolei Racibor podszedł do jednego ze stołbców, zdjął z niego po uważnym wyborze jeden z mieczy, na pewno nie mniej cenny od ofiarowanego bożkowi przez posła i podał go Broniszowi. Sulisław objaśnił obdarowanego, że jest wolą Arkony, by namiestnik władcy polskiego przypasał sobie do boku ten miecz opatrzony błogosławieństwem samego Światowita i nosił go na wieczną chwałę, zyskując jednocześnie przywilej wstępowania z nim do wszystkich bożnic rańskich, których winien odtąd strzec nie mniej jak łożnicy swego własnego władcy. Następnie podszedł do ławy Dzik, a pokłoniwszy się Broniszowi, zaświadczył dobitnie, że szczęśliwy jest, iż w osobie polskiego posła może powitać i zaprzysiężonego dozgonną przyjaźnią druha, nadto męża, który nigdy swym czynem orężnym nie działał na szkodę Rany, a przeciwnie, kierując sprawami polskimi na morzu i nieraz przewodząc statkom rańskim w bojach, przysporzył im wiele zdobyczy i sławy. Imię jego dobrze jest znane na ostrowiu, nieraz powtarzane w czasie gawęd zimowych, a starszyzna wojenna stawia go za wzór tym, którzy rwą się do przewodzenia nad innymi; jako że nie masz mu równego w trosce o swoich podwładnych i w sprawiedliwości przy wymierzaniu nagrody i kary.

Bronisz, powstawszy, uścisnął serdecznie druha, a po nim Racibora zamknął w swych długich ramionach, na co arcykapłan poglądał z upodobaniem, przebierając tłustymi palcami warkoczyki splecione z długich siwych włosów. Wystarczyło nieznaczne zerknięcie podpuchłych oczu Sulisława w stronę Polaków, by Racibor zrozumiał, co doń należało. Podszedłszy do posła, prosił go, by zezwolił swoim towarzyszom udać się z nim do skarbca i stajen, aby raczyli wybrać sobie godne upominki, a przy sposobności zwiedzili i inne części najsławniejszej słowiańskiej bożnicy.

Gdy rycerze i kapłani odeszli, a poruszona przez nich zasłona zwisła nieruchomo, Sulisław powstał z tronowej ławy i oddawszy przepisaną ilość pokłonów posągowi, wywiódł Bronisza i Dzika tajnym przejściem na wschodni dziedziniec. Tam, przy zewnętrznej palisadzie, na samym brzegu stromego urwiska stał niski, z grubych bali modrzewiowych zbudowany dwór, zwany powszechnie zbrojownią Światowita, a w rzeczywistości będący mieszkaniem rodziny arcykapłana. Miejsce to od lądu odgrodzone świątynią z jej potrójnie strzeżonymi wrotami, od morza oddzielone niedostępnym urwiskiem, było najbezpieczniejszym schronem na wyspie. Bronisz, przestąpiwszy próg dworu, mógł się naocznie przekonać, że nie tylko w Arkonie, ale bodaj na całym wybrzeżu nie było bogatszego i wygodniejszego zamieszkania. Dla drwin chyba kapłan rozpuścił wśród ludu nazwanie modrzewiowego domu zbrojownią, boć właśnie ani broni, ani oręża śladu w nim nie było; natomiast przepych barwnych a najcenniejszych tkanin, najrzadszych futer, srebrno-złotego sprzętu, naczyń, ozdób, zabawek porozwieszanych na ścianach, zwisających z pułapu, rozrzuconych po podłodze, odmieniał izby mieszkalne na serce przeogromnego skarbca. Mogliby tu Bolesław, Sigryda i Włodzimierz ruski, i ich dziadowie poznać niejeden dar ofiarowany Światowitowi, mogliby tu królowie i książęta angielscy, fryzyjscy, frankońscy i niemieccy odnaleźć niejeden przedmiot zrabowany im w ciągu ostatnich wieków przez Normanów; a Normanowie i Saraceni spotkaliby tu niejedno dawno już odżałowane dobro własne.

Sulisław, nie bacząc na wrażenie, jakiego doznał Polak, usadowił go obok Dzika na miękkich poduchach i zachęciwszy do wzajemnych zwierzeń, zajął się osobiście ugoszczeniem go. Bronisz z zasłyszanych opowieści tak sobie przedstawiał sposób życia domowego Saracenów, lecz nigdy nie spodziewał się spotkać czegoś podobnego w surowej Arkonie. Bez pewności, że polskiego posła nie może spotkać tu zdrada, aniby tknął smakowitych potraw i przedziwnie orzeźwiających napojów, które mu przysposabiał usłużny gospodarz. Nie mniej zdumiewał go i sam Sulisław. Dotychczas widywał go jedynie na posłuchaniach i w świątyni, gdy powolne, ważne ruchy i słowa właściwie się zestrajały z godną postacią siwowłosego starca. Znając go takim, trudno było uwierzyć oskarżeniom Wandy, jakoby miewał do niedawna zdrożne stosunki z Bożeną. Chyba że prawdą było, co mu kiedyś napomknęła Miłka, iż Sulisław osiwiał rozmyślnie, aby białością długiej brody i zaplecionych w warkoczyki włosów najbardziej upodobnić się do świętego ogiera Rany, a w oczach pielgrzymów uchodzić za długowiecznego. Biała, bez ozdób, najprostszym ściegiem zszyta suknia nie licowała z przepychem zastawy, nie pasowała do pulchnych rąk żarłocznie zapychających obleśne usta smacznymi kęsami. Częstował, zachęcał, pośredniczył w rozmowie, nie zdradzając ani ciekawości, ani chęci narzucania gościom swej powagi.

Zachowanie się Dzika było tak swobodne, że Bronisz aż się tym zaniepokoił: jak jego druh umie pogodzić chrześcijaństwo z zaufaniem doń Arkony. Nie wymienili jeszcze ze sobą nawet jednego nieskrępowanego zdania.

Trzeba się było przystosować do właściwej roli, choć serce podniecone ostrością napojów tęskniło do zwierzeń przyjacielskich. Więc najprzód Bronisz pochwalił się głośno tym, że pod wpływem Dzika uprzytomnił Bolesławowi niebezpieczne położenie Rany, która pozbawiona sprężystej władzy królewskiej, a ograniczona w zbrojeniach, zdana jest na łaskę sąsiadów.

Jaki pożytek ma Bolesław z takiej Rany? Czyż nie lepiej, aby z bezbronnej ofiary przekształciła się na odpowiedzialnego własną mocą sojusznika, mogącego być, jak drugi Jomsborg, postrachem dla wspólnych wrogów? Przewidujący władca niby mądry żeglarz musi przy najpiękniejszej pogodzie być gotowy stawić czoło burzy.

Spokój panujący ninie na słowiańskim i normańskim morzu sprzyja nabrzmiewaniu potęg i dumy władców, którym w ich własnych granicach będzie coraz ciaśniej. Tak bywało i tak będzie w świecie, póki ludzie rządzą ludźmi, że władca czyha na władcę. Bowiem władza, jak słona woda, im więcej pijesz, tym więcej pić pragniesz. Przez władzę człowiek pożąda człowieka, zamiast go miłować. A któż miłuje Ranę, a któż jej nie pożąda? Wystarczyłoby dziś ogłoszenie, że Polska zrzeka się zwierzchnictwa nad Raną, a już jutro wiatr spędzi tu okręty jomsborskie, duńskie, szwedzkie, może ruskie nawet. Każdy będzie czuł się powołany do tego, by Ranów zwyciężyć, ograbić i ochrzcić dla swej chwały i usprawiedliwienia. Jedynie Bolesław, jak tego dowiódł i nadal dowodzi, nie łaszczy się na bogactwa świętego ostrowu i nie zabiega o wzmocnienie swej władzy nad Ranami. Najlepiej może to zaświadczyć Dzik, który dobrze poznał dwór poznański. Ale Dzik poznał nie gorzej i normańskie dwory. Niech sam powie, czy nie słyszał głośnych marzeń szwedzkiego Olafa o zrabowaniu skarbów Arkony? Dzik przytaknął głową, a następnie, patrząc Polakowi w oczy, spytał wprost:

— Czego Bolesław żąda od Ranów?

— Aby byli silni przy jego boku nie jako poddani, lecz jako odpowiedzialni sami za siebie sojusznicy. Proste to i uczciwe. Nadarza się sposobność, by Rana objawiła swą wolę i siłę. Oto z końcem nadchodzącej zimy zjadą w gościnę do Bolesława do Gniezna najpotężniejsi władcy świata z cesarzem rzymskim na czele. Przybędą królowie i książęta z Niemiec, Czech i Frankonii, z Węgier, Bizancjum i Rusi, z Włoch, Normandii, Anglii. Bolesław pragnie okazać im swoją potęgę, swych sojuszników, by się podzielić z nimi władzą nad światem. Kto by się im przeciwstawił lub stanął poza ich opieką, narazi się na zatracenie. Czy Rany miałoby zabraknąć na onym zjeździe? Byłaby to zaiste złowróżbna nieobecność.

— To będzie zjazd chrześcijan? — takie zadał pierwsze pytanie Sulisław.

— Tak! — Bronisz uśmiechnął się pojednawczo. — To będzie zjazd chrześcijański, boć chrześcijanami są już wszyscy potężni sąsiedzi Rany: Olaf szwedzki i Olaf norweski, Włodzimierz ruski, Swend duński i Polska. Kto miłuje Chrystusa, ten nie może czcić Światowita. Ale Bolesław kocha i Ranów, a wie jedno, że nawrócić ich do Chrystusowej wiary nikt nie zdoła siłą. Gdyby jednak, jak to się stało z Polską, podobnie władca Rany wziął za żonę chrześcijańską księżniczkę, słowiańskiego rodu, która by najprzód męża swego oświeciła, a potem i swój lud… Wprawdzie Rana nie posiada króla, a Bolesław ma córki jeszcze niedorosłe…

— Jak Bolesław wyobraża sobie wzrost potęgi zbrojnej Rany? — drugie pytanie zadał Sulisław w poważnym skupieniu, okazując, że obejmuje sam tok dalszej rozmowy.

— Bolesław nie wyobraża sobie, jeno chce ją widzieć i poznać — odparł Bronisz bez namysłu. — Niech Ranowie sami dowiodą, jak umieją i pragną rządzić się w nowych czasach. On im tego nie wzbroni, owszem, pomoże. Niech wystąpią przed nim w Gnieźnie z odpowiedzialną drużyną, dowodzoną przez swego władcę, któremu nie poskąpi, gdy i wart tego będzie, choćby tytułu króla, jakim był Boruta, nieszczęsny Boruta.

Sulisławowi oczy rozbłysły, ale wnet zgasił je zasłoną powiek i, wykrzywiając pogardliwie grube wargi, westchnął gorzko:

— Cóż to za król, co nie śmie przeciwstawić się swemu królowi?

— Król królowi nierówny, to pewna. — Bronisz wzruszył ramionami. — A cóż to za człowiek, który nie śmie przeciwstawić się swemu arcykapłanowi? Alboż przynosiło to ujmę ojcu naszego Bolesława, Mieszkowi, że płacił za graniczny skrawek swego olbrzymiego władztwa śmieszna daninę cesarzowi rzymskiemu? Za taką drobną cenę okupił sobie bezpieczeństwo potrzebne mu do wzrostu siły i późniejszego gromienia margrafów niemieckich. Mieszko powinien być waszym wzorem, jeżeli chcecie dojść do siły Bolesława. Mądry był, umiał, gdy trzeba, pokłonić się cesarzowi i pokracznym wielbłądem wynagrodzić go za to, że mu narąbał Niemców, zrabował klasztory i jeńców nadobył, nie zwracając. Mądry był i dlatego ochrzcił się w czas. Bez chrztu do rańskiego Bolesława nie dojdziecie. Nie odmieni nikt Bożego porządku dziejów świata. Wasz Światowit włada tylko na Ranie. Niech sobie włada, póki mu dajecie, byle nie błogosławił głupim królom na zgubę Rany... Kto nie rozumie nowych czasów, musi zginąć.

Sulisława rozdrażniły ostatnie słowa, ale nie chcąc obrażać posła, mruknął niby do siebie:

— Nie był głupi ten król, który pierwszy dla nie znanego jeszcze w świecie Chrystusa zaczął zawojowywać sąsiednie królestwa.

— Alboż to król uczynił? — żachnął się Bronisz. — Sam Chrystus, który dał się umęczyć, aby po tym zmartwychwstać jako pierwszy z ludzi, nie do królów, ale do ludu rozesłał swych dwunastu maluczkich apostołów i przez lud zdobył dla krzyża trony. Mądrzy władcy podporządkowali się głosowi ludu.

— A nad kim, jeżeli nie nad ludem panuje Światowit? — odparł z dumą arcykapłan. — Więcej on ma niż dwunastu posłów-kapłanów na świecie. A ilu królów składało mu dary? Ty sam miecz mu ofiarowałeś dzisiaj w imieniu potężnego Bolesława. Rozejrzyj się! Wasz Chrystus zdobył sobie na Ranie jednego Dzika, syna Bysza, a do Arkony ściągają co roku całe rzesze jego wyznawców i z waszej polskiej ziemi. Chrystus musiał się dać umęczyć, by zmartwychwstać, a Światowit wciąż żyje i włada.

Bronisz już usta otworzył do gwałtownej odprawy na takie bluźnierstwo, lecz go baczne spojrzenie Dzika powstrzymało. Próżno się było wadzić ze starcem o Chrystusa, którego ten nienawidził. Sulisław też ochłonął i żałował już swego podniecenia. Przedłożenia Bronisza były zbyt ważne i kuszące, aby je zbyć niepożyteczną kłótnią o bogów. Zgodę uładził Dzik pytaniem, czyby się podobało Bolesławowi, gdyby do Gniezna przybyła drużyna trzystu strażników rańskiej świątyni konno pod dowództwem Racibora jako księcia Rany.

— Czemu trzystu, a nie pięciuset? — zdziwił się Bronisz.

— Przecież nie wolno nam mieć więcej jak trzystu konnych — zmarszczył się Sulisław.

— Wolno i tysiąc, gdy to dogadza Bolesławowi! — Bronisz się zamyślił chwilę. — Racibor, jako władca Rany, dobrze będzie widziany, ale dla porządku i ułatwienia uczestnictwa w obrzędach lepiej będzie, gdy na czele drużyny orężnej stanie chrześcijanin Dzik, znany w świecie jako przyjaciel i powiernik królowej Sigrydy.

Na tym zakończono obrady, odkładając ostateczne porozumienie do następnego dnia. Sulisław odprowadził Bronisza aż do końcowej, zachodniej bramy świątyni, powierzając go dalszej opiece Dzika. Przyjaciele długi czas, idąc razem, nie mogli się porozumieć, zmuszeni do opędzania się od natrętnej gawiedzi. Dopiero za ostrokołem gościnnego dworu przystanęli na osobności i Bronisz wyraził druhowi szczerze swe zdumienie, pytając, co go tak odmieniło, że osiadł wśród kapłanów w Arkonie niczym poganin. Co się stało z Chyciną, gdzie Bożena, zwierzyniec, Maurowie?

— Czemu nie pytasz o Miłkę i Wandę, najbliższe memu sercu? — przerwał ponuro syn Bysza. Bronisz zmieszał się i zająknął, dając czas Dzikowi na rozpoczęcie swej smutnej opowieści.

Po obłowieniu się na Ben Azie, gdy wypłynęli z Łaby na morze, trzeciego dnia żeglugi wybuchnęła na Jasmundzie zaraza. Pierwszych chorych wysadzili na opustoszałym brzegu Jutlandii koło Kjöling fiordu. Nim ominęli Skagen, dwanaście trupów powierzyli morskim głębinom. Dania była zamknięta, z trudem więc rabowali żywność. Do Chyciny płynęli cały miesiąc, błądząc z przygodnymi wiatrami, gdyż na wiosłowanie brakło im sił i zdrowych ramion. Łaskawa fala wyrzuciła nareszcie Jasmund z dziesięcioma żywymi ludźmi i wychudzonym misiem na piaski zachodniego wybrzeża rodzinnej wyspy. Dziwne to, że zaraza ominęła tylko tych, którzy sypiali w zagrodzie niedźwiedziej, jakby brzydziła się jego odorem. A na Chycinie nie miał ich kto przyjąć. Było pusto i śmiertelnie głucho. Trupy Bożeny i starego Maura obgryzione przez psy leżały w świątyni przed wygasłym żertwiszczem. Cuchnące, spuchnięte zwłoki młodego Akuba znalazł Dzik w kredowej jaskini. Na próżno dniem i nocą szukał śladów Miłki i Wandy. Zwierzęta się rozpierzchły, żubra zagryzły psy, niedźwiedzica z młodymi powędrowała w świat, sokoły pozdychały w klatkach. Stworzenia nie żałował, ale pamięć młodszych sióstr gnębiła go nieukojoną żałością. Pragnął choćby ich szczątki uczcić należycie. Szukał nadaremno. Gdy dziesięciu towarzyszy z Jasmunda odżywiło się nieco, obdzielił ich łupami i puścił łodzią do domów, a sam z Burym i resztą skarbów zamknął się w kredowej skale. Pragnął umrzeć, jak wszyscy z jego rodu umierali, rodzice przed laty, a ninie siostry w uścisku zarazy. Nie było mu sądzone.

W środku zimy wybrał się lodem w towarzystwie Burego do Arkony. Zaraza ustąpiła wraz z pierwszymi mrozami. W Arkonie życie już ruszyło. Kapłani przyjęli go z wielkim współczuciem, sami bolejąc szczerze nad utratą nieocenionej wróżki Miłki. Obwiniali się nawet, że pewnie przez ich chciwość, iż dla zdobycia potomstwa postanowili dziewicę-wróżkę skojarzyć z mężem, rozgniewany Światowit sięgnął po kapłanki i porwał je żywcem do Nawii. Sulisław z obłudnym oburzeniem głosił, że Światowit za karę, iż Bożena nie dochowała dziewictwa, bezczeszcząc się z Maurami, tak bezlitośnie rozgromił chyciński chram, a winną złamania ślubu rzucił na pożarcie zwierzętom przed swym obliczem w świątyni. Dzik, otoczony w Arkonie troską i współczuciem, odprężył się nieco i znalazł ujście dla odżywających sił w pożytecznej pracy na wyspie rodzinnej. Gdy wreszcie złożył do skarbca połowę swych bogactw, więc dar, jakim nikt jeszcze dobrowolnie nie zbogacił świątyni, Sulisław i Racibor z najpoważniejszymi kapłanami uradzili, by mimo skazy chrześcijaństwa przyjąć go do najściślejszej rady, jako członka rodziny królewskiej. Tak oto doszedł do Arkony i pozostał w niej. A czy się odmienił w sobie? Owszem, tak się odmienił jak drzewo, gdy je obciosać z liściastych gałęzi. Owszem, przydatne dla tych, co chcą się na nim wesprzeć, ale samo nie szumi listowiem na wichrze, nie zbiera rosy, nie wydaje owocu i kwiecia. Wszystko to, co ukochał na świecie dla siebie, zawiodło. Królowa Sigryda odtrąciła jego usługi, zamorska wyprawa przyniosła mu plon martwych skarbów i stos trupów towarzyszy: gniazdo umiłowane, Chycinę, stratowała śmierć, nie pozostawiając nawet śladu po najmilszych siostrach. Po tym wszystkim odmienił się, zapewne.

Wkroczenie na dziedziniec Gniewomira i towarzyszy w otoczeniu rozbawionego tłumu młodzi rańskiej przerwało poufałą rozmowę rycerzy. Dzik, przypominając sobie o obowiązkach gospodarza, wszedł do dworu i zajął się wydawaniem zleceń, aby gościom nie zabrakło niczego do wygody, jadła, napoju i zabaw. Do Mewy podwieziono cały wóz z żywnością i piwem, a przy brzegu rozstawiono namiot, by załoga, nie spuszczając z widoku statku, mogła się pobawić i odetchnąć na lądzie. W gościnnym dworze aż huczało od uciechy, prześmiechów i gruchań. Na każdego z polskich wojaków wypadło po kilka zaprosin, by przepędzić noc i wypocząć w domostwach co najbogatszych gospodarzy wyspy. Bywalcom znane były luźne obyczaje tutejszych białek i zgoda na to starszyzny, by przyjętemu pod swój dach gościowi ustępować łoża z dobrodziejstwem wszystkich praw rodzinnych. Bezecny ten zwyczaj popierali niektórzy kapłani. Tłumaczyli go dbałością o poprawienie rodzaju ludzkiego, twierdząc, że przymieszka obcej krwi, a podróżnicy toć zazwyczaj mężni ludzie, sprzyja dzielności męskiego i urodzie żeńskiego potomstwa ludu.

Bronisz, ku żałości gospodarzy i wielu zaproszonych, zabronił swoim nocować poza ostrokołem. Tym dłużej i weselej bawiono się w zakamarkach domostwa, po krzakach i stajniach gościnnego dworu. Jeden Bronisz nie podzielał ogólnego wesela, choć i ku niemu ośmielały się zerkać piękne panny. Paliła go niecierpliwość, by jak najprędzej zawierzyć Dzikowi bezcenną dla niego tajemnicę. Dopiero o północy powstali od stołu i mogli zbliżyć się w osobnej rozmowie. Bronisz, przekrzykując chóralny śpiew, zawiadomił druha, że ma dlań nowinę ważniejszą od wszystkiego, co dotychczas sobie powiedzieli. Milcząc, wyszli na dziedziniec, przekroczyli bramę i skierowali się ku wybrzeżu. Nikłe światło księżyca wystarczało zaledwie, by rozwidniać grzebienie łamiących się na mieliźnie fal. Przystanęli na wilgotnym piasku. Bronisz ujął przyjaciela za obie ręce i zaciskając je mocno, zeznał ważką nowinę:

— Druhu! Twego gniazda rodzinnego na Chycinie śmierć nie rozdeptała, jeno oczyściła ze złego. Dowiedz się, że Miłka i Wanda żyją, wolne są i bezpieczne.

Dzik żachnął się, chciał ręce oswobodzić z uścisku, ale Bronisz nie puścił.

— Są u mnie, w Polsce. A tak się to stało: Gdy wracałem z Anglii, przepływając koło Zwłodzia, pchnąłem Gniewomira pod Chycinę, by zobaczył, co się tam dzieje. Przy Czaszy Rany czatowały twoje młodsze siostry. Miłka wróżebnie wiedziała o zbliżającej się łodzi. Obie skoczyły na burtę i dobrowolnie prosiły, by je ratować. Zabrałem je z sobą do Cisowa i oddałem na dwór niewieści mej bratowej. Słuchaj cierpliwie dalej! Przed paroma niedzielami, w czasie zaślubin mej siostry z księciem Sobieborem, obie, Miłka i Wanda, dobrowolnie przyjęły chrzest, a bez ujmy dla twojego rodu. Chrzcił je biskup poznański; Wandzie patronował Przecław, a Miłkę jako ojciec chrzestny doprowadził do świętej wiary sam Bolesław. Dziewczęta ufają mi, a błagają ciebie, abyś uwolnił je raz na zawsze od zmory pogaństwa i ochronił od zemsty kapłanów. Ty nie znałeś całej ich biedy i niegodziwości Bożeny. Gdybyś udzielił mi na jakiś czas jeszcze praw opiekuna rodowego, nie zawiodę twego zaufania. Nie braknie w Polsce możnych dworów dla rańskich księżniczek, a bacz, by niezadługo Gniewomir nie prosił cię o rękę Wandy.

Dzik za całą odpowiedź zdołał jeno wykrztusić z rozszlochanej piersi okrzyk:

— Dzięki ci, bracie! — Tuląc się w ramiona przyjaciela, dał poznać luty mąż, jakie ma czułe serce dla swych siostrzyc.

Po ochłonięciu z pierwszego wzruszenia umówili się, że zachowają nadal w tajemnicy przed Ranami sposób i miejsce ratunku córek Bysza, natomiast rozpuszczą wśród ludzi gadkę, jakoby widziano, iż Wanda z Chyciny została uratowana z miotanej na falach łódki przez statek kupiecki z Truso i sprzedana w niewolę jakiemuś Prusakowi. Obmyślili to, by na przyszłość uprawdopodobnić zjawienie się dziewczyny jako żony Polaka, który mógł był ją kupić od Prusaków, zyskując tym nad nią większe prawa niż rodowe i kapłanów.

Wyraźne ożywienie się Dzika od nazajutrz, gdy już uśmiechał się i ciekawił wszystkim, kapłani wytłumaczyli wpływem nań poselstwa Broniszowego, które przed Raną otworzyło wielkie możliwości. Rzeczywiście, Dzik jakby odzyskał duszę. Wiadomość, że dziewczęta uwiozły dwa psy z jego sfory oraz opowieść o tym, jak królowa Sigryda rzewnie wspominała swój uppsalski dwór i nieporównanego jej łowczego, dodało mu tyle ochoty, że zaraz postanowił zająć się swym wciąż jeszcze niedokończonym statkiem-olbrzymem, Storradą. Rozporządzając ukrytymi w kredowej pieczarze bogactwami, mógł sobie teraz na wiele pozwolić. Sprawy rańskie tak się przedstawiały, że bratanek Sulisława, Racibor, upatrzony na króla ostrowu, odpowiadał tej godności we wszystkim prócz — rycerskiego ducha. W tym wielkim zaiste braku mógł go dopełnić jedynie Dzik, mąż sławny a znakomitego rodu, przy tym nie zdradzający ochoty, by samemu zostać królem Rany. Poselstwo Bronisza niespodziewanie ucieleśniło dawne a dalekosiężne plany Sulisława. Olbrzymie zasoby arkońskiego skarbca, gromadzone do odbudowy wolnego królestwa, otworzyły się szczodrze, byle sprostać nadziejom pokładanym w Ranie przez Bolesława. Zgodnie postanowiono, by orszak Racibora, pięciuset zbrojnych pod dowództwem Dzika, nie tylko przystroić odpowiednio, ale i zaopatrzyć własną spyżą na czas nieograniczonej potrzeby gnieźnieńskiego zjazdu.

Podczas gdy starszyzna radziła, purpurowi kapłani, strażnicy wewnętrznego obejścia bożnicy, wysilali się, by jak najumiejętniej okazać polskim rycerzom potęgę niezdobytej warowni arkońskiej. Od strony morza broniła jej stromość kilkudziesięciołokciowych skał kredowych, podmywanych od spodu przez fale. Od strony lądu strzegł jej potrójny układ ostrokołów, nawodnionych a niespławnych rowów i grobli, z których nawierzchni można było używać kamieni na pociski.

— Chyba głodem tylko można by was przemóc — dziwił się Gniewomir. Kapłan-przewodnik uśmiechnął się na to pobłażliwie.

— A któż by zdołał opasać taki kawał ziemi i morza dość szczelnie, by nie przepuścić w ciemną noc paru worków suszonego ciasta?

Potęgą tajemniczych obrzędów mniej się udawało kapłanom olśnić Gniewomira, jako że pamiętał, co mu o sztuczkach tutejszych opowiadała Wanda i co mu nowego Chocian szeptem na boku przygadywał.

Z wielką czcią i ostrożnością wprowadzono Polaków do stajni, gdzie przed jasłami, wypełnionymi świeżą trawą, stękał święty ogier Światowita. Bydlę było ogromne, opasłe jak wieprz, o płaskim zadzie, nieskazitelnie białej maści, bez plameczki, o różowych chrapach i podbrzuszu, ślepia miało czerwone, grzywę i ogon zaplecione w drobne warkoczyki, podobnie jak arcykapłan nosił swoje włosy. W stajni panował półmrok, tak że tylko cielsko rumaka było w nim widoczne. Chocian wytłumaczył Gniewomirowi, iż jest to celowe z kilku względów. Gdy kapłani chcą, by koń był im powolny, ściemniają stajnię jeszcze bardziej i nagle z pełnego mroku wyprowadzają go na światło dzienne. Zwierzę oślepione i bezbronne zachowuje się wtedy jak dziecko. Mają i inne sposoby na wywołanie przeciwnego skutku. Koń nienawidzi zapachu pewnych ziół. Wystarczy wiankiem takich ziół przyozdobić upatrzonego dla złej wróżby gościa, a ogier rzuci się nań, będzie gonić, gryźć, i nic już wtedy nie odmieni zamierzonego a złego wyroku. Było największą biedą Arkony, której się nawet nie domyślali czciciele rzekomo wiecznego bydlęcia, że starzejący się ogier nie miał godnego zastępcy. Spośród pięciu bielusieńkich jak mleko klaczy żadna nie chciała upląć źrebca o czerwonych ślepiach. Wśród kapłanów i stajennych szeptano sobie nieprawdopodobną wieść, jakoby w Radogoszczy u Wilków czarna klacz karego ogiera Trygława oźrebiła się ubiegłej zimy, dając życie ogierowi o różowych chrapach i czerwonych ślepiach. Różnie to sobie tłumaczono: Lutycy na korzyść Trygława, Ranowie na sławę i przewagę czworolicego Światowita.

IV

Piątego dnia szczęśliwej gościny u Ranów prosił Dzik Bronisza o pozwolenie wyświadczenia mu jakiejś usługi w podzięce za uratowanie i opiekę nad siostrami. Bronisz chętnie to przyjął, mając na względzie przede wszystkim korzyść przyjaciela, by otrząsnąwszy się z próżnej żałoby, wrócił czym prędzej do życia w swym żywiole. Zlecił mu więc podróż do Danii, na roskildzki dwór królewski z prośbą, by zawiadomił, kogo potrzeba, że on, Bronisz, po objechaniu z poselstwem Szwecji, nadpłynie z końcem lata do Danii, spodziewając się przed jesienią poślubić tam Helgę Jarandównę. Upoważnił go przy tym do uprzedzenia Danów o zamiarach Polski i celu zamorskiego poselstwa, by mogli wcześniej uzgodnić swe sprawy z zaproszeniem do Gniezna. Dzik skwapliwie podjął się zadania, które go z tak poważnym pozorem zbliżało do ukochanej królowej. Stać go było obecnie za zdobyczne srebro Ben Azy wykupić ze skarbca arkońskiego klejnot, który by stokrotnie wynagrodził Sigrydzie utratę ulubionego sokoła Cuspa.

W przeddzień postanowionego odpłynięcia z Rany morze było nieco zbałwanione, mimo to Polacy przygotowali się do drogi. Uproszeni przez Chociana kapłani postawili gościom wróżbę na podróż i orzekli na podstawie zachowania się ptactwa i ślimaków, że czeka ich okropna burza. Bronisz zlekceważył to i pragnął wyruszyć, lecz Chocian przeciwstawił mu się gwałtownie, twierdząc, że kapłani nigdy się nie mylą w przewidywaniu pogody. Widząc, że wyspiarze zabezpieczają przybrzeżne statki i domy, dał się ubłagać, aby pozostał i pozwolił Mewę wciągnąć za falochron. Jakoż tego samego dnia, po cichym wieczorze, nocą wiatr się odwrócił i z północy uderzył na wyspę z taką gwałtownością, że w parę chwil zmącił płytkie wody rańskie do samego dna, bijąc piachem o kredowe skały. Z łodzi, których zaniedbano wciągnąć na brzeg, znaleziono nad ranem jeno żałosne szczątki, miotane grzebieniami łamiących się fal. Na lądzie nawałnica poczyniła nie mniejsze spustoszenia, obalając wiekowe drzewa, zrywając strzechy z nieosłoniętych domów i zasypując piachem ogrody. Po trzech dniach, gdy między niebem a morzem zapanował spokój, Bronisz, rozwijając swój purpurowy żagiel, błogosławił w duszy przesadną ostrożność Chociana.

Ku Szwecji płynęło im się mozolnie i długo. Na Bornholmie musieli przeczekać drugą burzę, na Gotlandzie spędzili cały tydzień u starego konunga Arne, a do Sigtuny dotarli zaledwie z początkiem żniw. Towarzysze Gniewomira, nowicjusze znad Gopła, witając rozbudowane przez Anglików dworzyszcze Olafa Skottkonunga, czuli się już wytrawnymi żeglarzami.

Widok pięknego statku, a jeszcze bardziej dobór wspaniale przybranego orszaku, wywarł na młodym królu Szwecji pożądane wrażenie. Z dumą przed rodakami witał poselstwo swego potężnego wuja, a na zaproszenie na zjazd odpowiedział ochoczą gotowością. Olaf znacznie się zmienił przez ostatnie lata. Wyrósł na barczystego młodzieńca i choć skubane wąsy nie bardzo zaciemniały mu wargę, spojrzenie miał nad wiek poważne, a odzywał się z rozwagą prawdziwie męską. To, co mówiono w Jomsborgu o jego drugim małżeństwie, było prawdą o tyle, że Arngierda umarła, lecz nie naturalną śmiercią. Pyszna a nienasytna uciech dojrzałej miłości królowa pozwoliła sobie na przyjaźń z jednym z sąsiednich konungów. Wojska szwedzkie pod wodzą Harbara odpłaciły tę zniewagę królewskiej łożnicy zniszczeniem władztwa śmiałka i ścięciem szalonych kochanków. Za poradą starego Arnego rozgłoszono ludowi, że królowa umarła w górskim ustroniu, gdzie szukała schronienia przed zarazą. Jak dobrze sprawę zatajono, dowodzi, że Bronisz, choć bawił uprzednio na Gotlandzie, dowiedział się o tym wszystkim dopiero od Harbara w Sigtunie.

Śmierć wiarołomnej żony nie przeszkodziła bynajmniej królowi w korzystaniu z rad doświadczonej wierności sędziwego teścia Arne. Za jego namową poślubił Słowiankę z obodryckiego książęcego rodu, najcichszą i najuleglejszą spośród dawnych dworek swej matki. Pod jej to wpływem dawni dworacy królowej Sigrydy odzyskali pełnię łask królewskich, a Olaf dobrze na tym wyszedł, jako że Harbar, Iwar i Björn w zgodzie żyjąc i współpracując, najdoskonalej pilnowali szwedzkich spraw. Tak dobrze pilnowali, że młody król nie miał się czym kłopotać, a że pędziło go do przygód silniejszych niż polowania i miłostki dworskie, nudził się nieraz i tęsknił do szerokiego świata, o którym tyle się nasłuchał z pieśni skaldów i opowieści rodzinnych.

Jednego miał łatwo dostępnego a godnego sąsiada: Olafa Tryggvasona, ale właśnie jego nie lubił. Próżno Norweg próbował zbliżyć się doń i poróżnić go z matką. Najchętniej przestawał młody Olaf z Waregami ruskimi. Słuchając ich opowieści o bogatym Kijowie i przecudnym Bizancjum-Carogrodzie, prawdziwie bolał, że nie może tych dziwów obejrzeć własnymi oczami; doradcy bowiem wciąż go straszyli groźbą, że w razie opuszczenia Szwecji utraci tron. Zaproszenie Bronisza do Polski, poparte zapewnieniem bezpieczeństwa, które i doradcy królewscy uznali za dostateczne, dawało mu przedsmak upragnionej wolności i zamorskiej podróży. Bizancjum i Ruś, owszem, kusiły go, lecz nadzieja poznania papieża, cesarza i Rzymian napawała czcią bogobojną chrześcijańskie serce, zaś do dworu władcy polskiego ciągnęły związki krwi i duma rodowa. Alboż Waregowie przysłali kiedy do Sigtuny podobnie wspaniały orszak poselski jak ów Bronisza?

Tak się śpieszyło Olafowi do podróży, że Polacy musieli go powściągać, układając z jarlami rozumny plan, wedle którego miał na zimę, w towarzystwie drużyny Harbara pojechać do Danii, do matki, i z nią razem wybrać się w odpowiednim czasie do Gniezna.

Dla Bronisza szczególną niespodzianką było to, że nie spotkał się w Szwecji z Sigvaldim. Jarl Jomsborga ani tu bywał, ani zapowiadał swojego przyjazdu. Niespodzianka zmieniła się w grube podejrzenie, gdy Wromot dowiedział się od znajomka poznanego wśród Norwegów, odprowadzających do Sigtuny poselstwo ruskie, że Sigvaldi bawi wciąż w Nidaros jako gość Olafa Tryggvasona i nie rozgłasza tam swego pobytu. Zręcznie wybadany Norweg przypomniał sobie, że słyszał, jak Rusini chwalili podarki darowane im przez jarla Jomsborga, a spodziewali się jeszcze cenniejszych po następnym, umówionym spotkaniu. W tak ważnych okolicznościach opłaciło się zdobyć zaufanie przygodnych Norwegów, a że podarki prowadziły do celu najprościej, Wromot zaprzyjaźnił się z Norwegami na dobre. Opowiadali mu, jak to ich król gorzko opłakiwał bohaterską śmierć jarla Rogera i porwanie przez morskich zbójców jego żony, córki jarla Jaranda. Jarand po tym ślubował, że nie skosztuje innego napoju prócz czystej wody, póki nie uwolni córki z niewoli, a król obiecał mu w tym wszelką pomoc. Ktoś tam, zwierzał się Norweg, przybyły z Danii opowiadał, że Jarandówna zimowała w Lederun u królowej Sigrydy, ale to nic pewnego.

Do Nidaros z Norwegami miał wracać pewien angielski pater, Anzelm, misjonarz z Wysp Alandzkich. Bronisz postanowił posłużyć się nim jako osobliwym posłem. Zgłosił się do księdza ze spowiedzią i wyznał mu całą swoją wyprawę do Stamford, jej przyczyny i skutki, upraszając, by jarlowi Rogalandu Jarandowi, i tylko jemu samemu, powtórzył poznaną prawdę, pocieszył go i oznajmił, że jego prawy zięć, Bronisz, weźmie jego córkę Helgę za żonę, jako dziewicę z dworu królowej Sigrydy, jej prawej opiekunki, a ślub ich odbędzie się najbliższej jesieni. Misjonarz głęboko wzruszony obiecał przyjąć całą sprawę jako swój duchowny obowiązek.

Harbar nie mógł sprawić milszej rozrywki Broniszowi, jak zapraszając go na sokole łowy i przejażdżkę po tej samej drodze, którą ongiś przebyli z Helgą, towarzysząc Sigrydzie i Tryggvasonowi do Uppsali. Nawet pogoda była do tamtej podobna, a gdy nad tą samą łąką, śledząc pościg orła za czaplami, Bronisz odwrócił oczy od nieba i rozejrzał się dołem, zdziwiło go nieomal, że nie ma przy nim Helgi i królowej. W Uppsali ani pięknie wykończony dwór królewski, ani wybudowana nareszcie świątynia chrześcijańska nie wywarły na nim wrażenia, jakie usiłowali mu wmówić dumni ze swych osiągnięć Szwedzi. Powodowany rzewną tęsknotą szukał raczej śladów dawności, miłej wspomnieniami pierwszych serdecznych wzruszeń, szczęścia niewyzyskanego i dlatego może okupionego tak ciężką udręką i walką.

Gniewomir zgoła inaczej, wszakże zgodnie ze swą płochością, wyzyskał odwiedziny Szwecji. Pod pozorem gorliwości przyswajania sobie mowy tutejszej, przedkładał nad towarzystwo męskie obcowanie z nadobnymi Normankami, wrażliwymi na urodę polskiego knezica. Zaproszony przez pasierbicę jarla Iwara do jego dworu pod Uppsalą, zapragnął pochwalić się tam umiejętnością ujeżdżania dzikich rumaków. Był w stajni Iwara jeden nieokiełznany gniadosz, którego jeno czarnooka Thorolis, szalona dziewczyna, umiała bezkarnie dosiadać. Na niego właśnie, za poradą złośliwych a zazdrosnych pachołków, padł wybór Gniewomira dla popisu. Thorolis zechciała towarzyszyć mu na spokojnym koniu. Pognali z miejsca wzdłuż wysokiego brzegu rzeki na północ i wkrótce zniknęli towarzyszom z oczu. Na próżno oczekiwano na nich w Uppsali do wieczora.

Gdy po nocy nie wrócili jeszcze, Iwar rozesłał ludzi na poszukiwanie. Ludzie wrócili z niczym. Bronisz, pokrywając niepokój o brata rozgniewaniem, trzeciego dnia bezowocnych poszukiwań i oczekiwania wrócił do Sigtuny. Tam to czwartego dnia w południe zjawili się straceńcy. Nadjechali od wschodniego brzegu, siedząc razem na oklep na spokojnym koniu Thorolis, bardziej radośni niźli zawstydzeni, lecz w jakże opłakanym stanie. Gniewomir w pasterskich skórach, obdrapany, potłuczony, Thorolis w jednej sukienczynie, mokrusieńka, z zapuchłymi wargami, niepodobna do siebie. Tłumaczyli się weselej, niżby wypadało, że podczas wypoczynku nad jeziorem napadła na nich gromada lapońskich zbójów i obrabowała doszczętnie. By uniknąć pościgu, dzicy przywiązali ich rzemieniami do drzewa i trzy dni biedacy strawili, zanim udało im się wyzwolić z więzów. Szczęśliwie, że jeden koń do nich powrócił. Thorolis opowiadała dziwy o bohaterstwie towarzysza, Gniewomir wychwalał pod niebiosa przemyślność dziewczyny i dopiero, gdy towarzysze zaczęli z nich drwić, a Bronisz w obecności Iwara skarcił srogo brata, młodzi zrozumieli, że nie mają się czym chełpić. Być może, że Polak zachowywał się w przygodzie, jak należało, lecz rzeczywistość przemawiała przeciwko niemu, gdyż stracił konia i odzież, zaś czułość, jaką okazywała mu dzielna Thorolis, tłumaczono sobie niekoniecznie uznaniem dla jego odwagi. Król doskonale ubawił się całą przygodą i nie tylko bronił winowajców, ale darował Iwarowi konia, a Gniewomira kazał szatnemu pięknie przyodziać. Że na Thorolis zwrócił potem baczną uwagę, dziewczyna bynajmniej nie była zatrwożona. Cicha królowa jak zwykle na wszystko patrzała przez palce. Sędziwy Arne chwalił ją ponoć za to, przewidując, że dzięki swej łagodności i wyrozumiałości dłużej usiedzi na tronie niż jego zazdrosna i popędliwa córa.

Spośród Polaków jeden Bronisz z radością opuszczał gościnną Szwecję, śpiesząc do szczęścia własnego. I tak nad miarę przedłużyli pobyt w Sigtunie, jednak nie mieli możności wyrwać się wcześniej z sideł na różne sposoby zbogacanej serdeczności przyjęcia. Król, nie mogąc jeszcze sam wyjechać, posłał wraz z Polakami na pięknie wyposażonym statku jarla Harbara, poruczając mu rolę drużby na ślubie Bronisza oraz zlecając przygotowanie własnych odwiedzin.

Dzięki pomyślnym wiatrom płynęło im się bystro i wesoło. Dla żeglarskiej zaprawy i urozmaicenia podróży Szwedzi zmieniali miejsca na statkach z Polakami i uczyli się wzajem obyczajów i pieśni morskich. W przystani roskildzkiej oczekiwano ich z niecierpliwością. Wysiadających z Mewy witali jako przedstawiciele królewskiego dworu starzy znajomi: podkomorzy Sivard, jarlowie Swend i Eryk, synowie Haakona, Swan, skarbnik królowej, wreszcie Dzik z Chyciny i tłum duńskich rycerzy, wśród nich wikingowie, towarzysze ostatniej wyprawy do Stamford, głodni widoku swego jarla Bronro. Tuż za przystanią czekało dwanaście suto osiodłanych koni, na których Polacy przy dźwięku trąb i krzyku życzliwej gawiedzi wjechali na zamkowy dziedziniec. U progu dworzyszcza powitał poselstwo sam król Swend w towarzystwie biskupa Godibalda, zagranicznych gości i skaldów. Ze starych znajomków nie brakło tu nikogo, ale Bronisz łakomy był widoku tylko jednej osoby, a ta właśnie najdłużej kazała mu czekać na siebie. Dopiero nad wieczorem dopuszczono go przed oblicze królowej, gdzie zobaczył po raz pierwszy Helgę. Nigdy nie wyglądała tak czerstwo i promiennie. Bladość lic i niepokój czający się na dnie modrych oczu ustąpiły ninie miejsca zdrowym rumieńcom i spojrzeniu pewnemu, świadomemu praw swojej miłości. O ile dawniej pierwsze uczucie, które owładało Broniszem przy zbliżeniu do miłej, było raczej duchowe — tkliwe wzruszenie dla jej pięknej słabości — teraz oplot jej ramion i dotknięcie gorących warg na powitanie zapaliło w nim krew głodem życia.

Królowa ze smętną czułością przyglądała się szczęściu swych ulubieńców. Bronisz od razu zauważył, że Sigryda jest znów przy nadziei i to daleko posunięta w miesiącach. Śpieszne, drugie macierzyństwo po urodzeniu tęgiego syna i niespokojnej przed zarazą zimie w Lederun nadwątliło jej siły, a wraz i urodę. Królowa starsza była od swej dworki nie więcej niż o dwanaście lat. Jak na trzydziestoletnią kobietę wyglądała ładnie, jednak dla tych, którzy niedawno jeszcze podziwiali dziewiczą gibkość jej ciała, przedziwnie zestrojoną z kuszącym powabem głosu, spojrzeń i zmysłowych warg, dziś ociężałe kształty i powaga zmęczonego wzroku budziły przede wszystkim cześć należną królowej-matce. Swend chełpił się nią właśnie jako małżonką-rodzicielką, a to raniło jej dumę. Macierzyństwo, do którego tęskniła prawdziwie, ujarzmiało jej władczą naturę i uzależniało od męża, który zawdzięczał jej przecież wolność i przywilej małżonka Piastówny. Dziś musiała polegać na jego opiece i ulegać jego normańskiej prostoduszności, męskiej pospolitości nawet. Swend, gdy przez próg królewskiej sali przenosił swego pierwszego syna, szalał wprost ze szczęścia, aż się bano, by niemowlę nie doznało krzywdy w rękach króla-wikinga. Z wysokości tronu ogłosił wszem wobec, że uznaje go za następcę tronu Danii, a nadaje mu imię swego nieszczęsnego ojca Haralda. By zjednać błogosławieństwo dziada dla wnuka, a swoje winy względem ojca zmazać, ufundował trzy nowe kościoły. Gdy na wiosnę królowa znów pozwoliła ogłosić Danii, że jest w błogosławionym stanie, Swend, obwieszczając to na zakończenie czterodniowej biesiady, ślubował, że jeżeli królowa urodzi mu drugiego syna, on zdobędzie dla niego nowe królestwo. Tak szalona przysięga nie ucieszyła bynajmniej Sigrydy. Zwierzyła się Heldze, iż rada by dać życie córce, gdyż dość dla jednej matki, by dwóch jej synów posiadało dwa osobne trony. Gdyby trzeci miał jeszcze królować, czyby nie przyszło między nimi do waśni tak łatwej między normańskimi władcami? Trudno by też spodziewać się od losu, aby aż trzy królestwa obdarzał równą pomyślnością...

Wyraźna zmiana, jaka zaszła w usposobieniu królowej, szczególnie obeszła Dzika z Chyciny. Zaraz w pierwszej rozmowie z Broniszem zwierzył się przyjacielowi, że Sigryda nie jest szczęśliwa i dała mu to nawet poznać pewnymi słowami. Co jest przyczyną jej przygnębienia, trudno dociec. Ale można się domyślić. Sigryda wciąż jeszcze myśli o Tryggvasonie!

Bronisz wzruszył niedowierzająco ramionami, lecz Dzik przemógł jego lekceważenie, opowiadając, jak na jednej z uczt Swend spytał złośliwie islandzkiego skalda Hallfredhra, czemu to Olaf Tryggvason, taki niby dbały o sławę Norwegii, nie śpieszy się zapewnić jej następstwa tronu po sobie. Jego żona Thyra pochodzi jak wiadomo z płodnego rodu, czyżby więc na Olafie sprawdzało się przysłowie duńskie, że która krowa dużo ryczy — mało mleka daje? Na te żarty wszyscy wybuchnęli śmiechem, tylko królowa dotychczas wesoła nagle spochmurniała, jakby ją osobiście uraziły drwiny z Olafa.

Skald zręcznie wymigał się z odpowiedzi, oświadczając, że wśród konungów panuje teraz zaraza tęsknoty do żon wendyjskich, co niejednego z nich odstręcza od normańskiej łożnicy, a że nie każdego stać na to, by zdobył sobie królewnę z piastowskiego gniazda, więc niech szczęśliwiec pilnuje swego losu i dziękuje bogu miłości Balderowi za to, co posiadł. Zręczna odpowiedź obroniła Tryggvasona kosztem Thyry, niemniej pochlebiła Swendowi i Sigrydzie. Królewa w zamian rzuciła skaldowi swój złoty kubek, a Hallfredhr wiedział, uśmiechając się domyślnie, że nie za pochlebstwo, ale za obronę męskiej godności Olafa został tak wyróżniony przez dumną Piastównę.

Dzik kilkakrotnie zauważył, że szydzenie z Olafa sprawia Sigrydzie przykrość, a król Swend jakby naumyślnie lubuje się w poniżaniu sławy Norwega, w czym pomagają mu, jak mogą, zazdrośni synowie jarla Haakona. Sigryda nie lubi ich, może właśnie za to?

Ślub Bronisza mógł był się odbyć zaraz, jednak ścisły w obliczeniach biskup Godibald orzekł, iż wedle najłagodniejszych praw żałoby i wdowieństwa obrzęd powinien być odroczony do świętego Michała. Ponieważ Sigryda poparła biskupa, a Swend, rad najdłużej gościć wesołych Polaków, stał się nagle gorliwy w przestrzeganiu obyczajów chrześcijańskich, więc narzeczeni chcąc nie chcąc musieli poddać się uchwale starszych.

Zaprosiny na zjazd gnieźnieński przyjął Swend dość oziębłe. Najprzód wyraził wątpliwość, czy wobec śmierci papieża Brunona, o której już wiedział, zjazd dojdzie do skutku. Bronisz upewnił go, że cesarz na pewno przypilnuje, by Stolica Apostolska i Kościół na dzień tysiącznego Nowego Roku nie zostały bez sternika. Chyba jakaś wojna straszliwa mogłaby pokrzyżować postanowienia uzgodnione między Rzymem a Polską, lecz przecież bez poparcia cesarza i Bolesława, jakiż obłąkaniec śmiałby rozpoczynać wojnę tej jesieni?

Swend nie odmówił wyraźnie przyjazdu do Polski, jednak wyraził się, że jemu do szczęścia niepotrzebne jest widzenie się z rzymskim Ottonem, ponieważ on sam też jest z drugiego imienia Ottonem, więc to dla Danii wystarczy. Z Bolesławem widział się niedawno. Królowa, w przeciwieństwie do męża, pragnęła odwiedzić Polskę, tym bardziej że miała nadzieję spotkać w Gnieźnie całą swą rodzinę, a przede wszystkim Adelajdę węgierską, którą ostatni raz oglądała przed piętnastu laty. Wszakże podróż swą uzależniała od stanu zdrowia, więc czy dziecię urodzi się szczęśliwie o przewidzianym czasie przed zimą i czy będzie mogła powierzyć je mamkom. Gdyby nie mogła przyjechać, zobowiązała się, że dla honoru rodu mąż ją zastąpi. Swend, mając nadzieję, iż wszystko pójdzie dobrze, a nigdy tej nadziei w życiu nie tracił, zgodził się na zastępstwo.

Podczas łowów w przyjaznej rozmowie Swend przyznał się Broniszowi, że dlatego nie ma chęci na odwiedzenie Gniezna, gdyż musiałby tam spotkać się jako równy gość z takim choćby Sigvaldim, niby szwagrem, którego nie lubił, oraz z innymi, o wiele niższymi od siebie, a znającymi go z czasów niepowodzenia i niewoli. Żonie nie wzbrania odwiedzin, przeciwnie, zaopatrzy ją w orszak godny matki królów, ale sam — tu uśmiechnął się zgryźliwie — nie chce narazić się na to, by tacy wielcy chrześcijanie jak cesarz, papież i rzymscy książęta traktowali go niby katechumena...

Na łowach i rycerskich zabawach urozmaicanych biesiadami i pieśnią sławnych skaldów miło upływał czas polskim wojakom. Gniewomir, po niechwalebnym doświadczeniu z czarnooką Thorolis, wskutek tego też, że obecność Dzika przypominała mu o istnieniu Wandy, stronił od dworek. Tym łatwiej mu to przychodziło, że w Roskilde pod okiem Sigrydy nie było miejsca na taką swobodę obyczajów, jaka panowała w Sigtunie. Młodzieniec, mając dość czasu i sposobności, zacnie się wyróżniał na męskich zawodach, a przede wszystkim w konnej jeździe i w strzelaniu z kuszy. Gdy siedem razy z rzędu wbił grot w sam środek tarczy, a w skokach przez konia zajął drugie po Broniszu miejsce, król Swend mianował go swym przybocznym łucznikiem, a w nagrodę darował mu własną kuszę, oręż nie mniej piękny niż doskonały.

Jedynym smutnym zdarzeniem owych dni była przygoda Chociana. Zabawy dworskie nie zadowalały starego, że zaś miał pociąg do morza, więc się włóczył po przystani, zapominając często o godności członka orszaku poselskiego. Kilka razy wrócił na zamek pijany i urządzał chryje, ale uszło mu to na sucho, gdyż Bronisz go nie widział, a Danowie mieli wyrozumienie dla męskiej słabości. Niestety, przyniesiono go wreszcie z miasta rannego, potłuczonego niemiłosiernie, z obciętym prawym uchem. Przeprowadzone śledztwo wykazało, że Chocian przyjął zaproszenie na pewien statek fiński, gdzie wdał się w zwadę ze sternikiem. Poszło o głupstwo. Chocian dowodził, że czarni Maurowie rodzą się białymi i czernieją dopiero z czasem pod wpływem czarów, jako że diabłu służą, a diabły są czarne. Sternik fiński nie chciał temu uwierzyć i tak się przekonywali, aż doszło do bójki. Fin drwił z Chociana, że mu lewe ucho odpadło od dawania posłuchu wszystkim zasłyszanym bzdurom. Chocian powalił Fina i w zacietrzewieniu odgryzł mu nos, a wtedy towarzysze sternika, mszcząc jego kalectwo, obezwładnionemu Ranowi oderżnęli tępym nożem jedyne ucho. Król Swend szybko się uporał z winowajcami. Beznosego sternika powiesił na maszcie jego statku, statek podarował Chocianowi, a załogę sprzedał w niewolę greckim kupcom, którzy natychmiast odkupili od Chociana także i jego statek, suto więc zapłacili mu srebrem cenę straconego ucha.

Na parę dni przed świętym Michałem zboczył do Roskilde szwedzki statek wracający wprost z Norwegii. Ze statku wysiadł jakiś ksiądz angielski, który zaraz zgłosił się na zamek do biskupa Godibalda, co się zdało wszystkim oczywiste, iż duchowny do duchownego, a ziomek do ziomka ciągnie. Słyszał o tym i Bronisz, lecz mało go to zaciekawiło. Na duńskim i norweskim dworze kręciło się wówczas bardzo wielu kapłanów i mnichów angielskich. Gdy następnego ranka zawezwano Bronisza przed królowę, zdumiał się, widząc obok zapłakanej Helgi swego znajomego misjonarza z Sigtuny, któremu dawał zlecenia dla jarla Jaranda.

Pater Anzelm uczciwie wypełnił prośbę swego penitenta. Przywiózł narzeczonym ojcowskie błogosławieństwo, a jak twierdził, nietrudno było mu je uzyskać, gdyż jarl Rogalandu gorąco Bogu dziękował za szczęście jedynaczki. Królowa ze łzami w oczach wysłuchała wdzięcznego posłania, które jej Jarand składał za matczyną opiekę nad Helgą. Dla Bronisza pater Anzelm miał poselstwo osobne, tajemne, które się zobowiązał przekazać mu ustnie i bez świadków jako dowód najwyższego zaufania i czci Jaranda dla tego, który miłuje wiernie jego córkę i królową. Gdy odeszli na stronę, kapłan, nie doceniając ważności słów wypowiadanych, powtórzył uważnie wyuczone na pamięć zdania następujące:

— Strzeż Sigrydy, powracającej z Gniezna, przed zasadzką Olafa. Pilnuj Sigvaldiego.

Bronisz wysilił się, by nie okazać wrażenia, jakie na nim wywarło zrozumienie słów tak spokojnie wypowiadanych przez zacnego kapłana. Pater spełnił swoje, nie chciał przyjąć wynagrodzenia i tego samego dnia odpłynął przygodnym statkiem do Anglii.

Wstrząsająca wieść zmiotła z serca Bronisza całą radość z otrzymanego jednocześnie błogosławieństwa. Szczęśliwy narzeczony w przeddzień ślubu tak sposępniał, że nie rozumiejąc go, niektórzy wyciągali z tego nawet niestosowne wnioski. Cały dzień i bezsenną noc wadził się sam na sam z ciężkimi myślami. Przeżuwał różne możliwości, zdolne odsunąć groźbę niepowodzenia jego misji poselskiej. Postanowił wreszcie zawierzyć tajemnicę Swendowi. Ostrzeżenie tyczyło się przecież głównie jego żony, królowej Danów, którzy z pełnym zaufaniem powierzali ją polskiej gościnie. Nowina wbrew oczekiwaniu bynajmniej nie przygnębiła Swenda. Przeciwnie, po dwukrotnym a bacznym wysłuchaniu zdań, powtórzył je sam, słowo w słowo, po czym zerwał się zza stołu i począł, bijąc się w uda, biegać po sali z oznakami radosnego podniecenia. Zatrzymał się nagle przed zwątpiałym Polakiem, uścisnął go zamaszyście i jął dziękować za wspaniałą sposobność do ostatecznej rozprawy z nienawistnym Norwegiem.

Bronisz, pojąwszy bieg myśli królewskiej, poczuł w sercu wielką ulgę. Swend, wyłuszczając swój plan, gadał z takim przejęciem i pośpiechem, że gdy niebacznie Svan, skarbnik królowej, zajrzał przez próg do sali, król, nie chcąc tracić czasu na słowne wypraszanie, cisnął weń po prostu ozdobną siekierą, szczęśliwie nie trafiając.

— Byle tylko dochować własnej tajemnicy, lepiej niż to potrafią norwescy knowacze, a sprawdzi się na nich snadnie mądrość przysłowia: „kto pod kim ryje doły, ten sam w nie wpada" — cieszył się Swend tak głośno, aż Polak musiał poskramiać go w zapale. Uchwalili, że dla dobra sprawy zmówią się jeszcze z czterema mężami, ludźmi pewnymi a nieodzownymi, więc z synami jarla Haakona Swendem i Erykiem, którzy czyhali wciąż na zgubę Olafa, z Harbarem, wodzem Szwedów, którego Olaf chętnie usmażyłby na wolnym ogniu, i z Dzikiem z Chyciny rańskiej. Sigrydy z wielu względów, a przede wszystkim z obawy o zdrowie i spokój, nie wtajemniczono w spisek.

Nagłe spochmurnienie narzeczonego po otrzymaniu błogosławieństwa od Jaranda zmąciło przedślubną radość Helgi. Nie domyślając się właściwych powodów, w sobie doszukiwała się winy niepomyślnych zmian w jego nastroju. Starczyło to, by wznowić w niej obawy o szczęście, którego nigdy nie czuła się godną. Próżno Sigryda starała się ją uspokoić. Słowa jej nie przekonywały, ani pocieszyły podarki, jakich by mogła dworce pozazdrościć niejedna królewna. W rozdrażnieniu Helga wypomniała Sigrydzie jej przygany Normanom, że są niestałymi włóczęgami i oglądają się za cudzym dobrem. Taką i ona jest, nic własnego ani stałego nie mająca. O matce tyle wszak wie, ile jej dobrzy ludzie naopowiadali, a rodzic wstydzi się jej przed własnym królem. Mieniła się gorszą od byle wolnej dziewki, skoro królowa i biskup musieli zaświadczać jej dziewictwo. A skąd jest rodem? Po ojcu — Norweżka, wedle dzieciństwa — Szwedka, wdowa — angielska, obecnie — duńska dworka, a bierze ją za żonę Polak! Czy Bronisz mógł sobie mniej pewną żonę wynaleźć na świecie? Sigryda, wysłuchawszy żałosnej litanii, zniecierpliwiła się.

— Płacz! Płacz! By jeszcze dodał do tego, żeś beksa! I po co ja was uczyłam rozumu! Pamiętaj, że chłop tyle będzie o tobie wiedział i taką cię widział, jaką sama mu się okażesz!

Przy najbliższym spotkaniu królowa nagabnęła ostro Bronisza, co mu się w Heldze nie podoba.

Rycerz wytrzeszczył oczy.

— Nie podoba w Heldze? A dyć wszystko w niej dla mnie najmilejsze!

— To jej okaż! — uśmiechnęła się doń pojednawczo. — Wiedz, Broniszu, że niewiasta wdzięczna jest mężowi za to tylko, co jej dobrego okaże. Więc bacz, by zmyślny pochlebca nie okazał jej więcej, niż ty potrafisz. Dosyć już, nie od dziś udręczyłeś dziewkę swą przemądrzałą milkliwością.

Bronisz żywo przejął się upomnieniem i jeszcze tego dnia się wysilał, jak umiał, by narzeczonej osłodzić ostatnie chwile bezmężnej swobody. Podziwiał jej stroje, radował się podarkami, cieszył, że nareszcie już jutro skończą narzeczeństwo. Helga oczarowana jego łaskawością poddawała się szczęściu niby ziele upragnionym rosom. Szczerość Bronisza tak ją rozbroiła, że niepomna przestróg królowej, jęła użalać się przed nim na swoją dolę i usprawiedliwiać z wymyślonych przywar. Cóż mu po takiej sierocie, przybłędzie z obcego dworu? Ani co umie, nie zna gospodarstwa, nie wie, jakie są obyczaje w kraju, który ma ją przygarnąć.

Bronisz w najlepszej wierze zaczął chwalić ją za to, co sama ganiła. Wzruszył się i zapalił w wymowie:

— Gołąbeczko wędrowna! Jastrzębiom wydarłem cię ze szponów. Nie ojciec ani matka wydali mi cię z gniazdka osiadłego, ale z przestworzy i fal dał sam Bóg, boś Jego ptaszyną. Nie lękaj się mojego kraju. Już cię tam kochają, już oczekują mile. Nauczę cię wszystkiego, czego trzeba: i gospodarzyć, i rządzić. Jeno nie mów mi, że nic nie umiesz. Choćby o Bogu więcej wiesz, Helgo, niż ja sam i moi przyjaciele razem. Byłeś chciała powtórzyć nam to, czego nauczył cię pater Reinbern o owym świętym Augustynie albo Mateusz czy tutejszy Godibald, który tak cię chwali, a więcej nam dasz, niż umieją wszystkie gospodynie Kujaw.

Nie śmiała Helga prosić, choć tajnie pragnęła, by ślub jej odbył się cicho, bez rozgłosu. Wiedziała, że Bronisz łaknął okazałości, by dać świadectwo Danom, jak ceni sobie dworkę ich królowej. Nie mniej Sigryda życzyła sobie, by świat wiedział, że dopięła swego i to, co wbrew Norwegom obiecała przed laty w Uppsali Jarandównie, ziszczało się pod jej opiekuńczym skrzydłem.

Jedynym cieniem, który osłaniał pełną radość Helgi, była pamięć o ojcu, że nie miał prawa u siebie okazać królowi, jak się cieszy ze szczęścia swego jedynego dziecka. Aliści o Jarandzie nikt prócz niej nie pamiętał w Roskilde i nikt tu nie miał ochoty wspominać z życzliwością jarla Rogalandu.

Późnym wieczorem biskup Godibald przystąpił do spowiedzi narzeczonych. Z Helgą poszło mu łatwo, lecz Bronisz potknął się niespodziewanie o swą ostatnią spowiedź w Uppsali u przygodnego mnicha angielskiego, której biskup nie tylko nie uznał za ważną, ale wręcz zarzucił jej świętokradztwo, jako że była zamierzona nie dla zmazy grzechów, lecz dla przeprowadzenia chytrego zamysłu porozumienia się z teściem. Musiał Bronisz spowiadać się z całego życia i otrzymał dziwaczną pokutę: odmawianie codziennie, aż do dnia wprowadzenia małżonki do rodzinnego domu, po trzydzieści sześć „Pater noster".

Ustalona przez biskupa ceremonia ślubu nie nastręczała wątpliwości, wszakże z prawidłami swadźby było nieco kłopotu przy uzgadnianiu obyczajów słowiańskich z normańskimi. Chodziło o to, komu Bronisz miał wpłacić wykup należny za żonę. Swend gotów był go przyjąć, lecz królowa sprzeciwiła się temu zgorszona i postanowiła, że dań należną Jarandowi ona przekazuje w jego zastępstwie Heldze jako wiano.

Od wczesnego ranka kościół roskildzki, przystrojony zielenią i kwieciem, obiegły gęste tłumy gawiedzi miejskiej, ciekawe widoku tych dwojga, o których tyle mówiono ostatnimi czasy: polskiego jarla Bronro i Helgi Jarandówny, ofiary nienawiści Norwegów i Anglików. Szczególnie obchodziło mieszczan zagadnienie stroju młodej pary; zakładano się nawet, czy ulubienica królowej wystąpi jako panna z rozplecionym włosem, a wiedziano, że biskup Godibald na pewno nie ubliży prawdzie. Jakoż wygrali ci, co stawiali na dziewictwo wdowy po earlu Rogerze. Jedynym śladem smutnej przeszłości Helgi była czarna wstążeczka, opasująca zamiast wieńca z kwiatów jej bujne, rozpuszczone włosy. Nosiła na sobie szaty w potrójnych barwach: spodem białą tunikę spływającą od kolan powłóczyście, tak że nie sposób było dostrzec obuwia, na niej suknię z żółtego jedwabiu o długich, obcisłych rękawach, obramowaną złotymi krawężnikami, na wierzchu zaś opończę z saraceńskiego atłasu, modrą, na której włosy falowały niby łan dojrzałej pszenicy pod słonecznym niebem. Nie strój przecież, jeno oblicze dziewki usidlało patrzących. Tak było gładkie i wdzięczne dla oka, tyla dobroci promieniało z wejrzenia i uśmiechu lekko rozchylonych warg, że nikt z zazdrością nie zwracał się do niej. Najwyżej któraś białka mogła podejrzewać, że Helga umiejętnie podrysowała sobie cienkie łuki brwi lub wargi zwilżyła sokiem wiśniowym, ale świeżości jagód, błękitu oczu, cienia długich rzęs czy lśnienia zębów nikt by nie umiał podrobić tak, jak ją obdarowało szczere przyrodzenie. Mieszczanie mogli być dumni z dworki swej królowej, przecież niekłamany podziw rycerzy, a zazdrość Swenda zrodził dopiero widok Bronisza i jego orszaku. Nie pomnąc, że to wszak posłowie Burisleifa, witano w strojnej jedenastce Kujawian pięknych na schwał druhów swadziebnych sławnego jarla Bronro. Ów, jak przystało na wojaka, kroczył od zamku w zbroi, złotem lśniąc, ze Ścinaczem Łbów u pasa, z tarczą Eryka Zwycięzcy na lewym ramieniu. Chociaż na widok narzeczonej twarz mu rozpromieniała, dość była straszna w pooraniu blizn, by u oglądających go wzbudzić snadniej wspominki grozy pól bitewnych niż skojarzenia słodyczy małżeńskich.

U wrót kościoła rozpoczęli Kujawianie swe swadziebne obrzędy, niezrozumiałe dla Danów piosenki i pląsy. Kłaniali się, to zdali grozić zagradzającemu im drogę do świątyni biskupowi, który im uosabiał gospodarza przed dworem, skąd mieli porwać lub wykupić upatrzoną dziewkę. Biskup Godibald, zgorszony nieco tym widowiskiem, już zamyślał przerwać pogańskie dziwactwa, gdy sam Bronisz przyszedł mu z pomocą: druhów uciszył, sakwę ze złotem złożył na ręce biskupa jako dar dla niego, a dobry worek srebra rozrzucił za siebie, wkupując się w łaskę ludu. Po tym dopiero wpuszczono Polaków do wnętrza świątyni i rozpoczęto uroczystość kościelną. Wromot, jedyny świadek nieszczęść Helgi z Nidaros, bodaj najgłębiej był wzruszony, wsłuchując się, jak jego pani głośno i dobitnie odpowiadała na pytanie kapłana, ślubując oblubieńcowi dozgonną wierność i posłuszeństwo małżeńskie. Z okolicznościowej przemowy biskupa Godibalda Helga zapamiętała to, co mówił o chrześcijańskim małżeństwie, że jest najpierwszym zakonem sojuszników Bożych, współtworzy bowiem z Panem wszechrzeczy najcenniejszy Jego twór: nowego człowieka. Małżonkom chrześcijańskim powierzył Zbawiciel zaludnienie królestwa Bożego. W zamian za cnotę miłości i wzajemnej pokory nadał im przywileje, jakich najwyższa na ziemi nie zapewni władza: błogosławieństwo żywota wiecznego i wdzięczność Stworzyciela. Broniszowi z przemowy tej mocno trafiło do przekonania zdanie, iż mąż, który nie umie dochować wierności swej żonie, towarzyszce najbliższej, a jedynej i dobrowolnie przed Bogiem obranej spośród wszystkich ludzi, nie jest godzien zaufania w żadnej sprawie. Bowiem wierność jest jedna i niepodzielna, tak jak i wiara, że albo jest prawdziwie, albo nie ma jej wcale, choćby mamiła nas pozorami czynów i głośnych zapewnień.

Wszyscy się czuli powołani do udzielania nowożeńcom dobrych rad i życzeń. Każdy kęs, każdy kielich na uczcie przyprawiany był mądrością przemówień. Bronisz raz tylko odpowiadał, łącząc słowo poselskie z podzięką za żonę. W imieniu swego władcy, a także cesarstwa zapewnił Danom, podobnie jak to uczynił Szwecji i każdemu zaproszonemu, zupełne bezpieczeństwo dla ich krajów na czas zjazdu gnieźnieńskiego. Sigryda podzieliła się ze słuchaczami tęskną prawdą, że oto jej najdroższa wychowanka zamienia się z nią na ojczyzny, wioząc normańską krew tam, skąd ona przybyła, by oddać ciało swe i duszę normańskim królestwom. Biskup Godibald, sam Anglik, pocieszał biesiadników przekonaniem, że chrześcijańskie serce winno tęsknić przede wszystkim do niebiańskiej ojczyzny, gdzie nie ma rozdziału granic ziemskich ani różnicy krwi czy obcej mowy. Choć większość ucztujących, słysząc o niebie, wyobrażała je sobie na modłę Walhalli, przecież wszyscy do dna a zgodnie wychylili puchary, gdy król Swend wzniósł swój na cześć majestatu Boga jedynego, Pana zarówno Danów, Polaków, Szwedów, Anglików, także Norwegów i Niemców.

Nowożeńcy, kwapiąc się ku sobie, gdyby nie obowiązek wdzięcznego słuchania, najchętniej zbiegliby w obronie przed gradem życzeń i przestróg. To było ich pierwsze doświadczenie pokory, że dotrwali przykładnie do chwili, gdy biesiadę przerwano, by zawieść ich do ślubnego łoża. Sigryda przeznaczyła im na pokładziny jedną z własnych izb w zacisznym skrzydle zamku.

Sama odprowadziła tam Helgę, zakrzątnęła się przy sprawdzeniu posłania, po czym zbliżywszy się do przybranej córki, zdjęła z jej bioder przepaskę, naznaczyła znakiem krzyża żywot i popychając w ramiona męża, raczej westchnęła, niźli upomniała:

— Tyle z niej będziesz miał dobrego, ile sam jesteś wart... — Odwróciła się i wyszła, nie oglądając się, ciężkim, zmęczonym krokiem. Chwileczkę tylko stali nieruchomi, patrząc za nią. Helga pierwsza podniosła twarz i spojrzała Broniszowi w oczy, a tak otwarcie przytuliła się doń i tak gorąco, że nim się odwzajemnił w uścisku, już poczerwieniał szczęściem oszołomiony. Słów im nie potrza było. Źrenice Helgi dosyć wyśpiewały. Pozwalała na wszystko bez słowa, bez jęku, tylko jej oczy, lśniące w pobłyskach świec, czujne jak gwiazdy na bezchmurnym niebie, przypominały mu, że jest człowiekiem. Świece pogasły, nim pierwsza zorza skrwawiła mrok nocy.

Gdy Bronisz zasnął, Helga wyśliznęła się z jego objęcia, związała wzburzone włosy w mocny węzeł i, okrywszy ramiona futerkiem, przysiadła na łożnicy u jego stóp. Słuchała, jak oddycha: głęboko, spokojnie. Radowało ją to wdzięcznym wzruszeniem. Przyszła chętka przekorna, by go połechtać w piętę, aby się zbudził. Mogła, boć jej był przecie! Ale nie śmiała. Śmiała być tylko jego. Chociaż on spał i sny miał własne, i myśli nieodgadnione. A zdawało jej się przez chwilę, że już są jednością. Sen ich rozdwoił. Sen, czy bodaj świadomość? Życie! Życie! Śpi Bronisz i ani się domyśla, że Heldze czegoś na płacz się zebrało. Nie z bólu ani smutku, ino z żałości szczęśliwej, że oto są już razem i swoi, on śpi, a ona... ona też jest i świat poza nimi, i noc czarna, przepastna, a w niej kryje się jutro...

Tak ją nawiedził świt, granatowy brzask, gdy przetarł ciemność i osnuł światłem jej kształt niby zjawę wróżki nagiej w miękkości sobolowych skrzydeł, przykucniętej nad ciałem śpiącego olbrzyma.

Gdy słońce wtargnęło do komnaty ostrym blaskiem, a muchy zaczęły dokuczać, Bronisz otworzył powieki. Pierwsze, co dostrzegł, to ją, strażniczkę snu czy przebudzenia, dwoje kolan, piersi, dwoje oczu. Przeglądała się w jego źrenicach, ośmielała jego zachwytem. Wyciągnął ku niej ramię, ale ona nagle się skuliła, osłoniła futrem, gdyż osaczyła ją pokusa, by go zapytać, czemu był taki smutny przed swadźbą. Nie pytaj! Nie pytaj! — ostrzegał rozsądek słowami niby Sigrydy. — Nie pytaj, bo ci skłamie! — wstrząsnął dreszcz. Może to tajemnica, którą jednak ci zawierzy? Nie! Nie pytaj!

On jest sobą, a ty jego i poprzestań na tym, nie kuś. Uśmiechnij się, przecież wyciąga ramiona do ciebie, po ciebie... — Broń, ogrzej mnie!

I znowu był taki szczęśliwy. I znów ona zapamiętała się w poczuciu z nim jedności, upoiła się zapomnieniem świata i siebie.

V

Przyjazny wiatr gnał ich po lekko sfalowanym morzu wprost ku słowiańskim brzegom. W dnie jesienne słońce mile przygrzewało, a nocą ciepłe futra ubezpieczały wygodny sen. Niebo było pogodne, ludzie swojscy, dobrzy. Wromot na zawołanie śpiewał wendyjskie pieśni, Dzik wspominał Uppsalę, dawnych znajomych, ludzi, zwierzęta i ptaki. Gniewomir śmieszył swymi przechwałkami, a zaciekawiał opowiadaniem o Cisowie, rodzeństwie i polskich stosunkach. Młodzi rycerze, Nałęcze, Grzymalici, Leszczyce, podziwiając urodę Normanki, prześcigali się w grzecznościach dla niej. Bronisz ze wszystkich był chyba najbardziej małomówny. Przeważnie słuchał, ale wciąż czuła na sobie jego wzrok, i zawsze, gdy nań spojrzała, odpowiadał jej szczęśliwym, porozumiewawczym uśmiechem. Taki był z tym kochany i miły, a mimo oszpeceń na twarzy, taki piękny i ulubiony.

Stary Chocian, może pod wpływem krwawej przygody w Roskilde, zdziwaczał nieco. Ranne ucho miał jeszcze zalepione ziołami i cierpiał bóle, szczególnie podczas jedzenia; nie przeszkadzało mu to jednak ciągłe żuć wiśniową żywicę. Gdy tylko nadarzała się sposobność, intonował bekliwym głosem „Kyrie elejson", a gdy się wszyscy rozśpiewali, podsuwał się jak najbliżej Helgi, przesłaniał dłonią otwór lewego ucha i z oczywistym upodobaniem wsłuchiwał się w jej pienia, dźwięcznie wybijające się z grzmotu męskich głosów.

Bronisz, chociaż śpieszyło mu się do wiślanych fal, nie mógł ominąć w powrotnej drodze Wołynia. Prócz konieczności ostatecznego uzgodnienia z Sigvaldim udziału jomsborczyków w zjeździe gnieźnieńskim, kusiło go wybadanie jarla i w razie możliwości wyzyskanie go do posunięcia naprzód spisku roskildzkiego. Takie same najpewniej podstępne zamiary żywił Sigvaldi, witając z głośną radością Bronisza i Helgę na swym dworze. Szczwany lis, dobrze przygotował się do zmylenia czujności Polaków. Dziękując, że w podróży poselskiej odwiedzono najprzód jego Wołyń, usprawiedliwiał się ze swej nieobecności szczerym przyznaniem, że był zaproszony do Nidaros na spotkanie się z królem Olafem Tryggvasonem. Nie okazując urazy, chętnie potwierdził wszelkie zobowiązania, jakie w jego imieniu przyjął na Jomsborg Gudmund w czasie jego nieobecności. Przyznał się, że gdyby Bronisz nie odwiedził go powtórnie, on sam musiałby śpieszyć do Poznania, by podzielić się ze swym władcą Bolesławem wrażeniami, jakie zebrał w Norwegii, zawsze w swych poczynaniach mając jedynie korzyść Polski na uwadze. Po tych wstępnych grzecznościach i zapewnieniach, gdy Helgę powierzono opiece Astrydy, a rycerzom zapewniono sytość i wygodę, jarl zaprowadził Bronisza na wieżę, by móc z nim w odosobnieniu obgadać tajne sprawy. Izba, do której weszli po setce schodów, mieściła się tuż za wklęsłą ścianą, wykładaną miedzianymi taflami, odbijającą na trzy strony świata czerwony ogień, słynny ogień wołyński, julińskim przez cudzoziemców też zwany, pokazujący statkom, płynącym nocą z Odry od Szczecina, drogę na pełne morze przez Dziwno- lub Świnoujście. Sigvaldi szczycił się tym ogniem, pierwszym na brzegach wendyjskich, normańskich i niemieckich, i słusznie, jako że Wołyń mniejszy od Szczecina stał się przez niego sławniejszy i ściągał ku sobie, dla samej ciekawości, nie tylko wszystkie statki prujące wody Zatoki Szczecińskiej, ale i dalsze, które tu zbaczały po to jedynie, by móc się pochwalić widzeniem ognia-drogowskazu.

Trzech rzezańców-Serbów dzień i noc czuwało na wieży, by gładzić miedzianą ścianę i sycić ogień, w dzień mokrym igliwiem, wzbijającym biały słup dymu ku niebu, a nocą suchymi szczapami brzozowymi, dającymi czyste, jasne światło.

Po oględzinach nowych przemyślnych urządzeń jarlowie rozsiedli się na skórach i zwilżając gardła wystałym miodem, wszczęli rozmowę o tym, czym pragnęli oszukać się wzajemnie.

Sigvaldi zdał się nie wątpić, że Olaf Tryggvason szczerze miłuje Bolesława, tęsknie wspomina służbę w drużynie Mieszka, chwali się, jak wspomagał go pod Danavirke i zdobywał dla Piastów pomorskie grody. Życie tak mu się pomyślnie układa, że dawno już puścił w niepamięć drobne nieporozumienia z Polakami w Szwecji. Owszem, nie znosi Swenda, lekceważy Olafa Skottkonunga, ale Bolesława miłuje i najbardziej by pragnął związać się z nim dalekosiężnym sojuszem, aby wspólnie uporządkować sprawy normańskie.

Prędzej czy później Bóg powoła jednego z normańskich władców do zaprowadzenia nad morzami chrześcijańskiego ładu. Otóż władca Polski, rozporządzając bogactwami Szczecina i Wołynia, rozkazując Jomsborgowi i Rugii, wsparty swą potęgą lądową i przyjaźnią z cesarstwem, jak nikt zdolny jest rozstrzygnąć, który z trzech królów: Danii, Norwegii czy Szwecji zwycięży w ostatecznej rozgrywce... O Szwecji nie ma co mówić. Sojusz z gołowąsym siostrzeńcem, oglądającym się wciąż na pochlebstwa ruskie, jest bez wartości. Pozostają: Dania i Norwegia. Danowie to z przyrodzenia wrogowie Słowian. Chwilowy sojusz z nimi przez małżeństwo Sigrydy na krótko tylko może odwrócić uwagę Swenda od wendyjskich bogactw. Gdy mu się nie uda dłużej łupić Anglii, wspartej sojuszem z Norwegią, to gdzie ten zbójca obróci swe pazury jak nie na Pomorze? Uczyni tak najpewniej, gdy tylko władca Polski uwikła się w jakąś wojnę na swych zachodnich, południowych lub wschodnich granicach. Norwegia natomiast, zajęta sprawami szwedzkimi i wyspami duńskimi, nie miałaby przeciwko Polsce nigdy wrogich celów.

Bronisz, wysłuchawszy cierpliwie zgrabnych zachwalań, gdy jarl skończył, spytał go bez ogródek, co też mu Tryggwason przyobiecał w nagrodę za zjednanie dla jego zamierzeń Bolesława?

Sigvaldi był widocznie przygotowany na takie pytanie, gdyż nie okazał zdziwienia. Przez chwilę pocierał dłonią obrosły tłuszczem podbródek, wreszcie machnął niecierpliwie ręką i rzekł:

— Mnie wciąż ktoś kusi. Pamiętasz, Swend obiecywał mi kiedyś Thyrę. Anglicy mamią worami srebra. Owszem, obiecywał mi wiele i Olaf. To przede wszystkim, że wyjedna dla mnie u Bolesława dowództwo nad całym Pomorzem, a potem... — pomyślał chwilę, nim zakończył —

gdyby zwyciężył Szwecję, mnie by tam ustanowił rządcą, a na Jomsborgu obsadziłby Thorkilla.

— On by obsadzał Jomsborg?

— No nie, ale by wyjednał to u Bolesława, w zamian za inne usługi — poprawił się Sigvaldi.

Bronisz ani przez chwilę nie dał się zwieść pozornej szczerości jarla. Mając w pamięci ostrzeżenie Jaranda, domyślał się, jaka prawda kryła się za tym zwodnym kłamstwem. Jeżeli postanowili zasadzkę na powracających z Gniezna, chodziło im na pewno o uśpienie czujności Polaków. Wstępem do podboju Szwecji czy Danii musiało być przede wszystkim rozgromienie Pomorza, by uniemożliwić Bolesławowi, pozbawionemu okrętów, jakąkolwiek pomoc uwięzionym sojusznikom. Współudział Sigvaldiego dawał Tryggvasonowi rękojmię powodzenia zamachu.

Jednak kluczem całej tej rozgrywki była tajemnica, a klucz ten trzymali w swym ręku Swend i Bronisz. Jeżeli Norwegowi zależało na uśpieniu czujności ofiar, z kolei jego czujność należało uśpić. Gra była dosyć prosta. Podejmując ją, Bronisz zwierzył się Sigvaldiemu, że powodowany osobistą nienawiścią nadużył w pewnym stopniu swych pełnomocnictw, nie zapraszając na zjazd Olafa Tryggvasona, chociaż Bolesław na pewno rad by widzieć w Gnieźnie króla Norwegów. Błąd ten można by jeszcze naprawić. Niech oto Sigvaldi pośpieszy na pełnych żaglach do Nidaros i w imieniu Polski, upoważniony do tego przez Bronisza, prosi Olafa wraz z Thyrą na zjazd, zapewniając mu na ten czas bezpieczeństwo pokoju Bożego. W Gnieźnie, jeżeli szczerze zamierza zawrzeć sojusz z Bolesławem, będzie mógł porozumieć się z nim w cztery oczy. Początek zjazdu naznaczony jest na koniec zimy, a przed roztopami, zaś koniec... — Sigvaldi nastawił ucha

— przeciągnie się to na pewno przez całe lato. Zanim się wszyscy rozjadą, a biskupi zasiądą na swych stolcach, zdążą zakwitnąć wrzosy na Pomorzu.

Sigvaldi dowiedział się już, co mu trzeba było, więc zatroszczył się nagle opóźnieniem wieczerzy.

Astryda nie chciała nawet słyszeć o tym, by rycerze z orszaku poselskiego pozostawali przez noc na pokładzie Mewy. Nie ustąpiła, póki Bronisz nie sprowadził ich wszystkich, obiecując, iż w dalszą drogę wyruszą najwcześniej następnego dnia po południu, aby młodzi mieli czas zabawić się i wyspać nieco. Należało się to ustępstwo Piastównie, pragnącej pochwalić się przed Wołynianami dorodnością ziomków, a rodakom okazać własne bogactwo i godność.

Na Polaków, zepsutych już gościnnością doznaną na zamorskich dworach, wysiłki Wołynian, by ich olśnić, nie zrobiły wielkiego wrażenia. Owszem, schlebiali pani Sigvaldowej, gdyż była córką ich władcy, ale najbardziej dumni byli z tego, że małżonka ich jarla przyćmiewała urodą wszystkie obecne na uczcie niewiasty.

Helga źle się czuła w obcym a tak gwarnym otoczeniu. Poufałość, z jaką Astryda wypytywała ją o małżeńskie sprawy, a sama skarżyła się na Sigvaldiego, obrażała wstydliwość niewieścią. Przy stole prócz Polaków niewielu było prawdziwych chrześcijan. Na poczesnych miejscach siedzieli kapłani Światowita i Trygława szczecińskiego, ale próżno byś szukał rzymskiego duchowieństwa. Rozmowy i obyczaje wciąż zatrącały pogaństwem i nie było widać, by Sigvaldi troszczył się o wiarę, którą przecież wyznawał jako nowochrzczeniec. Helga im bardziej czuła się nieswojo i obco, tym czulej spoglądała na męża, siedzącego po przeciwnej stronie wśród wendyjskich wikingów. Tęskniła do bliskości z nim, toteż szczerą wdzięczność okazała gospodarzom, gdy o świcie odprowadzono ją do osobnej izdebki, przeznaczonej na spoczynek dla niej tylko i Bronisza, jako honorowych gości. Grzejąc się przy ogniu, chwilę czekała, zanim jej mąż przyszedł. Bronisz był rozbawiony, ale spokojny. Usiedli ciasno obok siebie na ławie i trzymając się za ręce, obgadywali bliźnich i ostatnie zdarzenia. Tyle mieli wspólnych odczuć i myśli. Tak łatwo się rozumieli i tak dobrze było im ze sobą. Bronisz szczególnie wzruszył się, widząc, jak Helga przysposabiając wspólne łoże do spoczynku, oświeciła je u wezgłowia i nóg znakiem krzyża.

Pogański był ten Wołyń ze swym bogactwem i wrzaskiem, obrzydły może dla chrześcijan, ale Helga z Broniszem nie wspominali go źle, a i owszem, szczęśliwie, siebie w nim tylko zapamiętując…

Dzik odprowadził ich do Kamienia i tam pożegnał. Śpieszył na Ranę, by przygotować zbrojny orszak Raciborowi, a także dopilnować ostatecznego wykończenia swego statku-olbrzyma, Storrady, z którego już niektórzy podrwiwali. W Kołobrzegu opuścił Mewę Gniewomir. Bronisz wysłał brata krótszą drogą wprost do Poznania, by w jego imieniu złożył Bolesławowi sprawozdanie z pomyślnego przebiegu poselstwa, a odznaczył się przy tym powagą na dworze. Chciał z nimi jechać i Chocian, tusząc, że prędzej konno dostanie się do Lipia i przygotuje przyjęcie nowożeńcom, lecz Bronisz nie zgodził się na to. Wolał sprawnego żeglarza mieć przy sobie, by go wyręczał w trudzie kierowania statkiem, dając wolność częstszego przebywania w namiocie przy Heldze. Uprzedzenia Lipian o powrocie jarla z małżonką podjął się jeden z towarzyszy Gniewomira, Nałęcz spod Kruszwicy.

Już w czasie postoju w Kołobrzegu pogoda się popsuła, nie o tyle jednak, by myśleli o przerwaniu podróży. Zimny wiatr dął od zachodu, rokując szybką żeglugę. Po paru godzinach fale tak się przy brzegu skotłowały, że dla równiejszego płynięcia posterowali na pełne morze. Chocian był niespokojny i zawiesił sobie na szyi znak swargi na zielonym sznurku. Dwaj bracia Leszczyce zaczęli przykro chorować. Wiatr się odwrócił nieco ku północy, a na wysokościach chmury krzyżowały swój lot. Bronisz w trosce o Helgę postanowił przed nocą byle gdzie lądować, lecz już było za późno. Od brzegu buchnął gwałtowny wiatr, a morze się wzdęło i zbałwaniło tak, że czym prędzej musieli zwijać żagiel, by nie być wywróceni.

Gdy ląd zniknął im z oczu, nie wiedzieli, gdzie są i kędy rzuca ich fala. W oćmę nocną zanurzali się zdani na łaskę ślepego steru i miłosierdzia Bożego. Rozcapierzone wiosła chwytały rozpaczliwie równowagę w zamęcie zbełtanego żywiołu. Mewa kładła się z burty na burtę, obnażając kadłub aż do kilu. Czerpaki pracowały, bezustannie wychlapując wodę. Grzywiaste wały fal porywały statek jak łupinkę, unosiły, wstrząsały, zbryzgiwały pianą i ciskały w dół stromo, że zdało się, dziobem przez otchłań wbiją go do dna. W ostatniej niemal chwili odmęt podbijał ich, a gdy wychynęli z przepaści, dygocąc chwiejną nadzieją ratunku, już równina wód klęsła w dolinę, ściany gór, hucząc, wznosiły się, ścieśniały i niosły Mewę pod chmury, by znów ją strącać w przepaść.

W ciemnościach wicher wył, plwał pianą, chlustał strugami deszczu, a grzmot ścierających się bałwanów, plusk kipieli, klekot bezradnych wioseł i trzeszczenie statku piekielną grozą przytłaczało wciąż jeszcze żywych ludzi. Jedynie Bronisz i Chocian nie stracili głowy, nie opuścili rąk w walce z żywiołem. Na ślepo mierząc okszą Bronisz zrąbał maszt. To ułatwiło Chocianowi przy sterze nastawianie, w chwilach odprężeń, dziobu statku pod prąd nawałnicy. Helgę i chorych przywiązano sznurami do ław, by ich nie zmiotło. Bez ubezpieczenia nie ruszał się żaden. Nadeszła wreszcie chwila, gdy Bronisz rozkazał wszystko, co zbędne, wyrzucić za burty.

— Co jest zbędne? — wołali.

— Wszystko prócz oręża i słodkiej wody! — wyrokował Bronisz.

Strącali w żarłoczny odmęt wory z przysmakami, baryłki miodu, zapasowy sprzęt, stroje, tylko skrzyń z wianem Helgi nikt nie śmiał tknąć. A one najgorzej przeszkadzały wychlustywać wodę zalewu, one były najcięższe. Więc Bronisz sam je dźwigał i z lękliwą rozkoszą rzucał fali. Stary Chocian nie mógł tego strzymać spokojnie. Skarby Helgi on składał i znaczył w Roskilde. Żałość poniosła go. Wskazując Wromotowi bezczynnych wioślarzy, ze złą rozpaczą przekrzykiwał wicher:

— Za jedną skrzynię kupiłby dziewięciu takich rabów!

Wromot zasłonił mu usta, wołając:

— Milcz, bo jak kneź usłyszy, sam fruniesz za skrzyniami!

Posiniaczeni, mokrzy, odrętwiali z zimna, gorączkowali się dreszczami trwogi i nadziei. Ostatkiem sił przetrwali noc. Pierwsza jaśń świtu z trudem przeniknęła do obolałych od patrzenia źrenic. Kiedy przejrzeli, ogrom piętrzących się wkoło burych mas wody odebrał słabszym ducha. Innych żałosny widok towarzyszy zachęcił do dalszego wysiłku. Łatwiej było dla ratowania cierpiących ludzi przeciwstawiać się widomym niebezpieczeństwom. Łatwiej łudzić się nadzieją, że może wreszcie słońce przebije się przez kożuch chmur, może dostrzegą coś, może...

Bronisz nie miał czasu zajrzeć do Helgi. Czy żyje jeszcze pod przykryciem? Właśnie chciał sprawdzić jej stan, gdy wydało mu się, że niebo z jednej strony jakby się przejaśniło. I inni to spostrzegli. Chmury tam poczerwieniały. Toć wschód! Już znają strony świata, wiedzą, gdzie Polska, gdzie Szwecja. Ale jak daleko? Kędy ich zagnało?

Chocian upewnia, że kołowali na miejscu i są gdzieś na wysokości helskiej mierzei. Wydaje im się to niemożliwe, aby przez tyle czasu, tyle ruchu, pod tak gwałtownym wiatrem... Przecież wiatr ustał. Urwał się nagle, urwał dech! Chocian się nie łudzi, ostrzega przed najgorszym. Bronisz chwyta za wiosło — mają jeszcze sześć wioseł — i zachęca, by się pchać, ile można, ku południowi, mając po lewej tę czerwoną chmurę. Helga wychyla głowę spod okrycia. Trzymając się oburącz szczątków masztu powstaje, by też widzieć. Wszyscy się wpatrują w to samo miejsce. Gdy fala ich wywyższa, zdaje się im, że odróżniają coś niepodobnego do wodnych gór, innego niż pióropusze piany. Pierwsza Helga krzyknęła, że to piach, że tam las... Wszyscy się rozkrzyczeli, a tylko samych siebie słyszą, szukają wolnych wioseł, już wierzą, że warto sprężać obolałe mięśnie.

Aż kiedy w oczywistym lądzie Chocian rozpoznał wybrzeże niedaleko Gdańska, ryczeli, śmiejąc się i płacząc w zrozumieniu, że to cud, że niebo, że wiatr ustał, by mogli odrobiną pozostałych sił przemóc tę przestrzeń i dobić do wiślanej fali, do swojskiego, ziemskiego żywiołu...

Zaledwie nagi kadłub Mewy, bez masztu, żagla i lin, bez kropli słodkiej wody i kromki suchara wyciągnęli na piasek, ledwo sami włócząc resztki dobytku wczołgali się do krytej darnią chatynki rybaka, nad Zatoką Gdańską rozszalała się najdziksza nawałnica. Jedna Helga miała dosyć sił, by oglądać ją przerażonymi oczami. Morze wzdęło się tysiącami wzgórz, niebo zwisło nad morzem i z nabrzmiałych chmur tryskało piorunami, siekło błyskawicami piętrzące się ławice, czesało grzywy piany strugami deszczu, a szum wichru, huk morza i gromów zlewał się w tak przerażający łoskot, że głuszył nawet samowiedzę myśli ludzkiej.

Uratowani mężowie niczym kłody leżeli na klepisku, w martwym śnie ciężko dysząc. Nie mieli nawet ochoty wyżąć przed spoczynkiem przemoczonej do nitki odzieży. Poczciwy rybak na próżno usiłował rozpalić ognisko. Woda przez kurny otwór ciurkiem zalewała izbę. To nic, to wszystko nic, głupstwo prawdziwe wobec nieprawdopodobnego szczęścia, że wszyscy żyli i spali na dobrej, swojskiej ziemi.

Po czterech dniach osuszeni przez wiatr i słońce, obmyci słodką wodą po słonych oparach, obdrapani, ale zdrowi, młodzi, pchali wiosłami pod wiślany prąd swoją Mewę, choć poniżoną brakiem wyniosłego masztu i purpurowego żagla, niemniej dumną ze zwycięstwa nad okrucieństwem morskiego żywiołu.

VI

Gniewomir dopiero pod Gdeczem dognał orszak królewski ciągnący do Wrocławia. Młody rycerz na spienionym koniu zajechał drogę Bolesławowi zdrożony, zabłocony, ale z raźną miną; i natychmiast pochwalił się szczęśliwym zakończeniem Broniszowego poselstwa.

Bolesław pozwolił mu towarzyszyć sobie aż do postoju i opowiadać o przebiegu podróży. Gniewomir, mimo że nadłożył przez to dzień drogi, widząc, ilu ludzi zazdrości mu powodzenia, bardzo był z siebie zadowolony. Zapewne, gdyby zastał króla w Poznaniu, nie mógłby stanąć przed nim na spienionym koniu i w brudnych szatach, nigdy by mu też w stolicy król nie poświęcił nawet dziesiątej części tego czasu, przez jaki, nudząc się w drodze, pozwalał się zabawiać morskimi gadkami. Przyjemnie było pochwalić się przed samym Bolesławem kuszą otrzymaną w nagrodę od Swenda Widłobrodego i rzucić wyzwanie poznańskim łucznikom na zawody...

Pięknie obdarowany Gniewomir wprost z Gdecza pognał nowym gościńcem ku Kruszwicy. Śpieszył, by w czas uprzedzić Cisów i Lipie o rychłym przybyciu Mewy do Słońska. Gdy mijał Zagople, zaczął padać deszcz, tym ostrzej więc pędził, umykając przed burzą i kwapiąc się do zasłużonego odpoczynku. Niestety, tej nocy spoczynek nie był mu jeszcze sądzony, gdyż w Cisowie, wprost z siodła skoczył do ratowania spichlerza, w który na jego oczach trzasnęły pod rząd trzy pioruny. Szczęśliwie ogień umiejscowiono, a do rana strumienie deszczu wygasiły ostatnią iskierkę. Pożar niedziwna nowina, lecz zdarzenie, by potrójny grom uderzył w żytnicę, tak było niezwyczajne, że na długo dostarczyło wątku mądralom głowiącym się, jaką też wróżbę przynosi to rodowi Ganowiczów. Jedni byli za złem, drudzy za dobrem, ale nikt nie lekceważył znamiennego wypadku.

Gniewomir dumny z podarków i wyróżnień królewskich skorzystał z nieobecności Przecława, aby się rządzić w Cisowie niczym najstarszy. Bardzo to nie w smak szło pani Matyldzie, a już nie ukrywała obrazy, gdy młodzik rozporządził się losem dziewcząt chycińskich, każąc im natychmiast przenieść się do Lipia, jako przyznanych przez Dzika dworek Helgi.

Miłka, nie czekając na konie, piechotą pobiegła do Broniszowego dworu, pragnąc mu się przysłużyć tam jak najprędzej. Wanda nie była taka skora do opuszczania Cisowa. Nie wiedziała jeszcze, gdzie na stałe osiedli się Gniewomir, który ją obchodził bez porównania więcej niż żonaty Bronisz. W pewnej chwili współczuła nawet szczerze pani Matyldzie obrażonej o to, gdy Gniewomir, nie mając czasu na grzeczną opowieść o swych przygodach, zbył ich ciekawość pochopnym stwierdzeniem, że najpewniej żona Bronisza przyćmi urodą wszystkie polskie panie i ich dworki.

Ponieważ drogi rozmokły, a wody w Tążynie przybyło, postanowili, iż najzręczniej będzie jechać naprzeciw nowożeńcom łódkami. Zaniechano więc szykowania wozów, a Radosz musiał na głowie stawać, by w ciągu jednego dnia zgromadzić tyle przyzwoitych łodzi, potrzebnych do podwiezienia orszaku powitalnego pod Słońsk i na powrót od Wisły wraz z całą załogą Mewy. Wobec nieobecności Przecława i udanej choroby pani Matyldy, ksiądz Mojżesz podjął się w imieniu starszyny cisowskiej witać na ziemi Ganowiczów przyjętą do rodu cudzoziemkę.

Chętnych i ciekawych jazdy do Słońska było tak wielu, że bojąc się, by Cisów nie opustoszał, musiała pani Matylda, żałując na ostatek swej wstrzemięźliwości, rozkazem przytrzymać służbę przy sobie.

Największą łódź, przeznaczoną dla nowożeńców, pięknie przybraną i wymoszczoną kobiercami, z oplecionymi kwieciem drągami do popychania, wypuszczono z Lipia próżną na czele orszaku. Tuż za nią płynął ksiądz Mojżesz w towarzystwie Gniewomira, Chebdy i Bossuty, braci Ganowiczów. W trzeciej łodzi siedziały starsze niewiasty, Miłka z nieodstępnymi wilczurami oraz dwie córki Radosza, do służby w czeladnej przyuczone. Czwartą łódź prowadził Radosz z trzema podległymi mu karbowymi. Piątą zapełniali niewolnicy pod wodzą najbardziej dla gospodarstwa zasłużonego Mostka.

Popędzała ich obawa, czy aby zdążą, czy ich tam w Słońsku nie oczekuje już zgorszony Bronisz. Pośpiech okazał się na szczęście próżny. W nadwiślańskiej osadzie pusto było, mglisto i cicho. Wezbrana rzeka, szeroko zalewając brzegi, sennie toczyła masy mętnych wód, ani dbając o przybyszów: kogo oczekują i co wypatrują na jej falach.

Gniewomir głośno się cieszył, że sam we właściwym czasie podołał i poselstwu do króla, i przysposobieniu na powitanie brata.

Po krótkotrwałej uldze i dłuższym czekaniu zmarkotnieli nieco, najgorzej zaś Radosz, gdy mu kazano postawić namioty. Musiał gonić co tchu do Lipia po sprzęt, płótna i sznury, a przede wszystkim po ogień i zapas jadła, mający starczyć nie wiadomo na jak długo. Gdy powrócił przed nocą ze wszystkim, czego potrzebowano, zawrzała praca przy zakładaniu obozu. Miejsce pod namioty obrano przy lewym brzegu strumienia, byle dalej od osady warzelników słońskich, którzy siedzieli po prawym, na ziemiach Przecława. Osadę tę założył jeszcze Bogumysł Ganowicz dla wydobywania soli z Białych Błot; stąd przyjęła się jej nazwa Słońsko. Wolna ludność osady obowiązana była dostarczać rocznie czternaście korcy soli dziedzicom, co zaś nadto zdołano wywarzyć z nieprzebranych zapasów ziemi, szło na korzyść robotników. Mimo iż mieli się lepiej od innych, nie wystarczyła im ta żmudna praca, imali się więc łatwiejszych zarobków, gorszych zajęć, aż wrychle Słońsko zdobyło sobie w okolicy i na Wiśle marną sławę. Przy brzegach tych kupcy mieli się na baczności nie mniejszej niż mijając pruskie sioła. Chociaż słońszczanie nie śmieliby zapewne napaść na swych dziedziców, jednak dla ubezpieczenia się przed ich drobnym złodziejstwem na noc ustawiono przy obozie czujki.

Gniewomir cały czas się odgrażał, że zaśnie natychmiast, jak tylko przysiądzie pod namiotem. Próżne to były przechwałki. Owszem, przysiadł, ale obok przykucnęła miła Wanda, a prócz niej znalazło się tylu ciekawych, z poważaniem go nagabujących, że szkoda było zasypiać. Więc opowiadał, a chełpił się, ile wlazło.

Powieść o losach Bożeny, którą albo Maurowie, albo psy wściekłe pozbawiły życia, prawdziwie przygnębiła dziewczęta chycińskie. Tym tylko się pocieszyły, że gdy siostra umarła, nie groziło im już tak wielkie niebezpieczeństwo z Arkony, tym bardziej że Dzik dzierżył tam jakąś znaczną władze. Opowieść o uchu Chociana i jego dziwnym zachowaniu się w świątyni rańskiej, gdzie chodził z zawieszoną na zielonym sznurku swastyką, pozwoliły domyślić się Wandzie, iż to ten sam stajenny, o którym nieraz im opowiadano, dając przykład, jak Światowit karze zdrajców. Dziwiły się dziewczęta, że pozwolono takiemu żywcem wstąpić i opuścić święty ostrów. Widocznie nie poznano go. Ale przecież swargę na zielonym sznurku mieli prawo nosić tylko kapłani i obsługujący drugi dziedziniec świątyni, gdzie mieściła się stajnia białego konia. Chocian, potomek niższego, lecz zacnego rodu kapłańskiego, nazywał się wtedy inaczej, bodaj że Męcimir. Miłka twierdziła, że Chocimir, ale to wszystko jedno. Dość, że dla zasług swego domu i wykazanych zdolności już jako pacholę został przydzielony do służby w bożnicy, a tam się dosłużył z czasem odpowiedzialnego stanowiska karmiciela świętego konia. Jednego roku kapłani wysłali go do Polski na dwór Mieszka, by poszukał odpowiednich dla Arkony klaczy. Było rzeczą wiadomą, że władca Polski, sam ongiś czciciel Światowita, lubował się w osobliwej zwierzynie i wspaniałe wierzchowce sprowadzał z dalekich krain wschodu i południa. Dobierał całe stada rumaków różnorakiej maści. A miał nawet u siebie dziwaczne wielbłądy i woły ujeżdżane do walki na rogi przeciw ludziom. Po powrocie z Polski Chocimir wyraźnie się odmienił, lecz nie tak, jakby się obawiano, że zaraziła go chrześcijańska wiara. Stał się nagle bogaty, skryty, a przy tym pił ponad uczciwą miarę. Nie śmiano go jednak zaczepić, był bowiem zbyt zasłużony i wtajemniczony. Aż przyszła pora wojny z Mieszkiem. Polakami dowodził w imieniu ojca młodociany, a już wytrawny wojownik — Bolesław. Kapłani najbardziej uroczyście przygotowywali się do obrony, ogłaszając świętą wojnę i zapraszając do Arkony dla zawarcia sojuszu przeciwko chrześcijańskiej Polsce wielu posłów z sąsiednich krajów i wysp słowiańskich, znad rzeki Wkry, Piany, Warny, Hoboli, Łaby i Odry. Biały koń miał wywróżyć konieczność wspólnej walki i niechybnego zwycięstwa. Ułożono ważne pytania i ogłoszono ludowi i posłom, co będzie jaka wróżba oznaczała.

— Pamiętacie, jak się to odbyło? Chyba pamiętacie? — Wanda zwróciła się do słuchających, ale tylko matka Wromota, Obodrytka, odpowiedziała przytaknięciem głowy. Inni nie pamiętali i nigdy nie słyszeli, co się działo na dalekiej Ranie, którą ongiś Mieszko zhołdował dla Polski. Musiała im Wanda opowiedzieć, co sama słyszała od kapłanów, jak to na onym święcie wojennym, gdy przy biciu w bębny i ryczeniu trąb wyprowadzono nareszcie zza purpurowej osłony świętego konia — lud struchlał z przejęcia u progu wielkiej wróżby, a gdy się ocknął i skupił w natężonej uwadze, ujrzał rumaka — pijanego. Zrazu nie pojęto, a właściwie i potem tylko wtajemniczeni poznali prawdę, lud zaś to tylko zrozumiał, co widział, więc że koń się gibał, jakby miał nogi z gliny, ani rusz nie chciał słuchać żreców, wreszcie przed włóczniami, które powinien był na znak sojuszu i zwycięstwa przekroczyć prawą nogą, położył się na brzuchu, niby tuczny wieprz i zamknął ślepia, gdyż raziło go słońce. Wymowa wróżby była tak okropna, że posłowie uciekli, a święta wojna przepadła. Kapłani uradzili, iż wszystkiemu winien był Chocimir, któremu polskie złoto przewróciło w głowie, aż ubrdał sobie, iż nie dość mu być karmicielem białego konia, ale wolno mu być nadto jego czasznikiem, i przed samą wróżbą spił go na umór. Najprzód zdrajcę wyklęto, a następnie skazano na okrutną śmierć, do której wstępem było przybicie skazańca za to ucho, które skusiło go do posłuchu zdradzie, gwoździem do żłobu, któremu się sprzeniewierzył.

Co było dalej, nie opowiadano, ale widocznie Chocimir urwał się z gwoździa i z jednym uchem zbiegł do Polski. Że po tym wszystkim odważył się z zielonym sznurkiem pokazać w Arkonie, dziewczęta nie mogły się nadziwić, ale je to pocieszyło w ich własnej sprawie. Słuchacze podziwiali Chociana i zaśmiewali się z pomysłu upojenia konia. Jeden tylko młodzik Bossuta nie podzielał ogólnej wesołości, dopatrując się w czynie karmiciela więcej niegodziwości niż bohaterstwa.

Popijając i gwarząc bawiono się pod namiotem do białego świtu, a spano do południa. Z beztroskiego snu otrząsnęły ich wieści, które przywieźli do Słońska kupcy władysławowscy, powracający z Gdańska. Z posępnymi minami wysłuchano sprawozdania o burzy, która przez dwa dni bałwaniła morze, o statkach pogruchotanych w przystani, o trupach wyrzuconych przez fale na piasek.

Na taką klęskę, by Mewa zatonęła, nie byli przygotowani. Nie śmieli mówić o tym, ale też nie umieli odpędzić od siebie niepokojących myśli. Ksiądz Mojżesz, Bossuta i Miłka modlili się ciągle, rozmowami o świętych rzeczach skracając chwile oczekiwania. Radosz zwierzył się Mostkowi, a miał do niego zaufanie jako do poganina, choć nie słowiańskiego, że być może, iż zemsta kapłanów

Światowita, choć spóźniona, tym się wyraziła, że morze pożarło zdrajcę świątyni wraz z całą załogą Mewy. Nieśmiało zaczepiano Miłkę, czy by się nie podjęła wróżebnego widzenia. Dziewczyna lękała się poznać prawdę, a odmowę usprawiedliwiła tym, że jej ksiądz biskup przed chrztem wyraźnie zakazał wróżenia. Przed samym zachodem słońca, gdy lipianie wpatrywali się w rzekę, lunął z nieznacznej chmury gwałtowny deszcz, a ponieważ namioty były jeszcze odsłonięte, woda przemoczyła posłania i wygasiła ogień. Jak na złość nikt nie miał pod ręką suchej hubki, krzesiwa i podpałki. Uradzono wysłać człowieka z kociołkiem po ogień do warzelników. Podjęła się tego najzręczniejsza w pielęgnowaniu iskier Jawita Radoszówna, lecz pod warunkiem, że będzie jej towarzyszył Mostek. Radosz się zgodził, pobiegli więc do czółna, by się przeprawić przez strumień na słońską stronę. Powinni byli zaraz wrócić, gdyż najbliższa widziana chatka, z której dymiło się za dnia, stała o kilkaset kroków od brzegu. Ściemniło się, Radosz już całą kupę gałązek oskrobał z mokrej kory na podpałkę, a młodzi nie wracali. Pierwsza zaczęła się niepokoić matka Wromota, przygadując ojcu, że niepotrzebnie zezwolił córce iść za strumień z urodziwym niewolnikiem, a ten ją pewnie powiódł za daleko.

— A dyć gdyby ją ciągnął, to by krzyczała i słyszelibyśwa po rosie — bronił się rządca lipiański — i nagle zamilkł, nadsłuchując, gdyż właśnie zza strumienia doleciało ich głośne hukanie. Obcy, niewieści głos nawoływał ku sobie na pomoc. Radosz, Gniewomir i Chebda wraz skoczyli do łodzi, za nimi paru chłopa z drągami, przerzucili się migiem na drugi brzeg i kierując się za głosem, dopadli wołającej. Gosposia z pobliskiej chałupy opowiedziała, szybko dysząc, że tylko co doszedł ją spod lasu ludzki wrzask, niby w tutejszych stronach rzecz zwyczajna, ale gdy nie ustawał, zawezwała sąsiadów i z widłami a światłem podeszli bliżej, tam gdzie wrzeszczano. Znaleźli jakichś dwoje, on bez czucia leżący, rozdziany do naga, ona też nie w porządku, zawodzi bezrozumnie nad zabitym. Nie tutejsi, więc pomyślano sobie, że może z dworskiego obozu, tedy ją wysłano na pomoc do dziedziców.

Kobiecina nie mogła nadążyć za chłopami, aż ją Gniewomir i Radosz wzięli pod pachy i na przełaj, jak wskazywała, poskoczyli z nią w stronę lasu. Dopadli do Jawity klęczącej nad ciałem Mostka w otoczeniu gromadki bab z pochodniami, bezradnych, gdyż oszalała dziewczyna nie pozwalała się im zbliżyć i ratować leżącego. Radosz siłą odciągnął córkę rozkrzyczaną, jęczącą, nieprzytomną. Po zbadaniu przy świetle uznano, że Mostek żył, najpewniej ogłuszony tylko ciosem w czoło, gdzie się rozrósł potężny siniec. Gdy go natarto mokrą trawą i postawiono na nogi, począł mrugać powiekami i o tyle otrzeźwiał, że powłócząc nogami dał się prowadzić. Jawita, widząc, że jej luby ożył, jak przedtem rozpaczała srodze, tak teraz zaniosła się radością, śmiała się i kwiliła dziecinnie. Z trudem się opamiętała i można było z niej wydobyć nieco zeznań. Zrozumiano, iż młodzi zajrzeli najprzód do pierwszej chaty, lecz nie zastając tam nikogo, ponieważ nie śmieli kraść domowego ognia, poszli bez pośpiechu dalej w kierunku gęstszych zabudowań. Gdy się natknęli na rów pełen wody, chcąc go obejść, skręcili w stronę lasu i tam błądząc, natknęli się na dwóch ludzi, którzy spytali ich, czego szukają. Zwierzyli się im, że idą po ogień dla dworskiego namiotu, a wtedy nagle jeden ze zbójów walnął Mostka czymś w głowę, a drugi rzucił się na Jawitę i przywalił sobą, by nie krzyczała. Na pewno był pijany, gdyż cuchnął chmielem. Jawita, wrzeszcząc i walcząc, wydarła mu kłak włosów ze łba i pogryzła ręce, aż ją puścił, chustkę ino zrywając. Mostka zdążyli rozdziać. Porwawszy łachy, zniknęli w ciemnościach. Zbyt późno było, aby wszcząć pościg za rabusiami. Gdy rozsierdzeni wypadkiem lipianie wrócili nad brzeg strumienia, zastali tam już czekających gromadą warzelników z wójtem na czele. Nie słuchając ich usprawiedliwień, Gniewomir rozkazał, aby nazajutrz zebrali wszystkich co do jednego, nawet chorych i nieprzytomnych mężów ze Słońska, i stawili ich na tym samym miejscu przy brzegu na śledztwo. Zapowiedział, że jeżeli winni się nie znajdą, osadę spotka tak sroga kara, że wolej by dziesięciu spośród siebie na śmierć zamęczyli, niż przedsięwzięli ten niesłychany zamach na życie wiernych ludzi swego knezia. Gniewomir w namiocie nadal się burzył i wściekał, jak gdyby mógł planowaniem zemsty na rabusiach uśmierzyć narastający z upływem czasu niepokój o Mewę. A tak się zapiekał w złości, że ślubował głośno, iż w razie gdy winnych nie odnajdzie, dziesięciu na chybił trafił z warzelników każe na śmierć zaćwiczyć i wiec mu to uzna. Gdy Bossuta i ksiądz Mojżesz przypomnieli mu, że chrześcijańska wiara zabrania karać niewinnego w zamian za winowajcę albo powierzać ślepemu losowi wymiar sprawiedliwości, upierał się, że nie ma niewinnych wśród słońszczan. Dopiero Miłka ostudziła nieco jego krwiożądną zapalczywość tłumaczeniem, że nawet co światlejsi poganie rańscy domagają się zarzucenia okrutnego wendyjskiego prawa zbiorowej odpowiedzialności. Gdy Radosz zaznaczył, że warzelnicy są przecież ludźmi wolnymi, nie rabami, wtedy umyślił sobie, że zażąda od Przecława, aby wszystkich warzelników, jako wrogów chrześcijańskiego porządku, precz wygnał ze Słońska, mienie ich nabyte z grabieży wziął sobie, a na ich miejsce sprowadził choćby Prusaków i im oddał przywilej warzenia soli z Białych Błot.

Następnego ranka, jak to było do przewidzenia, wśród zgromadzonych przed strumieniem czterdziestu mężów winowajca się nie odnalazł, choć Jawita szukała go żarliwie, każdemu po kolei przykładając do głowy dla porównania kłak zdobycznych włosów. Gniewomir groził, wyklinał, ksiądz Mojżesz namawiał pogan do skruchy, przyrzekając złagodzenie kary, lecz nic to nie pomogło. Warzelnicy, różni z pochodzenia, wieku i języka, w tym jednym twardą wspólność trzymali, że słuchając ponurych gróźb i upomnień nie zdradzili swoich i kłamstwem niewinności odgradzali się uporczywie od wszelkich zarzutów.

Co by tam jeszcze Gniewomir wymyślił, nie wiadomo, gdyż mu na to zabrakło czasu. W chwili, gdy nad strumieniem rozwijał się sąd, do wiślanego brzegu przybijała niepostrzeżenie płaska, obdrapana łódź, w której nie sposób było z daleka rozpoznać słynnego statku jarla Bronro. Lipianie nie mogli jej widzieć, będąc odwróceni plecami do Wisły, warzelnicy zaś, jeżeli który nawet dostrzegł zaludnioną łódź bez masztu i żagla, nie zwrócili na nią baczniejszej uwagi. Tymczasem Miłka, przerażona złością Gniewomira i groźbami dworskich niewolników, że podpalą osadę, poskromiwszy w sobie lęk przed grzechem, postanowiła dociec prawdy winowajców drogą zakazanej wróżby. Jawita, wtajemniczona w zamiar, skwapliwie oddała jej część kłaka włosów. Wróżka wymknęła się niepostrzeżenie ze zgromadzenia i przysiadłszy na rogoży w kącie namiotu z zamkniętymi w dłoni włosami zbója, zapatrzyła się w plamkę widności przeświecającej przez płócienną szparę.

Jednocześnie załoga Mewy uszczęśliwiona osiągnięciem celu, podciągnęła pod brzeg kadłub statku i najspokojniej, nie spodziewając się jakichś powitań, poczęła wyładowywać na suchy ląd resztki dobytku wyratowanego z pogromu burzy. Bronisz, przykazawszy ludziom nie rozpraszać się, wdrapał się wraz z Wromotem na wzniesienie po prawym brzegu strumienia, by stamtąd zejść do osady warzelników po łodzie, które by przewiozły ich do Lipia. Ujrzawszy nie opodal za zakrętem rzeczki kupę ludu, zaniepokoił się, czy to aby nie jaka zasadzka, pruska może, przeciwko Mewie wymierzona. Zaleciwszy Wromotowi ostrożność, sam pomknął się bliżej, aż rozpoznał w grupie stojącej przy brzegu Gniewomira i swoich. Wypadł im naprzeciwko, ciesząc się z niespodzianki, jaką im sprawia nagłym pojawieniem. Jakoż zamilkli i znieruchomieli, jedni oniemieli z radości, inni przytłoczeni trwogą na widok groźnego męża. Gniewomir, Radosz i ksiądz Mojżesz, zapomniawszy o sądowych mowach, rzucili się obłapiać i kłaniać temu, którego już w żałobnych sercach opłakiwali. Po wylaniu łez pierwszej czułości i uspokojeniu się, że wszyscy żyją, Bronisz zapytał, co znaczy ono zgromadzenie. Dowiedziawszy się, o co chodzi, przykazał warzelnikom czekać na wyrok, nie opuszczając miejsca i pociągnął swych dworzan ku namiotom. Wobec szczęścia z powrotu gospodarza cała sprawa warzelników wydała się i wszystkim prócz Jawity błaha, nie warta zachodu. Ważniejszy był pośpiech, by przygotować łodzie, zwinąć obóz i zobaczyć przybyłych, panią Helgę nade wszystko.

Miłka ocknęła się z wróżebnej zadumy, gdy jej nagle zdarto płótno z żerdzi nad głową, a przed zwalonym namiotem dostrzegła Bronisza. Żywy był i naprawdę obecny. Tak ją to wzruszyło, że pierwej się rozpłakała, nim go powitała. Prawdziwą niespodziankę obecnym sprawiło zachowanie się dwóch psów chycińskich. Groźne wilczury, nie uznające nikogo prócz Miłki, zoczywszy Bronisza, wpadły nagle w jakiś osobliwy szał. Ganiały koło niego, przypadały na łapy, oszczekiwały radośnie, a gdy przychwycił jednego z nich, psisko przywarowało i mrużąc trwożnie ślepia lizało pańską dłoń. Jedna Miłka wiedziała, że to plon żmudnych przyuczeń, przyswajania psom jego woni za pośrednictwem znoszonej odzieży i może... może zrozumienie przez zwierzęta długich przemów, opowieści o dzielnym i dobrym kneziu Broniszu...

Nie śmiejąc zawracać głowy Broniszowi sprawą warelników, Miłka odciągnęła na bok Gniewomira i upewniła go, że wie, iż dwaj złoczyńcy, którzy napadli na Mostka, przed chwilą jeszcze spali w stodole, w zagrodzie piegowatego brodacza z czerwonym pasem, który stał w czasie śledztwa po prawej stronie pierwszego szeregu. Widziano go, jak tego ranka zanosił im w cebrzyku bryję i baryłkę sera z plackami. Gniewomir wzywany do ruszających łodzi nie miał czasu przekazać sprawy starszemu bratu, do którego należało prawo tej ziemi i sąd. Ludzie bez nijakiego porządku tłoczyli się na łódkach, byle prędzej usłużyć, byle prędzej poznać swą nową panią, księżniczkę norweską. Doprawdy, gdyby nie szczęście promieniejące ze spojrzeń i ruchów gromadki skupionej przy kadłubie obdrapanego statku, dworzanie lipiańscy zawiedliby się na tak mizernym, spotkaniu. Gdy jednak uprzytomnili sobie, z jakich śmiertelnych niebezpieczeństw załoga Mewy cudem ocalała, pojęli ich wzruszenie i całą ich skromność, a braki ujrzeli w najładniejszym świetle.

Pierwszą mowę powitalną wygłosił ksiądz Mojżesz. Helga tak mu odpowiedziała, choć niepewnym językiem, lecz za to obfitymi w myśl słowy, że nawet Bronisz mile się zadziwił, poznając w niej najlepszą uczennicę Sigrydy. Oświadczyła oto, że rozumie i wierzy, iż jeżeli miłosierny Bóg pozwolił jej osiąść na pięknej polskiej ziemi, to po to, by poświęciła się jej sercem całym, służąc ludziom dla Boga, więc najprzód panu swemu mężowi, wdzięczna, że przyjął ją do swego rodu, także i jego krewnym, przyjaciołom i poddanym, przykładając się wiernie do wspólnego dobra. To rzekłszy, pokłoniła się księdzu, jeden z podanych wieńców włożyła na głowę, a skosztowawszy chleba i soli uklękła, by ze czcią ucałować ziemię przed stopami pana małżonka.

Bronisz, stojąc na boku, z dumą przyglądał się małżonce i swoim ludziom, jak miło zawiązywali swe pierwsze poznanie. Wtedy Gniewomir podszedł doń i uwiadomił o wróżebnym odkryciu Miłki w sprawie Mostka. Bronisz, nie tracąc uśmiechu, machnął jeno ręką, rzekąc: „Nie martw się, ja to załatwię" — i dalej bawił się widokiem powitań. Gdy je skończono, polecił przenieść sprzęt i ładunek z Mewy na wolne czółno, Mewę samą wprowadzić przez strumień do dawnego szałasu, po czym wsiadłszy z małżonką i księdzem do ustrojonej kwieciem łodzi, nakazał innym, aby płynęli za nimi. Za skrętem, gdy się zrównali z warującymi przy brzegu warzelnikami, zatrzymał orszak i wyskoczywszy na łąkę, donośnie zwrócił się do swoich, pytając, czy wiedzą, jaka kara należy się obcemu, który śmiał niezaczepiony napaść na książęcego sługę?

— Śmierć! — zawołano z łodzi, a warzelnicy pochyleniem głów przyznali prawo.

— A co należy się bezecnikowi, który by nadto usiłował zgwałcić wolną dziewczynę?

— Śmierć! — przywtórzono zgodnie.

— Co należy się temu, kto by mimo wezwania sędziego, znając winowajcę, nie tylko nie wydał go, lecz przeciwnie, ukrywał i żywił w swej zagrodzie?

— Śmierć! — odkrzyknięto, nie zastanawiając się wiele nad pytaniem.

— Po raz pierwszy i ostatni wzywam was, uprzedzając, że znam winowajców i wspólników, aby przyznali się po dobrej woli, a tego dnia okażę im miłosierdzie i sam wynagrodzę poszkodowanych.

Warzelnicy milczeli zawzięcie.

Bronisz, odczekawszy dłuższą chwilę, przebiegł surowym wzrokiem po pierwszym szeregu, podszedł bystro do brodacza w czerwonym pasie i krzyknął mu w twarz:

— Wystąp!

Piegowaty brodacz runął mu do stóp. Bronisz trącił go nogą, a gdy winowajca nie wstawał, rozkazał go podnieść. Dwóch wioślarzy z Mewy chwyciło go pod pachy i szarpnęło w górę.

— U ciebie są! — zabrzmiało srogie oskarżenie.

Chłop zwinął się wpół i, skamląc, jękliwie tłumaczył, że jeżeli taka jest wiedza księcia, to chyba jako złodzieje ukryli się w jego zagrodzie, ale on o nich nie wiedział i nie wie, i nie podejrzewał nawet.

— Łżesz! Tyś ich ukrył, tyś im rano owsiankę dawał i ser, i placki. — Na twarzach osadników odmalowało się przerażenie. Rycerze Broniszowi powyskakiwali z czółen i z dobytymi mieczami stanęli za swym wodzem. Brodacz, gdyby go nie podtrzymywano, runąłby znowu.

— Biegiem do jego zagrody czterech zbrojnych z wójtem i przyprowadzić tu zbójców żywych! — rozkazał Bronisz.

Wśród warzelników i na bliższych łodziach, gdzie nie wiedziano nic o wróżbie Miłki, rozprawa Bronisza zrobiła piorunujące wrażenie. W drętwym milczeniu oczekiwano na krwawy wyrok. Twarz Helgi posmutniała, ale gdy Bronisz spojrzał na nią porozumiewawczo, odetchnęła z ulgą. Rozumiała, że musiał być srogi, ale że serce nie wrzało mu gniewem, to już szczęście dla winowajców. Gdyby na progu jej nowej ojczyzny miała widzieć krew rozlaną z rozkazu męża, choćby krew najwinniejszych, smutna by to była zapowiedź na przyszłość. Zbrojni dworacy mieli pewność ostrego wyroku. Widać było z daleka, jak biegnąc, tłukli pałkami gnanych przed sobą opryszków.

Śpieszył się też i Bronisz. Gdy winowajcy padli na twarz przed sędzią, ten spytał osadników, wyraźnej żądając odpowiedzi, na jaką karę wedle nich zasłużyli ci tutaj niegodziwcy? Cicha, ale dobitna odpowiedź brzmiała: śmierć! Już dwóch pachołków przetarło osełkami miecze, a przytomni wybałuszyli ślepia w bezlitosnej ciekawości. Bronisz, nie zmieniając surowości oblicza i głosu, oznajmił, że los winnych oddaje w ręce małżonce swej, pani na Lipiu, Heldze, wychowance najmędrszej królowej Świętosławy. Wszystkie oczy wlepiły się w ukwieconą łódź, gdzie siedziała białka Broniszowa. Helga, nie każąc na się czekać, wyskoczyła na brzeg, podbiegła do Bronisza, ujęła go za kolana i przejmującym głosem jęła prosić:

— W imię Pana naszego Jezusa Chrystusa, daruj życie nieszczęsnym poganom. Ślepi, nie wiedzieli, co czynią. Daruj im życie, by mieli czas się poprawić i odpokutować swe złości.

Skazańcy unieśli karki, a rozumiejąc, że śmierć im nie grozi, jęli czołgać się do nóg swej wybawicielki, dzięki czyniąc pokornym lamentem. Nim pierwszy z nich dotknął jej szaty, wilczury Miłki rzuciły się na niego, a z taką zajadłością, że musiano je kopniakami odpędzać. Gdy się uspokoiło, Bronisz ogłosił wyrok, taki mianowicie, że dzięki chrześcijańskiemu miłosierdziu pani Helgi, trzy łby pogańskie nie spadną na miejscu pod mieczem, niemniej kara musi ich spotkać. Ponieważ, jak pani orzekła, rabusie, napadając nocą w nietrzeźwym stanie na Mostka i Jawitę, mogli nie wiedzieć, co czynią, przeto dla oświetlenia ich ciemnoty zostaną ukarani tylko chłostą po pięćdziesiąt batów i okładami z soli na ranę dla uśmierzenia ich obrzydłych chuci. Stary zaś brodacz, który ich chronił i karmił, a dobrze wiedział, co czyni, tym bardziej że na wezwanie z zapowiedzią łaski nie przyznał się, do ostatka więc okazał się sprzyjającym zbrodni, a wrogiem pana tych ziemi, choć nie poniesie śmierci, zostanie natychmiast zabrany z osady i przekazany do pracy w rudnikach jako książęcy rab, bez prawa wykupu.

Warzelnicy, uszczęśliwieni wyrokiem, gdy ich Bronisz zwolnił z postoju, natychmiast sami związali powrósłami swego towarzysza brodacza, skopali go przy tym, zabrali mu czerwony pas, który z taką dumą nosił, i na wpół żywego cisnęli na dworskie czółno. Tego dokonawszy, rzucili się ku towarzyszom-rabusiom i na oczach odpływających łodzi takie im cięgi sprawili, nie obliczając razów, że ich dopiero o zmierzchu rodziny na noszach podźwignęły do domów, by im opatrywać rany i ustawiać połamane kości.

W Lipiu, przed palisadą u rzeki, oczekiwały na nowożeńców osiodłane konie, które Bronisza z Helgą, księdza Mojżesza, młodszych Ganowiczów i rycerzy orszaku poselskiego wniosły uroczyście na dziedziniec. W bramie jodłowej zebrana ludność osiedla obrzuciła oczekiwanych państwa kwiatami i zielem. Helga, niepomna znużenia, ze słodką cierpliwością poddawała się kolejno wszystkim obyczajom i obrzędom. Słuchała błogosławieństw, całowała dzieci, obdzielała starców kołaczami, obchodziła stajnie i obory, sypała w żłoby ziarno, zakładała siano w jasła, dotarła wreszcie do ganku, gdzie ją ku hucznej radości świadków Bronisz wykupił z rąk księdza i ludu, sypiąc garściami angielskie groszaki. Wykupioną porwał jak piórko w ramiona i wniósł do swego dworu, gdzie obniósł ją wkoło głównego ogniska, rozpalonego od nowa pradawnym sposobem przez najstarszą gospodynię, matkę szesnaściorga dzieci, Falisławę z Cisowa. Postawiona na nogi Helga przeżegnała potrójnie ogień, uświęcając pogański zwyczaj dowodem prawdziwej wiary i z uczciwą powagą wysłuchała zapewnienia męża, że jest w tym jego domu pierwszą panią. Od niej rozpocznie się nowe życie pod tym dachem, pod którym jeszcze nikt nie umarł ani się narodził, gdzie krew się nie polała ani zło mieszkało.

VII

Dopiero drugiego dnia biesiada, którą uznano za weselną, zaczęła się na dobre rozwijać. Zjechał Cisów, przybywali goście z dalszych stron, oczekiwano Kruszwicy, a towarzysze poselscy z Mewy: Nałęcze, Grzymalici, Leszczyce powrócili już ze swych domów, ściągając rodziny i przyjaciół. Helga, goniąc resztkami sił, dotrwała przytomnie do czwartego wieczora. Nie rozumiała już, co do niej mówiono, a wszystkim i na wszystko odpowiadała bezmyślnie jednym słowem „dzięki" i uśmiechem. Bronisz, gdy mu się zachciało, chrapnął sobie, wspierając głowę na stole; goście rozkładali się na ławach i pod ławami, tylko kobiety czuwały, jak przystało na gospodynie, bacząc na innych, bez troski o siebie. Dwór lipiański przypominał roztrącone mrowisko. Po dziedzińcu, na ogrodzie, we wszystkich izbach, nieomal w szczelinach, na dachu nawet, można było spotkać gości i swojaków zataczających się, śpiących, wałęsających się za różnorakimi potrzebami.

Dom się trząsł, huczał od śpiewu i ryku, czad ogni mieszał się ze swędem pieczonych mięsiw i ciast, mdły zapach piwa i miodu przenikał ściany, kobierce i odzież.

Wszyscy się cieszyli Helgą, jednak zajęła się nią naprawdę tylko Miłka. Ona wynalazła na poddaszu odpowiednią komorę z zamknięciem, wyszczuła z niej trzech pijanych druhów, oprzątnęła z grubszych nieczystości i wprowadziła tam słaniającą się ze zmęczenia Helgę. Broniszowa, ledwo przyłożyła głowę do skór, zasnęła natychmiast. Obok niej zległa Miłka z wilczurami. Mogły odpoczywać spokojnie. Nie słyszały, jak kilkakrotnie odrzwia ich skrytki skrzypnęły, psy zrywały się z warczeniem, a tupot uciekających świadczył, że wszystko w porządku.

Nazajutrz zaczęto się rozjeżdżać i wtedy dopiero Bronisz zauważył nieobecność Helgi. Gdy do wieczora sam jej nie odnalazł, począł się niepokoić. Pocieszano go, że najpewniej zawieruszyła się z jakimś miłym gronem i przez omyłkę albo w nieprzytomności odjechała kędyś, może do Cisowa, lecz wnet, gdy się opatrzy, powróci do Lipia. Owszem, zdarzało się to często na przydługich ucztach, ale niemiłą była myśl, że Helga mogłaby się tak zapomnieć. Pchnięci do Cisowa gońcy powrócili z odpowiedzią, że tam pani Broniszowej nie widziano. Spośród służby i pozostałych gości nikt nie przypominał sobie, by w ciągu ostatniej doby spotkał ją lub słyszał. Bronisz złościł się i niepokoił coraz żywiej. Wstyd mu było dopytywać się i szukać we własnym domu swej młodej małżonki. Wściekał się na siebie, na swoich i na Helgę, że mu gdzieś przepadła, że go nie uprzedziła, co zamierza czynić. Na taką chwilę, gdy czynił starej Zbysławie wyrzuty, trafiła Miłka, schodząc z poddasza na dół. I na nią rzucił się, obwiniając o niedbalstwo.

— O swoim żarciu i zabawie pamiętacie, ale gdzie Helga, co robi, czego potrzebuje, ani wam to w głowie postało — krzyczał, nie panując nad rozdrażnieniem.

Miłka aż się na twarzy zmieniła, tak ją te słowa ubodły i przestraszyły. Bronisz złościł się na nią, łajał, patrzał tak, że mógłby uderzyć. Ledwo miała siły się wycofać, umknąć niby kopnięty pies. Opanowując rozdygotane członki, wdrapała się na poddasze i obudziła Helgę trwożnym szeptem, że pan Bronisz sierdzi się strasznie i wszyscy jej szukają. Niech biegnie, pokaże się, bo pan obije starą Zbysławę za to, że jej nie pilnowała.

Helga z miłego wytrącona snu uśmiechała się beztrosko.

— Czy długo spałam? — zapytała, przypominając sobie, gdzie jest.

— Nie wiem! Zeszłam dopiero co, a tam gwałt, do słowa nie dopuścili, tylko krzyczą i szukają,

— Mnie szukają? — Helga śmiała się, upinając włosy. Miłka otrzepywała jej suknię i po ciemku na chybił trafił sprawdzała zawiązanie trzewiczków. Tak jej było najlepiej, przy nogach. Nie chciała patrzeć na światło ani na twarz pani Helgi. Śpieszyła się, by ją wyprawić na dół, by ją Bronisz już ujrzał, uspokoił się. Helga nie pamiętała drogi, więc odprowadziła ją pieczołowicie do drabiny, podtrzymała do pierwszego stopnia i czym prędzej powróciła do legowiska na poddasze. Psy czekały na nią, niecierpliwie skrobiąc w ścianę komórki. Przykucnęła na skórach, ciepłych jeszcze po Heldze. Twarz zasłoniła rękami, by ją psy nie lizały w załzawione oczy, więc psy lizały jej dłonie. Dwór uciekł. Na dole nie było już słychać tupotu i krzyków Bronisza.

Dwór lipiański, kierowany od wiosny przez Radosza i starą Zbysławę, a dość sprawnie, jeżeli sprostał kilkudniowej biesiadzie weselnej, zdawałoby się, że nie przeciąży Helgi gospodarskim trudem. Przekonała się, że jest inaczej, i to zaraz, już pierwszego dnia, gdy po uczcie wstąpiła do czeladnej, by zdobyć nieco zimnego napoju dla męża. Już tam na nią czyhano. Obstąpili ją i zakrzyczeli, że nawet zapomniała, po co przyszła. Jedno tylko musiała pamiętać: kim jest, gdyż wszyscy jej to przypominali, wymagając od gospodyni rozstrzygnięć i postanowień. Więc Zbysława chciała się pozbyć odpowiedzialności, mimo iż gorszyła ją samowolność innych. Radosz zazdrościł władzy Zbysławie, a Chocian pomstował na Radosza. Trzeba było ustalić, gdzie kto i z kim zamieszka, a już powstawały nieporozumienia i kłótnie nawet. Jawita pragnęła iść za mąż za Mostka, choć był poganinem i niewolnikiem, Wandę chycińską zaś ciągnęło do Cisowa, gdyż tam pojechał Gniewomir. W ciągu jednej godziny Helga nasłuchała się więcej, niż zdołała zrozumieć i zapamiętać. Każdy z otaczających jakby z dawna obmyślił, jak ją wyzyskać, wplątując w osobiste zamysły.

Bronisz przez pierwsze dni nie wtrącał się zupełnie do spraw domowych. Włóczył się z psami po lesie, objeżdżał konie i radził z Chocianem. Helga sama się borykała z trudnościami, opędzając od natręctw; po tygodniu jednak, nad miarę udręczona, zwierzyła się mężowi, iż nie wie, na kim tu może polegać, gdyż wszyscy skarżą na siebie wzajemnie. Nie przejął się zrazu jej strapieniami, radząc ogólnie, by nie ufała tym przede wszystkim, którzy zbyt pragną pozyskać jej względy. Helgę mało to pouczyło, a gdy pytała dalej, zbył ją zdziwieniem:

— Czego ci więcej potrzeba, gdy masz władzę?

Zamilkła, smętniejąc. Dotknęło ją to, że Bronisz, skory do pomocy innym, jej umie tylko radzić, by się wyręczyła obcymi. Dobrze radzić, ale gdy nie wyjdzie coś tak, jak trzeba, na pewno do niej będzie miał urazę. Już tego doświadczyła, gdy mu w porę nie wysuszono ulubionej odzieży.

Widząc zadumę żony, Bronisz począł się tłumaczyć, że dla jej dobra tak właśnie postępuje. Podobnie jest i w wojsku: im większa odpowiedzialność, tym skuteczniejsza i szybsza nauka. Ona jest już wodzem gospodarstwa w Lipiu. Niech baczy, aby się nie stać niewolnikiem własnego dworu.

Musi unikać drobiazgów. W domowych sprawach niech się wyręcza Zbysławą i Miłką, a w gospodarczych Chocianem i Radoszem. Do zwykłych posług ma rabów i dziewki z czeladnej. Wanda jest nieużyta, lecz i jej należy dać jakiś przydział obowiązków, by czuła się potrzebna. To właśnie jest umiejętnością rządzenia, by zachowując pełnię własnych praw, swoimi obowiązkami dzielić się z podwładnymi. Jeżeli dziś zarządzanie dworem sprawia jej pewną trudność, to co będzie, gdy Bóg da im dzieci? Nic strasznego! Matylda Przecławowa ma cztery córki, a znajduje na wszystko czas, choć Cisów większy od Lipia. A zresztą, po co szukać obcego przykładu. Czy pamięć o tym, jak rządziła Sigryda w Uppsali, jak dziś rządzi w Roskilde, nie jest najlepszą nauką?

— Tak, ale Sigryda nigdy naprawdę nie kochała swego małżonka... — Bronisz spojrzał zdziwiony na żonę. Przytuliła się do niego, szepcząc:

— A ja miłuję mojego Bronisza i pragnę być tylko z nim, zawsze z nim, bez dworu, bez obcych, bez trosk, które mi go kradną...

Rozczulony miłym wyznaniem bawił się, rozplątując jej włosy.

— Gdybym mogła być twoim Wromotem, gdybym mogła... ech!

— Dopowiedz! — prosił.

— Pomyślałam, że zazdroszczę twojemu mieczowi. Zawsze go nosisz przy sobie, miłujesz go, chlubisz się nim, a on cię broni... i jest tylko twój... twój...

— Helgo! Przecież Ścinaczem Łbów śmierć zadaję...

— A mną zadawałbyś życie. Nowe życie...

— Tak, ale widzisz — zająknął się. — Właśnie dlatego, dla dzieci nie moglibyśmy być tylko sami ze sobą. Musimy zapewnić im życie możne, sławne, przy dworze królewskim, dziedzictwo na Lipiu. Prawda? Dlatego musisz być władną panią...

— Nie chcę być władną panią! Lepiej być sługą, pożyteczną, wierną.

— Czyją chcesz być sługą? — zdziwił się zgorszony.

— Twoją i Bożą! — odpowiedziała, przytulając się doń jeszcze ciaśniej. Broniszowi bardzo się to spodobało, ale nie chciał być dłużej poważny. Całując ją, zobowiązał, że jeśli pragnie mu okazać prawdziwą wierność, niech porzuci wszystkie utrapienia domowe i jutro na cały dzień wybierze się z nim na konną wycieczkę. Muszą wreszcie wypróbować te dwa piękne wierzchowce, które otrzymał od króla Bolesława. Powinni także objechać razem granice swego dziedzictwa. I będą, tak jak mówiła, razem, ze sobą tylko i dla siebie.

Helga z radością zgodziła się i przez chwilę żartowała beztrosko. Drwiła z siebie, że na pewno spadnie z dziarskiego konia, więc może lepiej, by pojechali na jednym siodle. A może konie nie będą znosiły się jak wtedy, w Szwecji, gdy Olafowi dobrano takiego, że nie mógł zbliżyć się do królowej... Śmieli się, wspominając, wszakże rozbawienie

Helgi pierzchło, gdy tylko Bronisz wspomniał o nowych obowiązkach, szczególnie o konieczności rychłego odwiedzenia Cisowa i rodziny. Znów podróż, znowu obcy ludzie — martwiła się Helga. Usiłowała zaniepokoić małżonka tym, że w czasie ich nieobecności w Lipiu wszyscy będą ich okradali. Bronisz nie dowierzał jej obawom, więc przedstawiła mu szczegółowo, że bednarz robi dla kowala i dla Radosza stągwie z kupnych obręczy żelaznych, Radosz jak chce przebiera w drobiu i nabiale, a owczarz tłucze po kryjomu owce, skóry sprzedaje do Słońska, a dwór zawiadamia, że wilki trzebią mu stado. Każdy coś grabi dla siebie. Bronisz nie dał się tym wyprowadzić z równowagi.

— Niechaj biorą, niech tłuką, niech budują i odżywiają się jak najlepiej. Toć to nasi ludzie i naszą jest korzyścią, gdy będą zasobniejsi, silniejsi, płodniejsi. Nie martw się, Helgo, tym, co nie jest zmartwieniem. To nie Szwecja czy Norwegia, gdzie każdy szkop mierzy się garściami zebranego siana. W Polsce paszy nie braknie. Tak nas matka uczyła, że co do swoich odejdzie z dworskiego, to nigdy nie przepada, a przeciwnie, korzyści przynosi w pracy, zdrowiu i szczęściu domowników. Nie szukaj dziury w całym. Po co gnębisz się Jawitą i Mostkiem? Mnie to cieszy, że pragną się żenić. Zajmij się lepiej jego oświeceniem w wierze. Gdy się ochrzci, dam chłopcu wolność w granicach naszych włości. Zyskam jeno na tym, że przywiążę go wolnego do dworu, do naszych ludzi i rodzin, a znajdę w nim dzielnego woja. Gdy pociągnie ze mną na potrzebę, razem będziemy tęsknić do Lipia, gdzie nasze żony i dzieci. I pewny będę, że w razie jakiejś zamieszki, napaści pruskiej chociażby, ten najzdolniejszy z mych rabów nie będzie myślał jeno o ucieczce do swoich, gdzieś za Polską, ale bronić będzie swoich w Lipiu.

Widząc, że Helgę przekonywa i uspokaja, tłumaczył jej dalej:

— Popatrz, nie było nas tutaj, ja palcem nie kiwnąłem, nawet Chociana zabrałem na morze, a ile przez ten czas przybyło. To nasi ludzie sprawili, wolni i niewolni, ale lipiańscy, tutejsi. Nie śmiej się, gdy ci powiem, że oni, by mieć z czego brać, musieli dbać o nasze. Zamień to skąpe słowo „kradzież" dobrym, słowiańskim „udziałem", a ludzie będą brali, a nie kradli. Ich dobro — naszym dobrem, ich bieda — naszą biedą, z tym porządkiem, że zaczyna się gospodarstwo od nas, gdyż my je zakładamy, my ludzi gromadzimy koło siebie. Od nas zależy, czy w naszym dziedzictwie będzie zgoda i błogi dostatek, czy też złość i nędza. Sama wiesz, że rycerz króla Bolesława nie żyje z pracy swej na ziemi, jeno ziemię dostaje i nasyca ją do rozkwitnienia tymi, co jej łakną. Obok rycerskiej śmierci — to nasza dobra dola. A skargi na złodziejstwo niechaj cię nie straszą. Pamiętaj, że ci, co skarżą, pilnują tych, co i na nich chcieliby naskarżyć. A ty, Helgo, bądź sobą, jak chcesz — sługą Bożą i mężową, ale i panią dla tych, którzy władzy twojej potrzebują…

Po nocy Bronisz rozmyślił się i postanowił, że da Heldze na stały użytek nie srokacza od królewskiej pary, ale Tokiego. Toki był bardzo silny i wytrwały, miał swój rozum w razie niebezpieczeństwa, wilkami się nie płoszył, wiedział, kiedy wyminąć samotnego żubra i jak trafić do domu. Niechby tylko przywiązał się do nowej pani, a będzie jej służył cierpliwie i wiernie jak pies. Królewskie rumaki były pięknie dobrane, ścigłe i żywe, w sam raz do dworskiej wystawy dla takich jako oni małżonków, lecz na codzienny pożytek nie najodpowiedniejsze. Klacz strachała się w lesie, a gdy poczuła wilka, niosła na oślep, dokładnie nic nie widząc, gdyż zadzierała łeb, a szyję wystawiała na cios wilczych kłów. Toki zachowywał się zgoła inaczej. Nie ponosił, jeno biegł rozważnie, łeb z wyszczerzonymi zębami trzymał nisko, a oczył przy tym na boki, by móc w skoku pacnąć podkową śmiałka, który by zbliżył się zbytnio do jego pęcin. Że umiał jednakowo celnie bić wszystkimi czterema kopytami, przekonały się już o tym lipiańskie psy. Miłka dużo pracy musiała w to włożyć, by jej wilczury pozyskały pewne zaufanie Tokiego. Mogły leżeć obok bez obawy, że je znienacka napadnie, chcąc zdeptać, jednak w biegu i im lepiej było mieć się na ostrożności. Bronisz twierdził, że gdy psy wezmą udział wraz z koniem w walce obronnej przeciwko prawdziwym wilkom, wtedy dopiero Toki uzna je za przyjaciół.

Dzień był chłodny i zmiennej pogody. Zachodni wiatr przeganiał po niebie kłęby chmur, grożących każdej chwili deszczem. Po ostatnim przymrozku las zbogacił się złocistością brzóz i jaworów. Okryte pierwszym liściem kałuże pachniały jesienią.

Do skraju lipiańskich pól Bronisz jechał na Tokim, trzymając przed sobą Helgę. Za nimi na srokaczu postępował Mostek. Psy biegły obok, węsząc po zaroślach. Toki strzygł uszami, wsłuchując się w ożywioną rozmowę i śmiech obojga jeźdźców. Czuł na grzywie i szyi to poklepywanie ciężkiej ręki pana, to słabe dotknięcie niewiasty. Podobało mu się to widocznie, gdyż nie śpieszył i ciekawie rozglądał się po okolicy. Raz wraz przystawał, by skubnąć gałązkę, a nikt go za to nie popędzał gniewem. Gdy wjechali na kruszwicki gościniec, wykarczowany w dwurzędzie lip prastarych, od których Broniszowa dziedzina przyjęła swą nazwę, rycerz przesiadł się na srokacza, a Mostka oddalono piechotą do dworu. Po kilkunastu stajaniach zgodnej jazdy obok, Bronisz zapragnął wypróbować konie. Helga bała się trochę, ale że droga była prościutka i miękka, zaś mąż zapewniał, że Toki nigdy nie uskakuje na bok, zgodziła się na wyścigi. Nie łudziła się, by twardy, powolny Toki mógł dogonić pięknego srokacza. Ruszyli kłusem, nakłaniając pokojowo konie do szybkości, ale Toki nie chciał zrozumieć potrzeby pośpiechu. Gdy Helga pokrzykiwała na niego, oglądał się podejrzliwie na las, lecz nie zmieniał chodu. Nagle Bronisz smagnął go batogiem po zadzie, wraz swojego kłując ostrogami. Srokacz aż stęknął, rzucając się z pierwszego susa w cwał. Psy za nim. A za psami Toki z Helgą, trzymającą się kurczowo obiema rękami łęku. Zły był, gdyż uszy stulił i rozpędzał się, pracowicie garnąc pod kopyta zrytą koleinami drogę. Srokacz umykał w przód. Helga rada z tego była, gdyż przestał ochlapywać ją błotem. Już nie bała się Tokiego. Szedł tak równo, że siedziało się na nim niby w bujaku. Pęd powietrza rozwiewał włosy, zginał rzęsy, a gdy rozchyliła usta w uśmiechu, tak przyjemnie uderzył ją w twarz, łechcąc dziąsła i nozdrza, że zachciało się jej głośno śpiewać.

Zakrzyknęła długo, przeciągle. Toki jakby urzeczony podobnym szaleństwem zawzinął się w pędzie. Bronisz nie mógł jej pod wiatr usłyszeć, zbyt był daleko, ale po niejakim czasie odległość między nimi przestała się zwiększać. Srokacz pod ciężarem jeźdźca zagrzał się i okrył pianą. Gdy Bronisz obejrzał się z myślą, by zaniechać wyścigu, Toki, prąc równo naprzód, zaczął nadrabiać odstanie. Psy, pod pozorem węszenia na bokach, zostały w tyle. Im bliżej srokacza, Toki wzmagał zamaszystość kopyt. Helga już go kochała. Pewna w siodle, szarpała go za grzywę, przynaglała, śpiewając krzykiem jakieś przekorne a nęcące wyzwanie. Wiatr bił ją w oczy, owiewał chłodem, nadymał szatę na plecach, a rozplątane włosy ciągnął wstecz jasną chmurą. Toki wciąż zły, nie rozchylał uszu, ale dopiero zbliżywszy się do srokacza okazał pełnię swej zawziętości: wyszczerzył zęby i byłby chwycił go za skórę, gdyby nie bat Bronisza. Srokacz szarpnięty uskoczył w bok, a Toki minął go jak burza. Teraz dopiero poniechał złości, lecz nie wyścigu. Próżno Helga ściągała uździenicę i oglądała się na męża. Toki strzygł uszami, ale wciąż walił naprzód, a zatrzymał się sam z własnej woli dopiero na skrzyżowaniu dróg, mając za sobą o kilkadziesiąt kroków zdyszanego srokacza i psy. W przystanięciu i rozluźnieniu naprężonych mięśni uderzyła na Helgę gorącość. Bronisz nie mógł napatrzyć się jej w zachwycie, taka była kraśna i ożywiona. Cieszyła się zwycięstwem i dumna była, że jej karpiasty, kosmaty Toki zwyciężył królewskiego biegna. Bronisz rozczarowywał ją rozważaniem, że gdyby Toki miał na grzbiecie ciężkiego rycerza, a srokacz niósł na siodle drobną Helgę, próba zapewne by wypadła inaczej. Niemniej Toki przewyższał swego pięknego współzawodnika roztropnością, przeto lepiej nadawał się na niewieściego sługę. Czyż nie pięknie okazał swój rozum, zatrzymując się sam na rozstaju, jakby chciał tym swej pani udowodnić, że choć jej chwilowo nie słuchał, jednak w pierwszym niepewnym miejscu poddał się jej woli?

Jadąc dalej strzemię przy strzemieniu, skręcili z gościńca na ścieżę wiodącą do jeziora. Zamierzali okrążyć je aż do granic Nałęczów, ale że deszcz zaczął kropić, zboczyli w las, by tam przeczekać przelotną ulewę. Pod okapem wiekowego dębu było tak sucho i przestronnie, że Helga zatęskniła do odpoczynku. Wystarczyła jej skarga, że ręce obtarła sobie od rzemienia, a już się Bronisz rozglądał za wygodnym siedziskiem. Nie pomagała, gdy zgarniał suche liście, by jej wymościć legowisko, pozwoliła podłożyć sobie pod głowę zwiniętą opończę i wyciągnięta na wznak, milcząc, mrużyła rzęsy do prószących z góry kropelek deszczu. Konie puszczone luzem skubały obok zwiędłą trawę. Psy, leżąc, lizały obłocone łapy. Bronisza zaniepokoiła bezradność i milczenie żony. Przed chwilą taka dzielna, śpiewna, nagle ścichła, przygasła jak chora... Skarżyła się, że głodna, a gdy jej podał orzechy i jabłko, nie chciała jeść. Przykucnął obok i bawiąc się jej rękami zaczął się litować, że tak je obtarła boleśnie. Pozwalała się pieścić, ale dopiero na wyraźne pytanie, czy nie chora, odpowiedziała, że nie, bynajmniej, tylko zmogło ją przykre wspomnienie lęku, który przez tyle lat nawiedzał ją w snach i prześladował. Zdaje się jej, że już w tym lesie, na tym samym miejscu była kiedyś i — bała się czegoś... Nie lubił takich zawiłości, nie rozumiał, jednak pohamował zniecierpliwienie, usiłując łagodnością podejść do jej myśli.

— Po co zasmucać się wspominaniem zła, które minęło bezpowrotnie, gdy można się cieszyć, że dzień dzisiejszy i przyszłość w dobrem stoją? Dziękujmy Bogu, Helgo, że nieszczęścia za nami. Czy źle jechało ci się na Tokim? Byłaś taka rozpłomieniona...

Uniosła się, by siąść, i spojrzała nań wymownie, mówiąc:

— Właśnie dlatego, że taka byłam. Toki to poganin i jego pogańskie szaleństwo wraz i mnie poniosło. Chmury pędzą po niebie, deszcz siecze liście, ten las i dąb, i ty, i twoje pożądliwe oczy. Nagle stało się coś takiego, że się przeniosłam do pustelni ojca Mateusza. Pamiętasz, Broniszu, kto nam powiedział, że to już koniec nieszczęść? Czy wtedy, pamiętasz, gdy pierwszy raz jechaliśmy obok siebie konno, było podobne jezioro, a potem ciemny las, ja opowiadałam ci o sennych zmorach — czy wtedy moglibyśmy się domyślić, co nas czekało? Tak jak wtedy: konie, jezioro, las i ty, i ja.

— Wtedy deszcz nie padał!

Roześmiała się, a on zawstydził swą prostodusznością. Koniecznie chciał obalić, wykorzenić z niej ten lęk, którego nie pojmował. Cóż może im grozić? Czego może się lękać, gdy jest przy nim, gdy jest jego? Rozdrażnienie, z jakim ją przekonywał, i jej się udzieliło. Wysilała się, by lęk usprawiedliwić. Przecież bogobojność jest cnotą. Chrześcijanin nigdy nie powinien być pewnym swego, gdyż nic naprawdę nie jest jego, zaś wszystko zależy od Boga. A koniec świata, którym wciąż niektórzy straszą?

Bronisz się obruszył. Nigdy tak przykrą nie zdała mu się myśl o końcu świata jak teraz, gdy ją wspomniała Helga, jego żona.

— O końcu świata Bóg zabronił wiedzieć ludziom — przypomniały mu się słowa biskupa Ungera.

— Pater Reinbern mówił, że właśnie Pan Jezus chciał nas do końca świata przygotować, przepowiadając oznaki jego przyjścia. Chrześcijanin powinien być zawsze gotowy na swój koniec — odpowiedziała z przekonaniem.

— To może lepiej, byśmy zamiast na łożnicy nocowali w grobie? Nie, Helgo, tak nie można myśleć. Człowiek żyjący bogobojnie nie potrzebuje wciąż lękać się końca.

— Ale powiedziałeś: żyjący bogobojnie?

— Powiedziałem! Jednak bogobojność nie oznacza lękania się życia. A ty się życia boisz. Dlaczego? Oznajmij choć jeden przykład: co może ci grozić, gdy jesteś przy mnie, gdy jesteś moja?

— To, że jestem twoja, a nie wiem, czy taka, jakiej pragnąłeś.

— Ja wiem, że jesteś taka.

— Nie wiesz! I ja nie wiem. Może jestem jałowa i próżno będziesz oczekiwał dzieci? A wtedy? Krew Rogera przelana daremnie, i nasze szczęście dzisiejsze przedwczesne. Przeminie rok, dwa, dziesięć lat i, jeśli gniazdo twego rodu będzie puste, mnie obwinisz, ja będę jego zakałą. Dopiero wtedy zrozumiemy, że źle się stało, że trzeba mi było posłuchać zakonników ze Stamford i oddać się na służbę Bożą, a nie tęsknić za tobą i rodzinnym szczęściem.

Bronisz do żywego wzburzony skoczył na nogi:

— Alboż ty mnie szukałaś, tyś krew Rogera przelała? Bój się Boga, właśnie! Bój się Boga, Helgo, i nie bluźnij. Ten twój pustelnik angielski, pamiętam, pouczył mnie, że kto Bogu nie dowierza, nie jest wart jego łask, nieufność bowiem głębiej Stwórcę obraża nawet niż ślepa niewiara. Mój święty Wojciech kazał mi być wiernym tobie, twój święty Mateusz oddał mi ciebie z błogosławieństwem, i miałbym jeszcze wątpić, czy to dobrze, że żyjemy razem? Niech przyjdzie choćby jutro koniec świata, ale my mamy psi obowiązek powitać go z wdzięcznością dla Stwórcy za wszystkie łaski doznane. Słuchaj mnie i wierzaj: choćbym miał dziesięć lat czekać na potomka, Helgo, ja się ciebie nie zaprę. A gdybym zaparł się kiedy, to ja będę winien grzechu i krwi przelanej Rogera i tego, że ciebie Bogu ukradłem dla siebie.

Rozpłakała się zgnębiona swą głupotą i niewdzięcznością. Gdy ją uspokajał, przepraszając za uniesienie i gwałtowność mowy, tłumaczyła się, pochlipując, że to nie z niedowiarstwa płyną jej wątpliwości, ale z poczucia własnej marności, sieroctwa, braku wiana, wszystkiego, co ją czyni niegodną szczęścia doznanego. Tak trudno się rozeznać w pokusach człowiekowi, który nie śmie być szczęśliwym.

Gdy pod wieczór wracali lipowym gościńcem do domu, Bronisz prosił żonę, by śpiewała mu swoje dziecinne piosenki. Przed nimi, na tle nieba gorejącego ogniami zachodu, widniał lipiański dwór. Helga, odgarniając z oczu nitki babiego lata, nuciła szwedzką kołysankę. Upajało ją rzewnie, że Bronisz miłuje jej cudzoziemską przeszłość. Więc naprawdę nic ich w Polsce nie dzieliło, nic, a łączy tyle, tyle nadziei, że nawet koniec świata nie przerażał...

VIII

P o powrocie z Cisowa, gdzie bawiono pełnych siedem
dni, Helga się przekonała, że bez niej w Lipiu nie tylko
nic się nie popsuło, ale przeciwnie, stara Zbysława z Miłką,
wiedząc, czego się trzymać, zaprowadziły nowy i dobry
porządek. Po ustaleniu, gdzie kto śpi i mieszka, przystąpiono do rozpakowania skrzyń, które Bronisz od dwóch
lat ściągał do Lipia, nie pozwalając ruszać ich nikomu.
Gdyby pani Matylda wiedziała, co one zawierają, nie ob-
darowałaby tak hojnie bratowej na odjezdnym z Cisowa.
Kiedy w parę niedziel później sama zjechała do niej, by razem udać się w odwiedziny do Łekna, do Dalechny Sobieborowej, ujrzawszy ściany i ławy obwieszone kobiercami,
cenne szaty i pościel, ozdoby a kielichy, naczynia złote na
stole, nie mogła się nadziwić ani stłumić niewieściej za-
wiści. Bronisz pozwalał się domyślać rodzinie, że skarby
pochodzą z żoninego wiana. Zabezpieczało to „cudzoziemkę" od wielu złośliwości, szczególnie ze strony tych,
którzy zazdrościli jej urody i — Bronisza. A nie brakło i takich na Kujawach.

Z Łekna od Sobieborów wrócili po mroźnym śniegu. Helga, wymęczona biesiadami i długą jazdą, pochorowała się. Zaczęło się od kaszlu i spuchnięcia gardła, ale gdy kaszel minął, a słabość nie ustępowała, zaniepokojony Bronisz chciał już wzywać z Gniezna na radę zakonnika italskiego, słynnego uzdrawiacza. Odwiodła go od tego Zbysława, uświadamiając w wielkiej tajemnicy, że wedle jej doświadczeń słabość Helgi jest przyrodzona, o czym za miesiąc będą się mogli pewniej przekonać. Wobec tego Bronisz postanowił, że na zimowe święta sam pojedzie na królewski dwór, gdzie go wzywano, Helga zaś aż do zjazdu pozostanie w Lipiu pod opieką Zbysławy i Miłki. Wyjeżdżając, nie zdradził się przed żoną, czego się po niej spodziewa, by jej nie płoszyć, w razie zaś gdyby przewidywania Zbysławy zawiodły, nie pogłębiać rozczarowania. Helga przyjęła z ulgą zarządzenie, że ma pozostać w domu. Dość już miała podróży i obcych, a życie we własnym dworze pochłaniało ją i zaciekawiało coraz bardziej. Rozstanie z mężem nagradzała nadzieja, że wrychle zasłuży się jego rodowi. Matylda bez potrzeby, a na pewno nieszczerze ubolewała nad szczupłością jej bioder, przed Zbysławą zaś wyraziła nawet powątpiewanie, czy drobnokostna Normanka nada się na matkę Broniszowego potomstwa.

Bezcenną zdała się Heldze jej przyjaźń z Miłką, córką Bysza. Były rówieśnicami, obie cudzoziemki, i tyle miały wspólnych sądów i zamiłowań. Helga myślała czasem, że gdyby nie Bronisz, chciałaby być podobną do Miłki; Miłka dumała niekiedy, że gdyby Bronisz nie poznał był Helgi, to może ona... Dalej nie pozwalała sobie snuć tych myśli, jako niedobrych. A Helga była dobra, najpiękniejsza z nich, a przy tym taka mądra, że podobnej niewiasty nie spo-

tkała jeszcze. Wszyscy się zachwycali jej urodą, Miłka zaś
i Bossuta podziwiali nadto jej umysł. Znała wiele modlitw
i pieśni łacińskich, rozumiała je także i chętnie tłumaczyła,
nie tak jak ksiądz Mojżesz, który niepojęte słowa rzymskiej
mowy powtarzał niby zaklęcia i zazdrosny był o ich znaczenie. Helga posiadała doskonałą pamięć. Wszystko, co za-
słyszała na uppsalskim dworze, z rozmów ogólnych i własnych z ojcami Popponem i Reinbernem, którzy, rozumiejąc,
jakie to ważne dla przyszłości chrześcijańskich rodów, nie
żałowali czasu na gruntowanie wiary w sercach niewiast,
przede wszystkim zaś bogate doświadczenie przeżyć re-
ligijnych i myśli zdobytych w obcowaniu z mniszkami
i zakonnikami angielskimi zatrzymała w umyśle, a teraz
chętnie dzieliła się tym z ciekawymi we własnym domu.
Polska była niby chrześcijańska o wiele dawniej od Szwecji, ale wyjąwszy młodego Bossutę, Helga i Miłka nawet
w Cisowie nie bardzo miały z kim rozmawiać pożytecznie
o świętej wierze. Trzemeszno, Gniezno, Poznań były zbyt
daleko, zresztą kto by i tam miał czas i ochotę rozprawiać
z niewiastami, z młodzieżą o Bogu…

Gdy śnieg osypał ziemię, a przed mroźnym wichrem
uszczelniono domostwa i przysłonięto wyloty okien, całe
życie lipiańskie, od wczesnego zmierzchu, skupiało się
przy ognisku w największej izbie dworzyszcza. Panowały
tam niepodzielnie niewiasty. Helga nadzorowała swe
dziewki, wydzielając im ręczną robotę i szycie. Zbysława
kierowała pracami czeladzi. Furczały kołowrotki, szeleścił
łuskany groch, fruwało pierze, a ogień szumiał i trzesz-
czał, pożerając szczapy żywiczne, dziewczęta zaś szcze-
biotały, prześmiechiwały się wesoło. Przygodnie obecnym
mężczyznom pozwolono zagrzewać się przy ogniu, owszem, i podjeść sobie, gdy gospodyni co podała; jeżeli zaś

czasami wymagano od nich przysługi, to aby zabawiali zebranych ciekawą opowieścią. Już po kilku wspólnie z czeladzią spędzonych wieczorach Helga umyśliła sobie, by ich zgromadzenia wyzyskać jakoś do ogólnego dobra, a na chwałę Bożą. Nie wiedziała tylko, jak zamysł swój rozpocząć. Pewnego razu Chocian opowiedział im bajdę o strzygach, które na wyspie Zwłodziu, pod rańskim ostrowem, zwabiały zabłąkanych żeglarzy na brzeg, a potem dławiły ich w bajorach wodorostami. Jawita Radoszówna, chcąc wyzbyć się lęku, zanuciła swawolną powiastkę o czarownym zielu, z którego przyprawiony lubczyk zdobył szczęśliwej dziewczynie aż siedmiu naraz kochanków. Ciąg pogańskiej piosenki przerwała Helga niespodziewanym pytaniem, co by Jawita powiedziała na to, gdyby jej przyjaciółka Kalina, najbrzydsza, ale najzręczniejsza z prządek, zadała taki lubczyk Mostkowi. Gdy żarty nad lubczykiem ustały, Helga spytała dziewczęta tym razem poważnie, czyby nie wolały zaśpiewać razem jakiejś modlitwy, w której by zawarta była jakaś serdeczna prośba do Boga żywego. Niestety, nikt takich pieśni słowiańskich nie umiał. Wromot śpiewał kiedyś o Bogurodzicy, lecz go nie było, Helga zaś nie zapamiętała wszystkich słów. Wobec tego pochwalono radę pani, by przed snem odmawiać wspólnie głośno „Ojcze nasz", a w czasie pracy rozmawiać tylko o pobożnych sprawach. Niech każdy, kto ciekawy, pyta śmiele, a kto rozumie, niech mu wytłumaczy. Ogromnie się to wszystkim spodobało, a jakże, jednak gdy Helga wyraźnie spytała, kto czego ciekaw, w izbie zapanowało kłopotliwe milczenie. Pokaszliwano, poprawiano się, przecierano oczy, kołowrotki furczały zawzięcie, porządkowa nie nadążała rozdzielać motków, ale nikt pary z ust nie puścił.

117

Zdziwiona Helga odłożyła srebrne druciki, z których splatała wstążeczkę na czepiec i spojrzeniem zachęcała milczących. Pierwszy odważył się Chocian. Długo rozważał, czy pytaniem nie ośmieszy powagi swego chrześcijaństwa, wreszcie splunął wyssaną żywicę i zagadnął, czemu to pani radzi, by serdeczną prośbę kierować do Boga żywego, a księże przykazują czcić wizerunek Boga umarłego? Wszystkie oczy wlepiły się w Helgę, tylko od niej oczekując wyjaśnienia. Była zaskoczona pytaniem i onieśmielona poczuciem odpowiedzialności. Więc tego nie rozumieli? Jedna Miłka pochylona nad kobiałką pilnie skrobała dłutkiem zmyślny wzór, nie podnosząc głowy. Ona nie pytała, lecz też i nie zdradzała chęci odpowiedzenia. Trzeba było wyjaśnić wszystko od początku. Pamiętali, że Bóg umarł i należało go za to miłować. Za to, że umarł? Nie! Ale za to, że będąc wiecznie żywym zgodził się ponieść męczeńska śmierć, ludzką śmierć, by po niej zmartwychwstawszy, udowodnić nam drogę zbawienia. Gdyby Bóg nie objawił się w człowieczeństwie swego Syna, gdyby Syn nie poniósł za nas i dla nas męczeńskiej śmierci, gdyby nie zmartwychwstał, jak byśmy to pojęli, że Bóg ludzi zna i miłuje, że Jezus nie jest tylko człowiekiem, lecz i Synem Bożym, że nas odkupił i żyje z nami nadal w sakramentach świętych. Krzyż więc jest najbardziej ludzkim znakiem żywego Boga, najważniejszą pamiątką, najcenniejszym potwierdzeniem Nowego Zakonu. Kto pamięta o krzyżu, ten pamięta o ofierze cierpienia, którą nas Syn Boży odkupił. Kto modli się do krzyża, ten modli się do Zbawiciela, który nam ludzkim cierpieniem utorował drogę do żywota wiecznego. Krzyż nie jest znakiem śmierci, jeno znakiem zwycięstwa nad śmiercią. Czy Chocian to pojmuje? Wszyscy zrozumieli, bo chcieli zrozumieć, gdyż mówiła im o tym ich pani. Choć kalecząc język złą wymową, tłumaczyła nie z nakazu czy z przymuszonej nauki, lecz odpowiadając na ich własną ciekawość. Nie tak jak misjonarze, co gadają do zegnanej na dziedzińcu ciżby, albo jak ksiądz, gdy chrzci z przymusu dzieci już pochrzczonych dworaków.

Helga długo nie mogła zasnąć po swej pierwszej nauce. Wymyślała sobie coraz to inne, nie kończące się rozmowy i żałowała, że nie powiedziała tego, a nie wytłumaczyła owego jeszcze inaczej. Marzyło się jej, by Bronisz mógł ją wtedy widzieć. Dziwiła się, że dotąd nigdy nie rozmawiała tak z prostymi ludźmi. A przecież to był obowiązek nie mniejszy niż podanie chleba zgłodniałemu. Szczęśliwy obowiązek! Tak łatwo modlić się po jego wypełnieniu...

Następnego po tym wieczorze „krzyżowym", jak nazwała go Helga we wspomnieniach, Jawita przyprowadziła ze sobą Mostka, prosząc, by pozwolono mu bywać na dworskich pogwarkach. Helga, pomnąc, jaką życzliwość miał dla Mostka Bronisz, zgodziła się, ale zobowiązała go do powtarzania wszystkiego, co by o wierze słyszał, innym rabom, nie znającym dobrze polskiej mowy. Drugi wieczór nazwała Helga „rajskim" z powodu zagadnienia poruszonego na nim przez Radosza. Lipiański karbowy wykrztusił nieśmiałe zapytanie, czemu Bóg chrześcijański za jedno marne jabłko ukradzione w raju przez Adama tak srodze wszystkich ludzi pokarał. Gdy Helga zbyt długo się zamyśliła nad odpowiedzią, niespodziewanie przyszedł jej z pomocą Bossuta, a gorliwość, z jaką przemawiał, świadczyła, iż sam przeżywał już kiedyś tę sprawę. Niech sobie oto Radosz wyobrazi, że pan Bronisz czyni go niezależnym od nikogo rządcą Lipia, dając mu niepodzielną władzę nad niewolnikami, całym żywiołem, dostatkiem, rolą, lasem i wodą, bez potrzeby zdawania rachunku, z obietnicą, że wszystko to będzie własnością jego i jego potomków, pod tym jedynie warunkiem, by dla uczczenia darczyńcy a pana swego nie uszczknął żołędzi z jednego wybranego spośród wielu setek dębów, rosnących na lipiańskiej ziemi. To tak niewiele, najmniej, czego może żądać dla siebie Stwórca i darczyńca od najhojniej obdarowanego stworzenia. Gdyby zabronił zrywać żołędzi ze wszystkich dębów czy jabłek ze wszystkich jabłonek... ale nie, On dla uznania swej zwierzchności, w zamian za największe szczęście i wiekuistą obfitość, zastrzegł sobie tylko jedno spośród wielu drzew, więc kropelkę z nadmiaru niespożytkowanego, drobiazg z niepotrzebności. Podobnie urządzić człowieka mógł tylko Pan najlepszy, najbardziej wyrozumiały i najlepiej mu życzący. To chyba jasne? Tak, to było jasne dla wszystkich. A jednak człowiek sprzeniewierzył się swojemu Panu. W zamian za tyle łask i bezmiernej dobroci poskąpił nawet tej kropli z nadmiaru niespożytkowanego. Dlaczego to uczynił? Czego mu brakło? Zapragnął być Bogu równy, chciał więc być samym Bogiem. Przecież to niemożliwe, by stworzenie zrównało się ze Stwórcą! A jednak człowiek chciał tego. Przez to okazał, że jest wrogiem Boga, że gdyby mógł bezkarnie, poddałby swego Pana własnej woli, wywyższył się, zapanował nad nim. Taki człowiek, jakim się okazał, na pewno by nie przebaczył podobnej winy swojemu stworzeniu i zniszczyłby je, zgładził na zawsze. Ale Bóg nie jest stworzeniem, dlatego zechciał nawet tak wielką winę wybaczyć człowiekowi i jego potomkom, dając nam możność naprawienia się przez cierpienie i pokutę... Czy Radosz to rozumie? Radosz nie śmiał już pytać o więcej, ale Chocian wyznał, że nie rozumie pierwszego człowieka, iż mógł być taki głupi...

— Czy był głupi?

Dalsze wyjaśnienia podchwyciła Helga. — Dziś tak się nam wydaje, gdyż wiemy, co się stało, ale pierwszy człowiek tego nie wiedział. On wierzył, że uda mu się Boga oszukać. Do ostatka przecież kręcił, zwalał winę na Ewę, chował się w krzaki. Nie udało się, bo nie mogło się udać, ale on o tym nie wiedział.

— Więc czemu Bóg, jeśli tak dobrze życzył człowiekowi, nie uprzedził go o niebezpieczeństwie? — użalił się nad Adamem Chocian.

— Pierwszy człowiek nie znał niebezpieczeństwa ani śmierci, ani bólu, ani głodu, ani trudu, ani lęku, więc jak go ostrzegać? Raj stworzony był przecież dla wiecznej szczęśliwości człowieka — stwierdził Bossuta.

Miłka, słuchając, kręciła głową, lecz nie zabierała głosu. Dziewczęta bawiły się przypuszczeniami, jakie piękne owoce i kwiaty rosły w raju, domyślały się, co ze szczęścia nie było tam młodym zabronione, kłóciły się o to, czy pierwszy człowiek posiadał skrzydła, i współczuły Ewie, że chodząc nago nie umiała się pięknie stroić.

Bossuta musiał zaraz po tym wieczorze wracać do Cisowa, więc Mostek w obawie przed wilkami odprowadzał go z ogniem. Prószył śnieg, ale noc przed pełnią była dość widna. Żegnając się ze szwagrem, Helga prosiła go, by jak najczęściej wpadał do Lipia, gdyż tak dobrze rozmawia się z nim o rzeczach wiary. Z całej rodziny Bossuta zdał się jej najmilszy. On jeden nie przypodchlebiał się o podarki i lubił z nią przebywać, rozmawiając o niezwykłych sprawach.

Gdy czeladź ustąpiła z izby, przygaszono ognisko i Helga z Miłką i psami przeniosły się do łożnicy. Sypiały razem dla ciepła i bezpieczeństwa, nie mniej dla towarzystwa, lubiąc długo po nocach gwarzyć. Dobrały się prawdziwie jak siostrzane dusze, jeśli nie lepiej nawet, gdyż przed Wandą bliźniaczką Miłka nigdy nie odkrywała tak szczerze swego serca jak ninie przed Helgą. Z mężczyznami, z Broniszem nawet, każda rozmowa zawsze była pewnym rodzajem zmagania się, poddawania się lub namawiania na swoje. Na spowiedzi przed kapłanem dusza niewieścia trwożyła się w kornym zawstydzeniu. Chyba w modlitwie można było wypowiedzieć się najprościej, ale to w rzadkich chwilach, trudnych chwilach ogromnego szczęścia lub samotnego smutku. W przyjaźni Helgi z Miłką obie się dopełniały, wspomagając w poszerzaniu pojęć i ujawnianiu niekłamanej wiary.

Na lnianym płótnie, pod okryciem wiewiórczych futer, przytulone do siebie wsłuchiwały się w pogłosy nocne: szept stłumionego ognia na palenisku, chrobot myszy pod skrzynią, szelest drobinek śnieżnych, padających na zasłonę okna. Gwałtowniejsze ujadanie psów budziło uwagę. Czekały milcząc, kiedy odezwie się klekotka nocnych stróży. Domyślały się: to pewnie wracał Mostek albo może w stajni ligają się konie? Najpewniej się uspokajały, gdy ich domowe psy wracały na legowisko. Każde takie zalęknienie płoszyło sen, a wtedy najlepiej się rozmawiało o sprawach duchowych. Miłka zwierzała się przyjaciółce ze swych zwątpień. Nikt jej tego nie umiał wyjaśnić, a serce nie chciało się pogodzić z surowością wiary, która uczyła, że tylko chrześcijanin może być zbawiony. Mówiła jej Matylda i ksiądz Mojżesz potwierdzał, że niebo otwierało się jedynie dla wiernych. Do czyśćca także mogą się dostać tylko ci, którzy przez udoskonalenie się w ogniu cierpień oczyszczających mają możność wstąpienia do nieba, a więc chrześcijanie. Wszyscy inni zaś trafiają do piekła! Wszyscy inni to poganie, a wśród nich i jej ojciec, sławny Bysz z Chyciny. Cóż to był za sprawiedliwy i dobry człowiek, nawet w chrześcijańskim zrozumieniu, choć składał ofiary Światowitowi. Szczygiełka nie ukrzywdził, ratował rozbitków, ani pytając się, w jakiego boga wierzą; karmił głodnych, nie kłamał, nie oszukiwał, nie przysięgał nigdy, a w obronie dziecka gotów był w ogień skoczyć. I taki człowiek, dlatego tylko, że go nie ochrzczono, musiał bez ochyby iść do piekła, tylu zaś chrzczonych okrutników miało możność odnowić się w czyśćcu dla nieba? Czy naprawdę nie było świętych poza wybranym do narodzenia Chrystusa narodem żydowskim i chrześcijanami? Helga coś sobie przypomniała, że pater Reinbern wspominał o tym, iż Hiob i jeszcze jeden, Melchizedech, nie byli Żydami, a Bóg wyróżniał ich za świętość właśnie. Dlaczego to, nie umiała wyjaśnić.

Drugim utrapieniem, choć przeciwnej, bo pogańskiej wiary, było dla Miłki upośledzenie kobiet. Wszyscy poganie, ale to wszyscy, o których pytała: słowiańscy, normańscy, fińscy, wierzyli, że brak męskiego potomka jest nie tylko klęską dla przyszłości rodu, lecz i największym nieszczęściem dla przodków. Na Ranie, w Uppsali, nad Odrą czy tu na Kujawach wiedziano, że dusza człowieka zmarłego bez męskiego potomstwa nie ma wstępu do Nawii, czy jak to inaczej gdzie indziej nazywają. Taka dusza jest pusta, błąka się nad powierzchnią ziemi, zatraca się w cierpieniu i przykrzy żyjącym. Niechby miała dziesięć córek, nic jej to nie pomoże. Czemu? Wszyscy pogańscy bogowie mają za nic niewiasty, a przecież gdyby niewiasty pogasiły ognie domowe, bogowie pomarliby w niepamięci ludów. Czemu nawet taki zgodny i dobry chłopiec jak Bossuta wytknął jej nie bez złośliwości, że pierwszą niewiastę wywiódł Stwórca z boku mężczyzny, jako od niego pochodną? To, co niewiastom zawdzięczają ludzie: dziecięctwo swe, zdrowie, mowę, obyczaje, szczęście, tego bogowie im nie pamiętają... A bywają przecież i takie niewiasty jak Wisła, Brunhilda, Sigryda...

Zwątpienia Miłki o niewieścim upośledzeniu podchwyciła Helga z najgłębszym współczuciem i rozchwiała je w świetle chrześcijańskiej nauki.

Alboż to nie znamienne, nie olśniewające, że Bóg żywy chrześcijan, po upadku niewiast cierpiących za grzech matki Ewy, obrał jednak na kolebkę dla Syna swego łono Niepokalanej Dziewicy Maryi. Mógł przecież dowolnie inaczej to sprawić, dając Jezusowi ciało niepokalane grzechem, jak uczynił Adama z treści ziemi, albo spuszczając ludziom Zbawiciela już dorosłego z nieba, tak jak Chrystus po zmartwychwstaniu do nieba odpłynął. Bóg zarządził i obrał nie syna, ale córę Dawida na wypełnienie najświętszej obietnicy swojej. Córę Dawida podwyższył nad wszystkie rody, chociaż i ją dla ziemskiego porządku poddał opiece mężowej, świętego Józwa. Niewiasta, a nie mąż w Bożej zapowiedzi wyznaczona została, by zetrzeć głowę węża piekielnego. Dzisiaj dla chrześcijanek to nie wstyd ani upokorzenie, że w ziemskim porządku poddane są prawom ojców, mężów i kapłanów. Boga i Zbawiciela posiadają bezpośrednio, a któż je lepiej zrozumiał niż Maryja, Niepokalana Dziewica, która w czasie ziemskiego żywota poznała na sobie dolę córki, kapłanki, matki, małżonki, wdowy i sieroty... Wszystkie te stany uświęciła Maryja sama sobą. A Bóg uznał to, biorąc jej ciało niezmazane grzechem wprost do nieba. Temu jej Wniebowzięciu poświęcono za sprawą biskupa Wojciecha najpiękniejszą świątynię chrześcijańską w Gnieźnie. Czy to Miłce wystarcza?

Zapewne, zapewne, ale Miłka nie sobą się martwi. Gnębi ją myśl o beznadziejnym losie nieochrzczonych, męczy ją pamięć własnego rodzica, któremu zawdzięcza, cokolwiek w niej dobrego. Gdyby wiedziała, że modlitwą mogłaby go wesprzeć! W czym wesprzeć, jeżeli ma zamkniętą drogę wzwyż? Ksiądz Mojżesz powiedział, że modlitwy nie docierają do piekła. Nieodwołalna zguba — toć przeraźliwe... Matki nie wspominała Miłka serdecznie. Ona była nieszczęściem dla Bysza. Dzieci kochała, ale tylko swoje dzieci, męża kochała, ale tylko dla siebie. Od niej zaczęła się w tym pamiętnym roku zaraza na Chycinie. Wiadomo, że w czasie zarazy trzeba być jak najdalej od chorych. Bysz rozegnał ludzi z chramu, córki wysłał na pustkowie Jelenina, a uczynił to wbrew ich matce. Byszowa chciała mieć wszystkich przy sobie. Gdy poznała, że umrze, ogarnęła ją gorączka zaboru. Wśród pogan wiele bywa takich śmierci, gdy konającego pożera zachłanność, aby, co może, wciągnąć ze sobą na stos. Byszowa nie chciała sama umierać. Do ostatka kazała mężowi spać przy sobie, pić z jednego kubka, kończyć przez nią nadgryziony owoc. Godził się na wszystko, byle innych uchronić od zetknięcia z chorą. I tak wciągnęła go za sobą do piekła. Gdyby był gorszy, uciekł od chorej żony, może by przeżył, może pod wpływem Bronisza czy Dzika ochrzcił się i na pewno by został zbawiony...

Parę dni przed świętami rozszalała się niebywała zawieja. Zwały śniegu sięgały po okap, zasypały rowy, zmiotły drogi, gałęzie świerków uginały się pod ciężarem okiści, a niezamarzła jeszcze woda ściekała czarną smugą w korycie spuchłych od białości brzegów.

Nazajutrz w południe, gdy zamieć tak się wzmogła, że przez tuman wirujących śnieżynek nie odróżniłbyś o stają ściany własnego domu, w Lipiu zjawił się niespodziewanie Bossuta. Spocony pod kożuchem, utytłany w śniegu, a czerwony jak burak, nie miał siły ustać na nogach, a przecież się uśmiechał z zadowolenia. Wydziwiano, że cudem chyba nie zgubił drogi. W śnieżnej kurzawie roi się chyba od błędnic. Gdy Miłka wycierała go i otrzepywała, młokos się chwalił, że najbardziej lubi taki czas, kiedy psa z budy by nie wypędził. Chętnie puszcza się na łaskę losu, bo wtedy najżywiej czuje nad sobą opiekę Anioła Stróża. Helga, słysząc to, zburczała go, że bez potrzeby kusi miłosierdzie Boże, aż doigra się, że Anioł Stróż da mu srogą naukę dla zdobycia rozumu. Chłopak nie dał się nastraszyć, boć przecież z potrzeby tu zdążał i to ważnej, nie głupiej. Pragnął najrychlej podzielić się z nimi tym, co wymyślił o miłości Bożej. Właśnie w czasie niebezpieczeństwa pobłądzeń i trudu, przy pokonywaniu śnieżnych zwałów, serce dośpiewało mu wiele nowych pojęć o wierze.

Gdy wreszcie osuszony i odkarmiony wyciągnął się przy ognisku na skórach, począł zadawać bratowej i Miłce takie pytania, że obie się przestraszyły, czy aby zawieja nie wymiotła mu rozumu z głowy.

— Powiedzcie: po co Pan Bóg stworzył świat? — zaczepił je podnieconym głosem.

Helga zerknęła na Miłkę i odpowiedziała, raczej, by uspokoić otroka:

— Miał taką wolę. Podobało Mu się, więc świat stworzył.

— A nie! Najprzód stworzył, a potem Mu się spodobało. Ksiądz Mojżesz wyraźnie powiedział, że Bóg stwarzał świat przez sześć dni po to, by na koniec stworzyć

126

na swoje podobieństwo człowieka: „Stworzył człowieka, mężczyznę i niewiastę, stworzył je i widział, że jest to bardzo dobre". Tak jest napisano.

— My to wiemy, Bossuto — przytaknęła Miłka.

— A nie wiecie wszystkiego, bo i ja do dzisiaj nie wiedziałem. Czy wiecie, czego wciąż jeszcze brakowało Panu Bogu, mimo że już świat stworzył?

— Nie bluźnij! — obruszyła się Helga. — Niczego nie mogło Bogu brakować, bo mógł wszystko stworzyć, co by chciał.

— Nie, to nie takie proste! Bóg stworzył świat i rozwijał po porządku dla jakiejś potrzeby. Gdy stworzył, błogosławił człowiekowi i wszelkiemu życiu, wiedząc, że jest dobre. Dla Boga dobre było to, co stworzył, bowiem Bóg kochał to, co stworzył. Ale po co stworzył i po co ukochał człowieka na ziemi?

— Przestań, Bossuto. To może być zdrożna ciekawość — ostrzegła Helga.

— W miłości nie ma złego. A ja czułem, gdy myślałem o tym, że Bóg mnie miłuje. Ale po co? No, przecież po to, abym i ja Go kochał, mojego Stworzyciela. Tylko po to. Spójrzcie! Stworzył Bóg światło i wodę, potem ziemię, związał ją z miesiącem, słońcem, gwiazdami, by czas mierzyły na pory roku, miesiące, dni i noce, obsypał ją skałami, podzielił wodami, zasiał rośliny, drzewa, owoce, puścił zwierzęta i ryby, i ptaki. Wszystko to słucha Bożych praw, rośnie, rozmnaża się, zamiera i odradza, tak jak Bóg przykazał. Wszystko, cokolwiek Bóg stworzył, podlega Jego woli. Wszystko, prócz człowieka! Człowiek, chociaż stworzony z gliny, ze zwyczajności ziemskiej jak i reszta stworzeń, w tym jednym do reszty stworzeń nie jest podobny, że jest podobny do samego Boga. A to w tym, że ma własną wolę, wolną wolę, tak jak Bóg. Stworzony na obraz i podobieństwo Boże w tym właśnie, w wolnej woli. Ciałem podlega ziemi jak wszelkie stworzenie, ale duchem nie podlega nikomu. Może miłować albo nienawidzić, może pożądać albo darować, może wybierać wbrew przyrodzonym skłonnościom, może się zabić sam bez potrzeby, może…

— Trudne masz myśli — westchnęła Miłka.

— Myśli nietrudne, tylko słowa się ciężko składają. Spytajcie księdza. Na ziemi wolną wolę ma tylko człowiek. Jedynie człowiek może pragnąć tego, co mu się żywnie spodoba. Może pragnąć, może mieć swoją wolę, ale czy ją wykona, to nie od niego zależy, jeno od Boga, który rozporządza wszelką mocą. Bowiem wola i moc to nie to samo. Moc ogranicza wykonanie woli, ale nie jej powstanie. Mogę chcieć ciebie zabić, Miłko, ale nie wiem, czy mi się to uda, gdyż i ty masz swoją wolę, a ponad naszą wolą stoi moc Stwórcy, który tylko to, co sam zechce, dopuszcza do wykonania. Bóg użycza człowiekowi mocy wedle najdalszych swych zamiarów, ale człowiek rozporządza otrzymaną mocą tak, jak chce. Może nią nawet szkodzić zamysłom Bożym, tak jak ta pchła, o, już jej nie ma, zmusiła mnie, bym ją zgniótł. Pchła nie ma wolnej woli. Była głodna, poczuła zapach ciała, zbliżyła się do ręki, musiała skosztować krwi. Ale ja nie musiałem jej zabić. Mogłem był wpuścić ją Miłce za pazuchę. Bo jestem człowiekiem i mam wolną wolę. Do dobrego i złego, do mądrego i głupiego, do koniecznego i zbędnego. Ale po co? Nie rozumiecie jeszcze?

— Nie! — zaprzeczyły razem.

— Po to, żeby człowiek miłował swego Stwórcę!

— Przez wolną wolę? — zdziwiła się Miłka.

128

— No, a jak inaczej? Wolna wola jest warunkiem miłości. Bez wolnej woli jest posłuszeństwo, poddaństwo, przemoc, lęk. Słońce kręci się dokoła ziemi, gwiazdy tkwią niezmiennie na swych miejscach, woda spływa po spadku, liście więdną w jesieni, ptaki zakładają gniazda na wiosnę, mrówki odbudowują rozdeptane mrowisko, bo muszą, bo Stwórca takie prawo im nadał, takiemu porządkowi przyrodzonemu poddał. Ale w tym nie ma miłości. Co musi, to nie kocha. Przymus zarządza się wolą, posłuszeństwo osiąga się mocą i są one dla mocnej woli użyteczne, przewidziane, pewne. A miłość nie jest pewna. Rozkazem jej nie wzbudzisz, mocą nie utrwalisz, posłuchem nie pomnożysz, wolą nie ugasisz. Miłość nie jest nawet użyteczna. Ale jest upragniona. Nie można jej wymierzyć, nie można jej przenieść, nie można jej przewidzieć i nigdy wymusić.

— Skąd wiesz, że miłości nie można przewidzieć i wymusić? — zdziwiła się Helga.

— A czy Bronisz, ratując cię z ognia, przewidział, że go pokochasz? — uśmiechnął się chytrze Bossuta. — Może ojciec przymusił cię do tego? A czemu nie pokochałaś Anglika?

— Wdzięcznością można spowodować miłość — zauważyła Miłka.

— Można, ale nie na pewno. Często wdzięczność już jest, miłością, lecz nie wszyscy ludzie umieją być wdzięczni.

— Ludzkie kochania są inne niż miłość Boga. Za młody jesteś, Bossuto, by wszystko wiedzieć o miłości — zniecierpliwiła się Helga.

— Może inne, ale najpodobniejsze, bo też wolne i nieprzymuszone. Jak nie chcecie, mogę wam więcej nie mówić — obruszył się.

— Mów, mów! Helga tylko tak burknęła, boś niepotrzebnie wspomniał o Angliku. Powiedz nareszcie, czego Bogu brakło przy stworzeniu świata?

— Nie brakło, raczej co Bóg zamierzył odnaleźć w stworzonym przez siebie świecie miłości wzajemnej. Wszechmocny i Przedwieczny pragnie być kochany, tak jak On sam kocha. Dlatego stworzył świat, a w świecie aniołów i ludzi, obdarzając ich najwyższym skarbem istnienia, upodobniając ich do siebie nieodzownym warunkiem miłości — wolną wolą. Bez wolnej woli mógł stworzyć w świecie posłuch stworzeń, ich wierność, wdzięczność, wszystko prócz jednej miłości, która jest dobrowolna i nieobliczalna, nie można bowiem ani jej nakazać, ani uprawomocnić. A z tego to wynika, że my, wolne duchy, aniołowie i ludzie, byliśmy Bogu potrzebni do szczęścia i dlatego nas ze światem stworzył. My, tacy mizerni, błędni, krótkotrwali, ty, Miłko, i ty, Helgo, i ja, Mostek i Chocian, możemy być potrzebni samemu Bogu do szczęścia. Nie przeraża to was?

Patrzały na niego zaniepokojone nie słowami, które wypowiedział, ale stanem gorączki, w jakim się znajdował. Oczy mu płonęły, a ręce drżały, gdy je wyciągał i kołował w powietrzu dla podkreślenia ważności wypowiadanego. Chcąc go ostudzić w niezrozumiałym zapale, Helga uśmiechnęła się z pobłażliwością:

— Wiadomo nam od dawna, że pierwszym przykazaniem wiodącym ludzi do zbawienia jest, byśmy Boga miłowali nade wszystko.

— Wiadomo? Czyście wiedziały, dlaczego mamy Boga miłować? A to wam właśnie mówię, że nie po to, by zyskać zbawienie, lecz aby naszą miłością Boga uszczęśliwić. To wielka różnica! A czy wiecie, co to jest, przykazanie Boże dla człowieka posiadającego wolną wolę? To prośba, a nie rozkaz, prośba Stwórcy do stworzeń, aby go miłowały, prośba, która nie została wysłuchana ani przez najpiękniejszego anioła, ani przez pierwszego człowieka. Czyście i to wiedziały?

— Skąd ty wiesz o tym wszystkim? — zalękła się Miłka.

— Wiem, bo czasami świat mi się w głowie kołuje i widzę tyle, że pojąć i wypowiedzieć trudno. Gdy pojmuję, czym jest moja wola... Człowiek jest taki straszny. Bez wolnej woli byłby tyle lepszy, co pies... Pies by nie zdradził swojego pana, tak jak oszukał Stworzyciela pierwszy człowiek w raju. Wtedy Bóg ratował swą miłość w człowieku cierpieniem. A gdy cierpienie dojrzało w człowieku i przywiązało go lękiem przed śmiercią do życia, Bóg zstąpił między ludzi jako Syn Człowieczy. Oddał się im z niewysłowioną dobrocią, obdarzając łaską świętych nauk, zmazując winy, ratując ciała i dusze, utwierdzając niedowiarków cudami. I stała się rzecz potworna, zbrodnia, na jaką by się szatan nawet nie odważył: stworzenie ludzkie zamordowało swego Stworzyciela za to, że je miłował. Bóg użyczył tym razem swej mocy człowiekowi do przeprowadzenia woli do ostatka. Chciał bowiem, aby stworzenie wydarło Stworzycielowi ofiarę najwyższą, przerastającą nieskończenie ogrom ludzkiej złości. Tak walczył Bóg z człowiekiem o swą miłość. Okupił ją miłosierdziem bezgranicznym. Gdzież bowiem jest granica wybaczenia tak wielkiego zła? Jakie jest szczęście, dające się zrównoważyć ogromem cierpień Boga, który pozwolił się przyziemnym stworom sądzić, poniżyć i ukarać śmiercią haniebną? Jaka jest miłość równa tej na krzyżu, kiedy Zbawiciel, konając, ostatnim tchem prosił Ojca niebieskiego o przebaczenie katom i świadczył, że nie wiedzieli, co czynią, mordując Boga. Na taką zbrodnię w świecie mógł się zdobyć tylko człowiek. Ale na taką miłość, jaką Chrystus okazał, też mógł się zdobyć tylko Syn Człowieczy... Wolna wola jest przerażającą łaską. Gdyby Bóg nie powściągał jej w człowieku udziałem swej mocy, gdyby nie ograniczył ludzkiego życia — śmiercią... jeden człowiek mógłby zniszczyć świat, a zawsze by taki jeden znalazł się w świecie.

Miłka, tuląc się do Helgi, patrzyła zatrwożona na chłopca. Oczy gorzały mu nieswoim blaskiem, a słowa kształtowały się, jakby nie sam mówił. Gdy uniósł obie ręce, światło ogniska przeniosło na ścianę ogromny cień, a jego ruchy nadawały wypowiadanym myślom natchnioną potęgę. Helga pomyślała o końcu świata. Czyżby Bóg aż tak oddał ludziom ziemię, że dopuściłby do zniszczenia jej wolą człowieka? Kto Boga próbował zabić, cóż dla niego zniweczenie ziemi?

— Przestraszyłeś nas, Bossuto. — Głos Helgi brzmiał nieomal płaczliwie. Chłopiec potrząsnął głową:

— To jeszcze nic. Najważniejsza dla nas to wiedzieć, w jakim celu Bóg stworzył człowieka. Po co jesteśmy? Po to, by Boga miłować, i tylko po to. Gdy w człowieku nie ma miłości Bożej, nic nie jest wart dla Stwórcy, choćby we wszystko wierzył, wszystko wiedział, a ochrzczony był sto razy. Podobnie jak czarne nie jest białym, człowiek bez miłości niezdatny jest do nieba, bo niebo jest dla miłości, i tylko dla miłości. Niebo jest nagrodą miłości Bożej. Bóg tak chciał! Lecz człowiek także chcieć może. Dlatego, aby mógł chcieć Boga miłować, ma wolną wolę. Mocen człowiek nie uznać Boga, i stanie się zadość jego woli: w piekle nie będzie miał Boga. W piekle jest miejsce dla tych, co Boga nie uznali, siebie umiłowawszy ponad wszystko i do ostatka. Tacy Bogu zgoła są niepotrzebni, nieprzydatni, bezcelowi. Tam będą sobą, tylko sobą, w bezcelowym samolubstwie zakrzepli, ale nie samotni... Tam spotkają się wszystkie samolubne wole, by walczyć zazdrośnie o swą próżną wyższość, siebie tylko uznający, a przez nikogo nieuznawani, nienawidzący się wzajem, niewolnicy swej piekielnej woli. Tak jest i nie może być inaczej. Bóg stworzył świat dla siebie, a nie dla każdego człowieka z osobna. Nie ma innego wyboru dla naszej wolnej woli: albo miłość Boga i oddanie Mu się na wzajemną a wieczną szczęśliwość, albo samolubstwo i skazanie się dobrowolne na mękę nieugaszonych pragnień nieużytka. Albo, albo! Bez ziarna kłos nie urośnie. Okaleczałe ziarna leczą się w czyśćcu, by jednak wydały swój owoc dla nieba. Ziarno — to miłość Boża. Próżne skorupy spadają do śmietniska piekielnego. Nic na to nikt nie poradzi, Bóg tak chciał. I człowiek też chcieć może...

Krople potu lśniły mu na czole, a wargi pobielały jak u chorego. Opadł na skóry i zakrył twarz rękami. Helga z lękiem patrzała, czy aby nie szlocha. Wytrącił go z otępienia jękliwy głos Miłki:

— Bossuto, czy znasz człowieka, który Boga miłuje naprawdę?

Poderwał się, lecz nie odpowiedział na pytanie, tylko jął się tłumaczyć. Przepraszał je za to, co nakrzyczał. Ale w Cisowie nie ma nikogo, kto by chciał go słuchać. Ksiądz Mojżesz każe na pamięć znać wyznanie wiary i pilnować przykazań, pościć, pokutować. Matyldę drażni każde jego słowo. Dlatego ucieka do Lipia, bo tu słuchają go ciekawie.

— Miłka pytała cię, czy znałeś człowieka, który by Boga naprawdę miłował — przerwała Helga.

Zamyślił się, po czym kiwnął głową:

— Naprawdę znałem jednego, biskupa Wojciecha. On już to stwierdził, że więcej Boga miłował niż własny żywot.

— Tylko jednego! — zadumała się Miłka.

— Ja także znałam. Był w Anglii pustelnik, nazywał się Mateusz.

— Tylko dwóch!

Bossuta drapał się z zakłopotaniem w czoło.

— Pytałaś o takich, którzy naprawdę, na pewno Boga miłują. To można powiedzieć jedynie o świętych. Ale z resztą nie jest chyba tak źle. Ci, którzy siebie nie lubią, ci, którzy tęsknią do dobra, ci, którzy umieją się poświęcić dla bliźniego, cierpią krzywdy, niewolę, tacy już nie są tylko samolubami i mogą Boga pokochać. Pan Jezus taki był dobry dla grzeszników, którzy okazali mu choć szczyptę skruchy, więc nie byli zaślepieni w sobie tak jak faryzeusze.

— A ty, Bossuto, czy miłujesz Boga?

— Nie wiem…

— I ja nie wiem — westchnęła Miłka. Nagle ożywiła się. — A czy poganie mogą Boga miłować?

Bossuta nie odpowiadał, więc mówiła sama:

— Powiedziałeś, że chrzest nie pomoże do zbawienia, jeżeli nie ma w człowieku miłości. Ksiądz Mojżesz zapewniał, że bez chrztu nie można dostać się do nieba ani do jego przedsionka, czyśćca. Czy to prawda?

— Pewnie tak. Po to Pan Jezus założył Kościół i dał swoim kapłanom prawo błogosławieństwa…

— Ale — Miłka błysnęła oczami — dając takie prawo kapłanom, siebie chyba tego prawa nie pozbawił?

— Głupstwa pleciesz! — obruszyła się Helga.

— Spytałam tylko, bo myślę, że Zbawiciel, choć wybrał sobie zastępców w Kościele, jeżeli żyje z nami nadal, może i poza swoim Kościołem działać... Pan Jezus wszystko może.

— No właśnie! Więc może, gdyby chciał poza Kościołem, bezpośrednio, zbawiać ludzi, choćby pogan.

— Jeżeli chce kogo zbawić, to wciela go do Kościoła, przez chrzest i wiarę przybliża do siebie — rozumował Bossuta. — Bo jakże poganin, nie znając prawdziwego Boga, może Go miłować; a przecież bez miłości nie ma zbawienia.

— A sam mówiłeś, że można być sto razy chrzczonym i znać wiarę, a nie mieć w sobie miłości. Jeżeli tak, to może być i odwrotnie.

— Nie wiem.

— A ja wiem, że rodzic mój lepszy był od wielu chrześcijan. Pamiętam, że często Światowita nazywał Światowidem, a gdy mu na to zwrócono uwagę, to odpowiedział, że Bogu wszystko jedno, jak go nazywają, bo jest jeden. Mówił też, że nie zabił w życiu człowieka. Jeżeli rzucał się w burzliwe morze, żeby ratować nieznanych rozbitków, to przecież narażał swoje życie dla bliźniego. Więc nie był samolubem. Musiał tych ludzi kochać tak, jak wiem, że kochał wszelkie stworzenie i cieszył się ciągle urodą świata. Ale nie był ochrzczony. I dlatego tylko miałby iść do piekła i na wieki męczyć się samolubstwem? Nie! Nie! Nie! Twoje piekło, Bossuto, jest nazbyt straszne dla mojego ojca,

— Uspokój się — pogładziła ją Helga po rękach. — Cóż my na to poradzimy?

— Ale ja nie mam przez to radości z mej wiary. Już lżej wierzyć jak dawniej, składając cześć cieniom kochanych rodziców, karmiąc ich w dnie żałobne i łudząc się nadzieją spotkania z nimi w Nawii.

— Grzech tak mówić — zachmurzył się chłopak.

— Ciężkim grzechem jest też brak czci dla rodziców. A jak mam czcić ojca, który potępion jest na wieki w piekle?

— Ale nie wolno tęsknić ci do pogaństwa, do takich plugastw jak uczty Odyna w Walhalli — poskromiła ją Helga.

— Do niczego nie tęsknię — broniła się Miłka. — To tylko Normany, włóczęgi, rozbójniki tak popsuły swą pradawną wiarą, że z Nawii uczyniły krwawy pir, gdzie się żre, pije, poluje i chełpi. Wendowie nie znają w Nawii rozpusty. Nawia słowiańska jest inna, nie diabelska wcale.

Helga, urażona tak ostrym poniżeniem Normanów, zachmurzyła się, natomiast Bossuta, ciekaw obcych wierzeń, zapytał, jak sobie Nawię wyobrażają na Ranie. Dziewczyna chętnie objaśniła, że w ostatnich latach kapłani starali się unowocześnić swoje wierzenia na modłę chrześcijańską i zapożyczyli nawet niektóre obrzędy. Także Nawię chcieli upodobnić do raju i wymyślali w niej różne rozkosze, sprzeczne nawet z innymi wierzeniami pradawnymi. Naprawdę to lud wierzy, że do Nawii dostają się jeno dusze tych zmarłych, którzy zostawili po sobie męskich potomków. Pędzą one tam istnienie ni dobre, ni złe, smętne raczej, mając swoje potrzeby, które mogą im zaspokoić tylko żyjący na ziemi. Dlatego strzegą swych rodów, tęsknią do cielesności, przypominają się, a straszą, mszczą się nawet, gdy o nich zapomnieć. Dlatego pamięta się o nich. Przed siewami, po żniwach, i gdy liście opadają z drzew, żywi niosą swym zmarłym obiaty i trzeby, aby posilić ich w oczekiwaniu i pocieszyć w tęsknocie.

— Do czego tęsknią i na co oczekują ci zmarli poganie? — dumał Bossuta.

Drgnęli wraz, gdy na palenisku osunął się stos spalonych bierwion, rozsypując iskry na polepę. Miłka wstała, by zgarnąć węgle i dorzucić ogniowi nowej strawy.

— Dziwne to, że wszyscy poganie w jedno wierzą, pamiętając o cieniach swych przodków — zauważyła Helga. — W Anglii to samo mi opowiadali, choć inaczej nazwane. A jeden mądry opat twierdził na podstawie ksiąg, że przed narodzeniem Chrystusa i Żydzi podobnie wierzyli.

— A czy grzechem jest wierzyć chrześcijaninowi w Nawie obok nieba, piekła i czyśćca? — zaciekawiła się Miłka. Gdy jej nie odpowiedziano, spytała śmielej: — Czy rodzice świętych apostołów, jeżeli przed chrztem pomarli, też poszli do piekła?

— Nie! — Bossuta ożywił się. — Wiadomo, że po śmierci, a przed zmartwychwstaniem Zbawiciel zstąpił do piekieł i wywiódł stamtąd na wieczną szczęśliwość wszystkich sprawiedliwych.

— Z piekła?

— Nie z piekła, ino z piekieł.

— Co to są piekła?

— Ano otchłań. Toć to twoja Nawia!

— Moja Nawia! — Miłka klasnęła w dłonie. — Czemu nikt mi o tym nie powiedział! Przecież to Nawia! Mój Boże! Jaki jesteś dobry i sprawiedliwy! Tyś jeden, Ojciec chrześcijan i Stwórca pogan, którzy też są Twoi.

— Na co czekają poganie w otchłani? Czego spodziewają się po swych potomkach? — upierał się Bossuta.

— Czekają, aby ich kto wybawił — cieszyła się Miłka.

— Ale kto?

Helga odłożyła kłębek nici, splotła ręce na podołku i zapatrując się w ogień, myślała głośno:

— Wierzą wszyscy poganie, że błogosławieństwem ich jest męskie potomstwo. Komu tak Bóg pobłogosławił, a błogosławi tylko sprawiedliwym, miłującym dobro w świecie, ten po śmierci osiada w Nawii i pilnuje swoich potomków, by nie sprzeniewierzali się dobremu. Oni tam już znają część prawdy. I czekają w tej Nawii, aż ktoś z ich rodu, z ich błogosławieństwa, dojdzie do wiary, pozna Zbawiciela i świątobliwym życiem wyjedna u niego, by wszystkich sprawiedliwych przodków powołał do światłości wiecznej.

Miłka zarzuciła włosy na twarz i wybuchnęła głośnym płaczem. Helga, patrząc na jej szczęśliwe wzruszenie, zagryzła wargi. A Bossuta, choć go już nie słuchano, gadał w najlepsze.

— Sprawiedliwi poganie, ci z otchłani, są jakby zdrowymi korzeniami wielkiego drzewa. Na nich wspiera się pień krzepkiego rodu, wypuszczający wszerz i wzwyż liściaste gałązki cieleśników. Żyją korzenie, póki rosną liściaste gałęzie, póki trwa ród. Jedne schną, drugie wypuszczają nowe zielone pędy i liście. Aż kiedyś wyda drzewo dobry owoc i po tym dobrym owocu pozna je Chrystus — Zbawiciel. Jak pieczołowity ogrodnik oczyści drzewo z jałowych badyli i przeniesie je żywe z gliny ziemskiej do swego rajskiego ogrodu. Zaś drzewa bezowocne, drzewa w pogaństwie bezpotomne, zamierają, gdy brak im żywych liści i pędów zielonych. Gałęzie schną, pień próchnieje, korzenie gniją, bo nie ma dla nich ratunku, nie ma z nich, bezowocnych, pożytku w rajskim sadzie...

IX

Z pierwszym śniegiem dotarło do Poznania ważne poselstwo z Rzymu w osobach: Guncelina, brata margrafa miśnieńskiego, a ciotecznego polskiego władcy, i dwóch italskich duchownych. Potwierdzili oni, że zarówno Otto, jak i nowy papież nie odmienili dawnych postanowień i jeżeli tylko Bóg pozwoli im żywym i władnym wkroczyć w nowe tysiąclecie, natychmiast po odprawieniu dziękczynnych modłów wyruszy z Rzymu do Gniezna wielka pielgrzymka z cesarzem i najwyższymi dostojnikami Kościoła na czele. Ojciec święty rad by i sam poznać się z Bolesławem i złożyć hołd u grobu Wojciecha, największego świętego i męczennika ostatnich czasów, wszakże bezpieczeństwo jego władzy, niedawno zasiedziałej w Rzymie, zmusza go do stałego czuwania nad Wiecznym Miastem.

Papież Sylwester II cieszył się sławą wielkiego uczonego nie tylko wśród chrześcijańskich mędrców, ale i u Saracenów, których poznał w czasie pielgrzymek do Jerozolimy. Tym bardziej cenne były jego poglądy na sprawę końca świata, które przez pośrednictwo posła swego, kanonika

Jana z Benewentu, przekazywał w zaufaniu polskiemu władcy. Papież żywił nadzieję, że miłosierny Stwórca powściągnie i tym razem swój słuszny gniew i zezwoli grzesznej ludzkości odrobić błędy i odkupić winy w następnym, drugim tysiącleciu ery chrześcijańskiej. Wedle pociechy kanonika Jana, nadzieja taka opierała się na wielu rozumnych przesłankach, popartych autorytetem mądrości ksiąg świętego Augustyna. Ludzkość nie zdawała się przygotowana do królestwa Bożego, które by miało nastąpić po końcu świata. Nic nie zapowiadało zjawienia się Antychrysta, mocarza zdolnego przewrotną nauką uwodzić nawet i chrześcijan. Wielkich wojen nie było, przeciwnie, ostatni rok przeszedł dość spokojnie. Na niebie nie zauważono bezładu wśród gwiazd, ani komet, ani groźnych zaćmień. Od pięciu lat na ziemiach cesarstwa i Bizancjum nie słyszano o trzęsieniu ziemi, a Wezuwiusz dymi łagodnie, nie śliniąc się lawą. Morze i rzeki trzymają się posłusznie brzegów, z nieba nie padają śmiercionośne pociski, żniwa przeszły obfite, zaraza wygasa, słowem pierwsze tysiąclecie kończy się tak łaskawie, jak gdyby Stwórca zachęcał wiernych, by w następnej, może już ostatniej erze, goręcej przyłożyli się do wielkich zadań chrześcijaństwa. A najpierwszym zadaniem winno być rozniecenie ognisk świętej wiary po wszystkich krańcach i zakątkach ziemi, następnie zaś: odzyskanie dla prawowitej władzy Kościoła kolebki chrześcijaństwa, grobu Zbawiciela w Jerozolimie. Przed końcem świata miałyby też do Jerozolimy powrócić resztki rozproszonego narodu wybranego i przyjąć tam Chrystusa, a na to wcale się nie zanosiło.

Chociaż Bolesław nigdy nie przejmował się zbytnio groźbą zniszczenia ziemi, a przynajmniej w niczym nie przygotowywał się do tego, jednak z wdzięcznością słuchał mądrych wywodów kanonika. Jan z Benewentu, zachwycony tym, co widział, a ujęty łaskawością króla, orzekł, że w Rzymie nie zdają sobie sprawy, czym jest naprawdę owa Slavonia, którą za natchnieniem Ducha Świętego obrano za cel najbardziej uroczystej pielgrzymki nowych czasów. Chociaż Guncelin i Ekkehard wiele pochlebnego opowiadali o państwie Bolesława, nie dawano temu w pełni wiary, tłumacząc ich opowieści życzliwą skłonnością do krewniaka.

Na tydzień przed świętami Bronisz pognał do Szczecina na powitanie zamorskich gości. Danowie pośpieszyli się, by wylądować w zatoce przed jej zamarznięciem. Swend na czele trzydziestu wojennych okrętów odprowadził małżonkę do Wołynia i tam ją pożegnał, powierzając tymczasowej opiece Astrydy Sigvaldowej i jomsborczyków.

W Szczecinie, zaraz po świętach wsiedli do sań polskiego orszaku: królowa Sigryda z najmłodszym synkiem Kanutem, w towarzystwie syna najstarszego, szwedzkiego króla Olafa, i córki Holmfridy, otoczona kwiatem dworów z Uppsali i Roskilde. Sanie królowej, obsadzone na szeroko rozstawionych płozach, ubezpieczały podwójnymi pasami kolebkę, w której miękko a bezpiecznie mogła podróżować dostojna matka z najmłodszą swą latoroślą. Sanie były ciężkie, a śniegu w lasach mało, toteż drugiego dnia królowa obrzydziła sobie niewdzięczną wygodę, do kolebki wsadziła piastunkę, jej powierzając Kanuta, a sama dosiadła konia i jechała na czele z mężami. Karmicielki biadały, próżno nad nią wzdychając: co by na to powiedział król Swend, który tak drżał o jej zdrowie i pokarm.

Zdążyli do Poznania na Nowy Rok, jako pierwsi zagraniczni goście. Sigvaldi z Jomsborgiem i Racibor z Raną mieli zjechać pod koniec miesiąca. Przed nimi spodziewano się zaproszonych z Węgier i Kijowa. Czesi i Niemcy wybierali się ciągnąć za pielgrzymką cesarską.

Jeszcze pierwszego dnia, przy powitaniu, Bronisz obiecał Sigrydzie, że jak tylko upora się z obowiązkami przygotowania obozów dla wojska pomorskiego, natychmiast przywiezie Helgę, do której królowa zdawała się szczerze tęsknić. Wiadomość, że jej ulubienica jest już przy nadziei, szczególnie ją wzruszyła. Bronisz poczuł do niej rzewną wdzięczność, gdy w Poznaniu, będąc otoczona tyloma z dawna ciekawymi krewniakami, znalazła przecież czas, aby przypomnieć obietnicę dostarczenia Helgi na jej dwór. Nikt inny nie pamiętał o tym. Jeżeli Bolesław lub Emnilda zapytali Bronisza o żonę, czuł, że było to dla nich jeno grzeczną, mało ważną sprawą.

Całe dnie spędzał Bronisz w rozjazdach, wzdłuż gościńca między Odrą a Gnieznem, ustalając z wojewodami porządek i rozkład obozowisk.

Któregoś z owych dni, gdy przed gościnnym dworem w Poznaniu wybierał odpowiednio małe a ozdobne strzemiona dla Helgi, przypadł mu do stóp i obłapił za kolana jakiś obdartus i ani puścić chciał, błagając, by go przyjęto do służby. Bronisz, śpiesząc się, zbył go ostrym słowem, lecz gdy następnego ranka przy moście, korzystając z postoju, człek ów znów go osaczył, kneź przyjrzał mu się nieco uważniej. Niejasno rozpoznał w nim przewodnika z Lubusza z czasów wielkich łowów międzyrzeckich. Burknął mu na odczepne, że może kiedyś pomyśli o nim, a to już Niesułowi starczyło za obietnicę. Od tej pory jak cień błąkał się za upatrzonym panem. Póki kręcił się w obrębie Poznania, Bronisz mało go spostrzegał, ale wreszcie potknął się o niego. Wyruszając z kopyta przez bramę, o mało nie stratował jakiegoś włóczęgi. Rozzłoszczony, chwycił go z siodła za kark i klnąc, rozpoznał w nim znowu Niesuła. „A bodajeś!" Cisnął mu groszaka i pognał dalej. W Pobiedziskach dopędził na południe stolnika Cztana, by uradzić z nim, że Mazowszan zatrzymają w obozie pod Gdeczem. Rozmowa ze stolnikiem zajęła tyle czasu, ile potrza do spokojnego wypicia kwaterki miodu. Gdy wychodził ze dworu, przy koniu, chcąc mu strzemię podać, znów stał Niesuł. Ten sam, zabłocony, zadyszany, kłonił się przed rycerzem. To Bronisza zastanowiło.

— Skądeś się tu wziął, utrapieńcze?

Odrzekł pokornie, że przybieżał za panem, by mu służyć.

— Przybieżałeś? Na własnych nogach?

Przyznał, że nie inaczej i że to nie nowina dla niego zdążać za konnymi. Tym razem jednak nie zdążył, odstał, stracił z oczu nawet. Ale dzięki postojowi w grodzie, dopadł wreszcie.

Wracając sam na Poznań, jechał Bronisz stępa, by dać możność towarzyszącemu mu Niesułowi opowiedzenia swych nieszczęść. A zaczęły się one od owych wielkich łowów królewskich w Międzyrzecu. Widocznie niedźwiedź, którego wówczas utrupili, był jednak ważny w okolicy, i chociaż okrutny zwierz, biorąc dla się dziesięcinę z ludzkiego dobytku, nad resztą sprawował opiekę, odstraszając od opola złe duchy i gorszych jeszcze ludzi. Gdy go nie stało, rozprzągł się spokój, a na kwitnącą rodzinę Niesuła spadła zemsta tajemnych żywiołów. Wczesną wiosną od ukąszenia żmii zmarła mu żona. Zostało mu z niej troje dzieci, chłopiec dziesięciolatek i dwie dziewuszki bardzo urodziwe, które na pewno by go wzbogaciły. Ale trzeba je było jeszcze podchować. Udał się Niesuł do Krosna, do stryjców, by mu poradzili, jak ma urządzić swój dom: czy wziąć żonę, czy też dzieciaki oddać bogatszym na wychowanie. Wyruszając w tę podróż, zlecił pieczę nad swoją chudobą i dziećmi dalszemu krewniakowi, kuternodze pewnemu, który wówczas dopomagał w obrządku. Stryjcowie orzekli, że ma się ożenić, i obiecali dopomóc przy wykupie żony. Wraca Niesuł szczęśliwy do domu, a tam zastaje pustkę. Ani bydła, ani dzieci, ani kuternogi. Ściany jak stały, tak stoją, jeno próżne, bez śladu gwałtu czy rozboju. Dalsi sąsiedzi donieśli mu, że widziano kuternogę, jak, pędząc kozy i owce, szedł z trojgiem dzieci w dół Odry. Niesuł, depcąc po śladach, dociekł wreszcie, że kuternoga sprzedał jego dzieci i dobytek jakimś cudzoziemskim ludokupcom pływającym po rzece, sam zaś, bawiąc się i trwoniąc zarobek, ciągnął w stronę Miśni, na zachód. Tropiąc go, zdybał wreszcie aż nad Łabą w Bolesławowym grodzie Strzała. Kuternoga przyznał się do winy, lecz nie mógł dać wskazówek, gdzie podział dzieci, ani zwrócić grosza. Niesuł zarąbał go toporem i umykając od miejscowego sądu wrócił za Odrę. Tego nie wyznał Broniszowi, że w walce z kuternogą otrzymał cios w skroń, po czym stracił widzenie w prawym oku. Przez ten brak właśnie Bronisz o mało co nie stratował go w poznańskiej bramie. Więc dalej krążąc po rodzinnej puszczy, nocując raz w pobliżu barłogu niedźwiedzia, którego możny kneź na jego oczach ubił, zatęsknił nieprzeparcie, by oddać się takiemu panu na służbę. Cóż mu bowiem zostało lepszego, bezbronnemu sierocie, jak oddanie swoich sił i serca możnemu kneziowi, który w zamian ochroni go i posłuży się nim mądrzej, niżby niepotrzebny nikomu człowiek sam potrafił. Nie użyje wolności biedny człowiek. Nie uradzi jej samotny, nie ochroni przed siłą złego nawet bliskich swoich. Więc naprasza się na służbę, a wierny będzie jak pies, pracowity jak wół, przezorny jak lis i zapobiegliwy niczym wiewiórka...

Drugą połowę drogi jechał Bronisz kłusem, Niesuł zaś, biegnąc obok z prawej strony, równo wyrzucał kolana, miarowo robił łokciami, a nie zadyszał się więcej od konia. Jedyną tajną zmorą, która go męczyła, było, aby pan nie spostrzegł, że jednym okiem nie widzi. Bronisz ocenił w nim doskonałego biegacza i pomyślał sobie, że Helga, siedząc na Tokim, a mając obok takiego sługę, mogłaby bezpiecznie podróżować. Że chłop był odważny, dowiódł tego podczas walki z niedźwiedziem. Jeżeli nadto okaże się wierny, a Helga go polubi, lipiański dwór zyska w nim cennego stróża.

W Poznaniu, podczas bliższego przesłuchania, Niesuł oświadczył, że gotów jest i pragnie wierzyć w takiego Boga, w jakiego wierzy jego pan, a także miłować tylko tych, których jego pan miłuje. W służbie u wielkiego a dobrego knezia przystanie na wszelkie warunki, choćby i na niewolę. Bronisz po krótkim namyśle przyjął go do swej przybocznej drużyny jako wolnego piechura, kazał udać się do Wromota po odzież i czekać na dalsze rozkazy.

Cały miesiąc zajęły Broniszowi obowiązki opiekuna pomorskich drużyn. Przypilnował ogradzania miejsc obozowych, zaopatrzył składnice w potrzebną żywność: mąkę, krupy, sery, mrożone mięsiwo, ryby i żywą trzodę, także w opał do ognisk, owies i siano dla koni; zapewnił dowóz piwa, a zdawszy nad tym pieczę Gniewomirowi, opowiedział się u Bolesława, że jedzie po żonę do Lipia. Na wyjezdnym nie zapomniał przecież o Niesule. Pouczył go, że droga na Lipie, którą on wraz z Wromotem podążą konno, wiedzie przez Gniezno i Trzemeszno, gdzie może przenocować i pożywić się w ormiańskiej gospodzie. Gdy Niesuł dobiegł tam, pana już nie było, ale czekała nań strawa, jakiej dawno nie jadł. Posługiwał mu sam gospodarz; towarzysze stołu, gdy zwiedzieli się, że należy do przybocznych Bronisza, nie kryli swej zazdrości i najpochlebniej odzywali się o służbie u Ganowiczów. Niesuł, łakomie zaspokajając głód, niemniej ciekawie słuchał, co sobie opowiadano. Dowiedział się, że w Cisowie wolni najemnicy otrzymywali osobne mieszkania i pełne utrzymanie dla siebie i rodzin, nadto wełnę, skóry i len na przyodziewek. Kto chciał, z liczniejszych rodzin, mógł dostać wykarczowane pole z obowiązkiem dzielenia się z dworem zbiorami i przychówkiem, ale już sam musiał się wtedy troskać o wyżywienie. Zakupieńcy i niewolnicy-jeńcy mieszkali wspólnie, jedli wspólnie; poza użytkową odzieżą i osobistym sprzętem nie posiadali innej własności, nie wolno im było mieć broni i nie mieli prawa wydalać się poza granice, chyba za osobistym poruczeniem. Najważniejszą różnicą między wolnymi a rabami było to, że niewolnicy podlegali niczym nieograniczonej władzy swego pana, który mógł ich sprzedawać, rozdzielać z rodziną, zagłodzić lub zachłostać na śmierć, podczas gdy najnędzniejszy, ale wolny sługa podlegał sprawiedliwości grodowej, od której miał odwołanie do sądu królewskiego, co go chroniło przed zemstą czy przemocą pana. Szczęśliwie u Ganowiczów los niewolnych złagodzony został bardzo przez nowe chrześcijańskie prawo, którego tam przestrzegano z uczciwością. Dziedzic Cisowa musiał przysięgać biskupowi jako warunek otrzymania plebana, że nigdy nie targnie się samowolnie na życie raba, będzie dążył do oświecenia w wierze i chrztu wszystkich swych poddanych, chrześcijanom da prawo osobne, a dla uniknięcia rozpusty i podniesienia życia rodzinnego zadba o małżeństwa niewolnych i nierozdzielność ich rodzin.

Niesułowi serce rosło, gdy to słyszał i porównywał z nieszczęsnym losem niewolników, jakimi byli wszyscy Słowianie poddani panom niemieckim nad Łabą. Tak go to budowało a zaciekawiało, że niepomny na nocleg, mimo ociężałości po sutym posiłku, skorzystał z towarzystwa dążącego w stronę Kruszwicy sokolnika książęcego i ruszył w dalszą drogę na noc, przy księżycu.

Bronisz, po zatrzymaniu się przez dzień i noc w Kruszwicy, dotarł do Lipia przed zachodem słońca. Im był bliżej, tym silniej spierała go tęsknota do żony. Z tęsknoty roiły się niepokoje i poczucie winy, że tak długo zostawił ją bez wiadomości o sobie. A nuż się okaże, iż Zbysława się omyliła w przewidywaniach, Helga nie oczekuje dziecka, i jak wtedy wytłumaczą się przed Sigrydą? Przypominał sobie, co słyszał o pierwiastkach i przytrafiających się im niespodziankach. Jak też daje sobie radę z gospodarstwem, którego tak się bała? Pocieszał się, że byle tylko znalazł ją przy zdrowiu, resztę urządzi i uporządkuje tak, by nie miała się czym kłopotać i trudzić. Byle tylko nie stało się coś złego…

Wrota do ostrokołu znalazł niedomknięte. Rozparł je piersią konia, a wjechawszy na dziedziniec, wprost z siodła skoczył na ganek gnany niespokojną tęsknotą.

W sobotni wieczór, w największej izbie lipiańskiego dworu zebrała się w krąg paleniska cała czeladź niewieścia i poniektórzy chłopi, by przyjętym zwyczajem, pracując, obgadywać przejmujące zagadnienia nowej wiary. Tym razem pani Helga, zajęta wykańczaniem ozdobnego mieszka do podróży, nie dopilnowała rozpoczęcia gawędy. Po wstępnych przygwarkach i dopytywaniach głos zabrał Radosz, opowiadając piękne przygody dziada Broniszowego, księcia Gana. Radosz najwięcej wiedział i pamiętał o tych sprawach, jako że był synem Niegłosa, przybocznego Gana, który we wszystkich książęcych wyprawach uczestniczył, śmierć jego na Niemcach pomścił i ciało, wygrzebując z grobu pod Starosiedlem w ziemi Bobrzan, przywiózł do Cisowa. Helga znała dzieje księcia Gana jeno z bohaterskich pieśni, które śpiewali jej Bronisz i Wromot, a oto z gadek Radosza wyławiała nowe a nieznane. Tak ją to zaciekawiło, że odłożyła robotę i słuchała pilnie, zapamiętując, aby mogła to kiedyś wiernie powtórzyć swoim własnym dzieciom i wnukom dla czci przodków. Dowiedziała się więc, że swojemu synkowi Bogumysłowi, a więc ojcu Bronisza, Gan, jeszcze poganin, nadał aż do postrzyżyn imię Nienasz, by tym odwrócić od pierworodnego uwagę złych duchów. Rozczuliło ją to osobliwie. Nie mniej wzruszyła opowieść o Morawczyku Janie Słowiku, którego Gan uratował z topieli. Niegłos brał udział w tym ratunku, a raczej był tego świadkiem, truchlejąc z trwogi na widok śmiałości pana. Wracali tajną ścieżą na przełaj przez Białe Błota, noc była księżycowa, uroczna, gdy ich zahaczyło dalekie wołanie o ratunek, snadniej wycie podobniejsze do pokusy duszogubnych strzyg. Niegłos uszy sobie zatkał, by go nie usidliło, a tymczasem książę niepomny baczności ruszył na zew. Z kępy na kępę po ochabach skacząc, a każdym krokiem narażając się na pewną śmierć, wyrwał z topieli zbłąkanego wędrowca i z miejsc, skąd nikt jeszcze żywy nie powrócił, przydźwigał sobie na plecach misjonarza, który go później w tajemnicy ochrzcił. Nieprzejednanym wrogiem tego Morawczyka stał się cisowski żrec Swarocha. Straciwszy przez niego wszelki mir przy dworze, przeniósł się za ostrokół, pod las, i zamieszkał tam przy barci ze swym synem-niemrawą, złe wróżąc niewierności książęcej dla bogów. Gdy jednego lata Morawczyk ciężko zachorował, a powszechnie mówiono, że to Swarocha rzucił na niego urok, Gan, by ratować życie przyjaciela, udał się do barci, zamierzając uśmierzyć złość żreca jakąś łaską. Trzeba było przypadku, że wpadł właśnie na chwilę, gdy rozsierdzony przez pszczoły kudłacz rzucił się na suszącego obok święte zioła Swarochę. Synek-niemrawa legł już pod ciosem pazurnej łapy i dla starego nie było widać ocalenia, gdy nadbiegł książę. A Gan lubił z sobą nosić tę właśnie grubą a zahaczną włócznię, którą na łowy zawsze bierze ze sobą pan Bronisz. Tą włócznią zwierza powstrzymał, żrecowi kazał w walce sypnąć buremu w ślepia rozżarzone węgle i tak go pokonali. Mówiono, że wdzięczny za życie Swarocha odczynił urok na Morawczyka, ale Jan temu przeczył, twierdząc, że wrzód w gardle pękł mu zaraz po wyjściu Gana z ostrokołu, a więc nim odbyła się walka z niedźwiedziem; nie zawdzięczał więc nic poganinowi. Od tej pory Swarocha nie przeszkadzał Morawczykowi, ale gdy książę zginął, a po chrzcie księżnej Świętosławy Ganowej zaniedbano we dworze do reszty obiat dla duchów z otchłani, Swarocha do końca życia odprawiał ważne obrządki starodawne za duszę księcia Gana, a po jego śmierci... — tu Radosz zająknął się w opowiadaniu — ...mówią, że niektóre z dawnych rodzin cisowskich co roku noszą żertwy na grób księcia... Bo mówią niektórzy — głos Radosza zacichnął ze wzruszenia — w sierpniową noc, gdy gwiazdy z nieba lecą, książę na rabiastym koniu, bez prawicy, w lewej ręce dźwigając wyszczerbiony miekut, objeżdża trzykroć swą mogiłę...

— Jakiej postaci był książę Gan? Czy kto pamięta? — zaciekawiła się Helga, mając nadzieję, że może Bronisz jest doń podobny. Niestety, Radosz stwierdził, że z twarzy przypomina go najbardziej Przecław, chociaż wzrostem wdał się weń pan Bronisz. Wiele starszych kobiet cisowskich pamięta go i nie zapomina o potrzebach jego duszy...

— A ten Morawczyk Jan?

— On też chodzi. Mówią, że po Białych Błotach ostrzega wędrujących przed zapaścią. Bzdzigost, bednarczyk, przysięga się, że go łońskiej jarzy za nos wyciągnął z młaczyska. Nosił czarną brodę i tym się znaczył.

— Strach widzieć! — wstrząsnęła się Rączka Radoszówna.

— Dlaczego strach? Ja wcale się ich nie boję — odezwała się Wanda tak głośno, że aż niektórzy drgnęli, poglądając na nią nieprzyjaźnie. Ciszę, która po tym nastąpiła, zerwał nagle przejmujący krzyk Miłki.

— Przyjechał! Nareszcie!

Na ostry tupot nóg w sieni dziewki krzyknęły zakrywając głowy fartuchami, a Jawita piszczała niczym nadepnięte szczenię, wybałuszając oczy na wchodzącego Bronisza.

Wstrzymał się w powitalnym zapędzie, zaskoczony niespodziewanym, a tak licznym przyjęciem.

— Pan przybył! — Radosny okrzyk Helgi opamiętał czeladź. Ochłonąwszy z przestrachu, rozpierzchli się jak stado kuropatw, jedni z nieśmiałości, inni do obowiązku, by zadbać o jadło i konie podróżnych.

Bronisz zamknął w ramionach żonę, nasycił uściskiem pewność, że jest cała i jego, i nuże zacałowywać jej twarz, głaskać włosy, dotykać ostrożnie ramion, piersi, a ona śmiała się cicho, poddając się łaskawym pieszczotom. Uśmierzywszy się nieco, postawił ją przed ogniem i odstąpił krok, by ją całą obejrzeć, a przyglądał się tak bacznie, aż zawstydzona przymknęła oczy.

— Za wcześnie, aby znać było przez suknię. — Ocknęli się, słysząc nagle myśli swe wypowiedziane ciepłym, lecz obcym, głosem. Miłka nie poruszyła się w cieniu za kołowrotkiem.

— Ach ty! Już raz nas przestraszyła, gdy wchodziłeś. Myśleliśmy, że widzi ducha księcia Gana — szczebiotała Helga.

Bronisz promieniał ze szczęścia. Oto jak wygląda jego dom, jego żona, jego Helga, bliscy, do których tęsknił wzajemnie oczekiwany. Żona w zwyczajnym stroju taka miła i przystępna. Przeglądał się w jej ufnym spojrzeniu, upajał głosem, zachwycał ruchami. A gdzie tylko spojrzy, cieszy go własność znajoma, kogo tylko spotka — znajduje radość ciekawą. Domyślają się, co chce powiedzieć, uprzedzają najmniejszy wysiłek. Helga musi go bronić przed zachłannością czeladzi. Ujmuje go za ręce i przemagając się żartobliwie, pociąga do izby sypialnej. Bronisz przygląda się z góry. Jak jej cienkie palce mocują się z odpinaniem pasa. Kochane białe rączki objęły Ścinacza Łbów, uniosły i rękojeść przytuliły do twarzy. Całując oręż, Helga szepcze doń podziękowanie za to, że wiernie służył jarlowi Bronro i nie zawiódł żoninej ufności. Z uroczystą czcią zawiesza go na ścianie przy łożnicy. Wilgotny kaftan rozkłada uważnie na skrzyni, po czym klęka i zręcznymi palcami rozwiązuje rzemienie na nogach. Każdym ruchem okazuje mu swą czułość, każdym spojrzeniem wyśpiewuje swą radość, pełna jest miłości i troski dla niego, tylko dla niego.

Serce rozpiera pragnienie, aby się wywdzięczyć, odpłacić wzajemnością, wyrównać czymś ten dar łagodnego piękna i dobroci. Cóż mąż potrafi? Miłość przewyższyć może chyba ofiara życia. Ale szczęście nie wymaga ofiar, ono pragnie życie pomnażać, ono pragnie wyżej promieniować. Szczęście pręży się poza granice serca własnego, wybiega na spotkanie ludzi, dążąc ku Bogu.

Jakby się w tych odczuciach spletli, bo chociaż on to pierwszy wypowiedział, ona z nim razem westchnęła: „Jaki Bóg dobry dla nas"...

Helga ma oczy pełne łez. Nie umie o tym mówić. Nie umie śmiać się do Boga. Śmiech dla ludzi. Te łzy nie pieką, nie męczą, bynajmniej. Łzy szczęścia miłość obmywają z grzechu, niby rosa niebieska ożywiają duszę, przenikają skorupę pychy i nieufności. Milczy Helga i płacze, lecz Bronisz nie boi się jej łez. Ale on mówić musi. Nie wystarcza mu pławienie się w szczęściu, bo wdzięczność pcha go do działania. Gdy Bóg jest dobry dla nas, jacy my winniśmy być dla niego? Ty, Helgo, dasz mu może nowe życie ludzkie i to będzie twym czynem. Pomnożysz Boży lud. A ja? Ścinacza Łbów zawiesiłaś na ścianie. Mam gołe ręce, pazury, łeb, siłę. Pokaż, gdzie jest wróg Boga? Gdzie stu wrogów? Nie pożałuję swej krwi, nie pożałuję ich. Bez konia, bez miecza, tak jak mnie stworzył, na co dał mi moc, na co jestem...

Unosi się, burzy, mówiąc o wrogach Chrystusa, a w bezładnych słowach bryzgają iskry zawziętości. Piękny jest w tym zapaleniu, ale i straszny. Helga lęka się podobnych wybuchów. Z hamowaną bojaźnią obejmuje go za szyję i słabość przeciwstawiając mocy, szeptem upewnia go, że nie masz tu wrogów, jeno sami swoi, ufni, a poddani jak ona. A może wrogiem Bogu jest ludzkie nieszczęście?

Może oczekuje od nas, byśmy je zwalczali, nieszczęście ludzkie, a nie nieszczęśliwych ludzi?

— Jak to pojmujesz?

— Może Bóg rad by był, gdybyśmy dobrocią i hojnością, której nam użycza, podzielili się z innymi ludźmi — podsuwa Helga z wahaniem.

— Z kim?

— Choćby ze swoimi. Gdybyś ich wezwał wszystkich i każdemu wyświadczył jakąś łaskę.

Bronisz się zrywa podniecony pomysłem, który pozwala mu natychmiast coś działać. Wbiega do czeladnej, nie bacząc na brak stroju, przepłasza dziewki, a do przerażonej Zbysławy woła, by po wieczerzy wszyscy ludzie z Lipia stawili się przed nim we dworze.

— I raby też? — dziwi się matka Wromota.

Bronisz zamyśla się przez chwilę. Czy raby też? Jakie łaski może rabom świadczyć? Lecz któż bardziej niż oni potrzebuje dobroci?

— Niech raby także przyjdą! — postanawia.

Zadowolony z siebie powraca do żony i opowiada jej o Poznaniu, o Sigrydzie, jej zdrowiu i pięknym wyglądzie, wylicza dary, jakie komu przywiozła. Słuchając, Helga odmacza mu zagrzaną wodą stopy, obrzyna paznokcie, ścina brzytwą zgrubienia skóry na palcach, smaruje łojem odparzenia i biada nad tym, że tak się zaniedbał. Strzyżenie przerośniętych włosów i golenie twarzy odkładają na dzień.

Wymyty, odświeżony, zasiada na miękkim siedzisku za stołem. Usługuje mu Helga i księżniczki rańskie. Z jadła podają mu to, co najbardziej lubi. Dopijają, co zostawia w kielichu, i nalewają do pełna. Jest jedynym mężczyzną. Po znoju dworskiej służby i trudach podróży, po szorstkim życiu w obozach i rozkazywaniu mężom, chętnie poddaje się wyróżnieniu należnemu wśród niewiast we własnym domu. Dobrze mu być takim właśnie. Po tylu latach — ma prawo. Parę dni, a potem co go czeka? Bóg to jeden wie. Dziś dogadzają jego ciału i z czcią słuchają, co im zechce rzec. Więc mówi im i mówi, a one, choć takie ciekawe, jeszcze się powściągają dla jego dobra i proszą, aby zamilkł, nim naje się do syta. Niech poczekają. Żując ociekającą tłuszczem nerkę, zamyśla się nad tym, co powie ludziom oczekującym w czeladnej izbie. Przypomniał sobie, że czekają, więc już tylko o nich myśli. Zapił mięsiwo czarą grzanego piwa, odsunął misę i zawołał, aby zeszli się doń wszyscy. Zaśmiał się, widząc, jak suną zalęknieni, wypychając jeden drugiego przodem.

Gdy stłoczeni ustawili się gromadnie pod ścianą, spoważniał nagle. Oto jego ludzie. Jak mało ich zna. On może ich nie znać, ale oni we wszystkim zależą od niego. Dziedzictwo związało ich i skazało na wspólną dolę. Dziś są tacy, a po wiekach ich wnukowie z jego potomkami też może będą żyli razem. Jakie to będzie życie? To od nich zależy, dzisiejszych. Od niego przede wszystkim. A on zależy od Bolesława i potomków króla. Wszyscy razem zależą od Polski, a narodem Bóg rządzi. Kto wie, kto odgadnie? Trudno i dzień dzisiejszy wyrozumieć, a co sądzić o przyszłych wiekach? Jeszcze niedawno groziła im wszak możliwość końca świata. To myśląc, Bronisz powstał i zza stołu przemówił wolno, z rozwagą układając słowa. Czy lipiańscy ludzie pojmują, w jakich żyjemy czasach? Czy zdają sobie sprawę z tego, że przez ostatni rok wisiał nad nimi topór zagłady świata? Ech! Co tu o tym gadać! Nie rozumieją tego ani ocenią. Więc niech wiedzą przynajmniej, że od miesiąca cały świat się raduje i dzięki czyni Stwórcy-Bogu za to, że pozwala nam żyć dalej. By tę radość i wdzięczność okazać Bogu w szczerości, on, dziedzic Lipia, postanowił w dniu dzisiejszym okazać niezwyczajną łaskę swoim ludziom. Jeżeli naprawdę wyświadczy co dobrego komu, niech wiedzą, że czyni to za namową swej małżonki, a ich pani, Helgi, córki jarla Jaranda, prawdziwie chrześcijańskim ożywionej duchem. Jej niechaj wierną służbą okazują wdzięczność. Więc dalej, jak stoją od prawa, niech każdy występuje z prośbą, czego pragnie.

Gdy Bronisz przestał mówić, taka cisza zapadła, że skrzyp świerszcza na belce wydał się za głośny. Nie zrozumieli. Niespodziewane wezwanie po nocy tak ich przelękło, że się domyślali, czy to nie wojnę pan ogłosi. Pierwsze słowa o nieszczęściu, które ich ledwo ominęło, pogłębiły strach. I nagle po strachu żądanie nieprawdopodobne, najmniej spodziewane, by pana tak ważnego, tak rzadko widzianego prosić, o co kto zechce. Albo to żart niewczesny, albo może pan…

Bronisz nie pozwolił im dokończyć trwożnych przypuszczeń.

— Radosz! Zbliż się. — Karbowy wystąpił w przód trzy kroki, gotów słuchać rozkazu. Przebiegł w pamięci wszystkie swoje winy. Oblicze groźnego rycerza napawało go lękiem. Ani myślał odważać się na co. Na ratunek przybiegła mu Helga. Głosem swojskim, po codziennemu, spytała:

— Czy masz jakieś pragnienie dla siebie, dla swego domu, o które chciałbyś prosić? O co byś się modlił na przykład, by otrzymać?

— Chciałbym... mieć jawnie... jedno proszę po tej całkiem białej maciorze, którą Chocian przywiózł dla dworu z Poznania — wyjąkał wreszcie, coraz szybciej mówiąc.

— Weź je sobie! Następny! Tylko prędzej. Jest was przecież trzydziestu!

Radosz, wracając na swoje miejsce, wypchnął ku stołowi kołodzieja. Bronisz, widząc, jak trudno im iść wprost pod jego wzrok, odwrócił się do Helgi i uśmiechnął do niej. Kołodziej Stroka zbliżył się na palcach, pochylił nad stołem ku Heldze i poufnym głosem wyznał jej, że bardzo by pragnął otrzymać pod ogródek ten klin ziemi leżący między ogrodem Radosza a rowem.

— Będziesz go miał. Następny! — zdecydował Bronisz ku przerażeniu zaskoczonego tą sprawą Radosza, który nawet nie marzył o upomnieniu się o ten klin dla siebie. Bartnik prosił, by pan zechciał przyjąć jego syna do przybocznej drużyny, bo chłopak nic jeno o wojnie rozmyśla i śpiewa. Bronisz polecił go Wromotowi. Kowal błagał o skórę do nowego miecha. Za głuchego Rzepochę żona prosiła o skopa na chrzciny, a dla siebie o dwie kokoszki i kogutka z dworskiego stada. Ostatni z wolnych, Budek, pomocnik ogrodowy, rzucił się przed stołem na kolana, błagając o wybaczenie kradzieży miarki nasion kapusty szczecińskiej, na co namówił go stajenny, a na czym przyłapał rządca.

Chocian stał na uboczu. Nie sądził, aby mu się godziło brać udział w onej żebraninie. Gdy Bronisz skinął na niego, rządca podszedł, pewny będąc, że ma zeznawać w sprawie Budka, a że był zły na chłopaka, z miejsca począł mu grozić, zapowiadając należną chłostę.

Bronisz wysłuchał spokojnie, przebaczył Budkowi i jego namówcy, po czym spytał Chociana, jakie on ma pragnienia. Stary rozdziawił gębę, a jeszcze raz nagabnięty, wybuchnął niespodziewanie, że jedynym jego pragnieniem jest, by wyrzucono z Lipia całą rodzinę Radoszów, bo to pogany i złodzieje, jakich świat nie widział. Proszą niby to o białego prosiaka, a już jednego skradli i zamienili w Cisowie na ciołka.

Bronisz przerwał mu ostro: „Dziś przebaczam", podał mu srebrny kubek, z którego popijał miód, a gdy dumny z wyróżnienia rządca odszedł na stronę, pan zwrócił się do pierwszego z rabów.

Mostek przystąpił do stołu, pochylił się i trzymając ręce skrzyżowane na piersi jak w modlitwie, dobrą polską mową wyznał, że pragnie chrztu.

— Gdzie Jawita? — rozejrzał się Bronisz. Ojciec wyciągnął ją za rękaw z czeladnej i pchnął na środek izby.

— Gdy się ochrzcisz — zwrócił się pan do Mostka — proś Radosza o córkę. Przy ślubie otrzymasz przydział ziemi, a gdy wytrwasz w wierności dla dworu, a żona urodzi ci syna, dam ci wolność i staniesz się tutejszym człowiekiem.

Młodzi, uszczęśliwieni, objawili swą radość takim wrzaskiem dziękczynnym, że starszyzna musiała ich usunąć sprzed stołu. Gdy się uspokoiło, Bronisz zwrócił się do pozostałych niewolników z przemową, w której oświadczył nasamprzód, że wybacza im wszelkie dotychczasowe przewiny. Następnie zagroził, że kto nie uczy się mowy tutejszej, ten się zdradza, że zamyśla o ucieczce. Taki wciąż będzie jeńcem i przymuszonym. Próżne to dla nich a szkodliwe nadzieje. Czas się nie nawróci na byłe a przeszłe. Niech przystaną do polskiej przyszłości, niech przyjmą tutejszą wiarę, a wtedy razem wszystkim będzie lepiej, a dzieci ich, da Bóg, staną się wolnymi ludźmi. Niechaj przykład Mostka służy im na pociechę. Na zadatek przyszłych łask i nagród za wierną służbę otrzyma każdy na zimę po nowym kożuchu baranim, futro na czapy i wojłok na obuwie.

— Jutro podziękujecie za te łaski pani Heldze, a teraz opuśćcie dwór, byśmy mogli odpocząć — zakończył Bronisz.

Znów się przepychali do wyjścia, tym razem ociągając się, z podziękowaniami. Najszczęśliwsi zdali się niewolnicy. Wolni zamyślali się, żałując poniewczasie, że nie o to prosili, co im się ninie najważniejsze pokazywało. Taka sposobność zdarza się wszak nieczęsto...

Gdy izba, jak się zdało, opustoszała, Helga, wstając, zauważyła, że jeszcze ktoś pozostał i to nieznany jej wcale. Jakiś zmęczony oczywiście chłopina, zabłocony, mokry, sterczał przy wyjściu, patrzał i przełykał ślinę. Bronisz, ujrzawszy go, zaklaskał w ręce.

— Jużeś tu? Tylko nie mów, że piechotą zdążyłeś. To mój nowy sługa.

Niesuł padł na kolana przed zdumioną Helgą.

— On jeszcze o nic nie prosił — zwróciła się do męża wzruszona błagalnym spojrzeniem klęczącego.

— Nie potrzebuje prosić, bo wiem, czego mu trzeba. — Bronisz położył rękę na włosach Niesuła i mówił z surową powagą:

— Będziesz wiernie służył mojej pani, tylko przede mną i przed nią odpowiedzialny. Od dziś zwać się będziesz Bieganem. Zamieszkasz przy dworze. Czy pragniesz jeszcze czego?

— Pragnę dosłużyć się pochwały — wyjąkał Biegan. Gdy Helga wyciągnęła ku niemu rękę do pocałowania, nie wiedział, co uczynić. Nie śmiał jej tknąć, jeno twarz pochylił i patrzał na nią, patrzał, aż mu z oczu na białe palce zaczęły kapać łzy.

Bronisz pociągnął żonę do łożnicy. Czuł się senny i znużony, ale nie umiał powstrzymać ust od uśmiechu. Rozwalił się na pościeli, ręce zarzucił pod głowę i patrząc na porysowane cieniami belki pułapu, zwierzał się łagodnym głosem:

— Nie wiedziałem, że dobroć tyle kosztuje... Gdybym walczył z nimi i pokonał mieczem, nie byłbym chyba bardziej wyczerpany. A wiesz co, Helgo?

— Wiem, Broniszu.

— Nie, tego, co myślałem, nie możesz odgadnąć.

— Myślałeś, że miłosierdzie jest jedynym trudem, który daje pokój.

— Nie! Myślałem o biskupie Wojciechu. Że na pewno nie umiałbym być taki jak on. Przez dzień nie umiałbym być taki, jaki on był zawsze. Ale coś mi się widzi, że dzisiaj, może po raz pierwszy, jest biskup ze mnie zadowolony. A wszystko dzięki tobie.

— Dzięki Bogu, mój miły. Ale...

— Wiem, co chcesz rzec — uśmiechnął się przekornie.

Potrząsnęła przecząco głową.

— Myślisz, że to słomiany ogień?

— Nie, Broniszu. Myślę, że Chrystus Pan swoją dobroć okupił własnym cierpieniem. A nasza dobroć, taka malutka jeszcze, jest odzewem szczęścia. Może dlatego, że jesteśmy za słabi albo — niegodni, by cierpieć...

Bronisz skrzywił się niechętnie:

— Pewnie już odcierpieliśmy swoje, a na nową karę jeszcze nie zasłużyliśmy? Przecież chyba Bóg nie jest zazdrosny o szczęście człowieka?

— O szczęście, którego sam udziela, na pewno nie jest zazdrosny, ale jak trudno człowiekowi wiedzieć, czy jego szczęście jest i Bożą łaską — westchnęła Helga.

Najstarsi ludzie nie pamiętali tak łagodnej zimy. Do Trzech Króli nie tylko Wisła, ale i drobne rzeki nie zamarzły jeszcze. Pierwszy śnieg z wielkiej zawiei utrzymał się ledwo w gęstym poszyciu lasów, a pola lśniły mokrym popiołem pogorzelisk. Ciepły wiatr, dmąc z zachodu, marszczył na niezakrzepłej toni jezior swobodne fale. Wilków w pobliżu osiedli nie było słychać. W stajniach bzykały muchy, a w izbach mieszkalnych, otwartych na dzień dla widności, roiło się od biedronek i pcheł. Szczególnie myśliwi i gospodarze martwili się niedostatkiem zimy. Bydło latowało się przedwcześnie, trzoda chudła na rozprażonym gnoju, owce kasłały, i doświadczony Radosz przewidywał, że jeżeli mróz nie ściśnie powietrza, to wraz z wiosenną słotą przyjdzie pomór na żywioł, a może i na ludzi. Przerosłym oziminom, nie przykrytym śniegiem, groziło każdej gwiaździstej nocy przemarznięcie.

Bronisz pozostał w swym dworze dwie niedziele. Gospodarstwa doglądał powierzchownie, na później odkładając ściślejszy wgląd. Wieczory spędzał przy Heldze, zajętej szyciem i wykańczaniem strojów na królewski pokaz. Gdy w wielkiej izbie zbierano się przy wrzecionach na pogwarki, usuwał się do łożnicy i przez odsłonięte drzwi przysłuchiwał się, co pletli ludzie. Nie chciał ich onieśmielać swoją obecnością ani pragnął, by zbytnio się ośmielili do niego w swobodnym obcowaniu. W ciągu dnia pomagał siodlarzowi odnawiać uprzęże, objeżdżał dwulatki albo włóczył się konno w towarzystwie Miłki, Biegana i psów po okolicznych lasach. Miłka siedziała na koniu jak urodzony chłopak. Najszczęśliwsza była, gdy Bronisz pozwolił jej jechać ze sobą Z początku się droczył, gdy Helga prosiła, aby był dobry dla dziewczyny, której i opiekuna, i brata winien zastępować, ale po pierwszej jeździe już nie żałował, że poświęcił się dla jej przyjemności. W lesie nie znalazłbyś zmyślniejszego nad nią wspólnika do zabawy i poważnych łowów, a przy tym zjednywała sobie towarzysza pilnością, z jaką słuchała jego pouczeń i — zwierzeń. Jedynie, czego unikał w rozmowach z młódką, to zagadnień wiary, gdyż nieraz brakło mu myśli i słów do mądrego odpowiedzenia na zadawane pytanie. Nie rozumiał dziewczyny, tak była różna od innych, a szczególnie od rodzonej siostry. Wandy nie lubił, to prawda, ale wiedział przynajmniej, czego ta chce od życia. Oczywiście, wymogła na Heldze, aby zabrała ją jako swą dworkę na zjazd. Któż by tego nie pragnął? A właśnie Miłka nie chciała tam jechać. Obiecywała sobie, owszem, odwiedzić grób świętego biskupa, lecz gdy już tam nie będzie obcych i ciekawych. Nie mogła nią powodować obawa przed zemstą kapłanów, gdyż, po pierwsze, była nieulękła, a nadto jej, jako chrześniaczki samego Bolesława, a wychowanki Bronisza, tak srodze znanego na wyspach, kapłani rańscy raczej by dziś unikali, aby się nie narazić nawet na podejrzenie zemsty. Na chytre zapytanie: czy nie kocha się w Bossucie, Miłka odpowiedziała bynajmniej nie zawstydzona, że owszem, bardzo lubi Bossutę, ale ani on dla niej, ani ona dla niego, boć przecież ona nie jest dla żadnego męża. Nie chciała bliżej wyjaśnić, co to znaczy. Bronisz, spostrzegłszy, że dziewczyna smutnieje, gdy mówić o jej przyszłości, przestał badać, co jej dolega. Zadowolił się osądem Helgi, że Miłka ślubowała dozgonne dziewictwo dla zadośćuczynienia Bogu za grzechy wszystkich swych przodków pogańskich, tęskniących do wybawienia z otchłani. Ma już taką naturę, czy może duchową ułomność, że pragnie się poświęcić całą sobą, a że w chrześcijaństwie, gdzie nie ma kapłanek, nie umie znaleźć sposobu innej ofiarności, więc tęskniąc do Boga, upatrzyła sobie tu na ziemi Bronisza, jako męża dobrego a zaufanego, i pragnie mu być pożyteczna. Męczy się, gdy jej się zdaje, że jest nam nieprzydatna — tłumaczyła Helga — dlatego trzeba jej okazywać, że jej się potrzebuje, gdyż warta tego. Miłka nie była ładna. Choć miała delikatną płeć i małe ręce, ale brakło jej niewieściej ponęty. Szczupła w biodrach, o płaskiej piersi, gdyby nie osobliwe spojrzenie zadumanych oczu i śpiewne brzmienie głosu, łacno można ją było, gdy siedziała na koniu, wziąć za chłopca. Tak ją Bronisz uważał, niby młodszego braciszka, ale czasem korciło go i to, że jest dziewczyną. Jednego zaś zazdrościł jej naprawdę: że zwierzęta tak do niej lgnęły. Nie tylko psy i koty, nie tylko ptaki i drobnica powszednia, lecz i zwierz poważny, dziki nawet. Był w Lipiu buhaj z cisowskiego stada, smok prawdziwy, z bocznymi rogami, od cielęcia wodzony na kolcu, a taki mroczny, że do wodopoju musiało go prowadzić paru zbrojnych w widły pastuchów na dwubocznej linie. Mimo tyla ostrożności udało mu się raz wyrwać z rąk poskromicieli. Rozsierdzony bólem rwanych nozdrzy oszalał prawdziwie. Ciskając się po podwórzu, stratował na miazgę córeczkę rybaka, przepłoszył, co żyło, wreszcie, gwałtując pod szopą, zadał sobie zębami brony okrutną ranę w brzuch. Zwisał mu kawał skóry i broczyła jucha. Bronisz postanowił go ubić. Uzbroił ludzi w topory, naciągnął ciężką kuszę zabójczym grotem i już był gotów, ale odwiódł go od tego w ostatniej chwili Radosz, zrozpaczony możliwością utraty najpiękniejszego w opolu stadnika. Rybak, pocieszony okupem za córeczkę, pierwszy podjął się usprawnić polowanie. Bronisz z Bieganem czatowali na dachu, a gdy psy napędziły byka w pobliże, zarzucili na niego sieć, co powstrzymało i zaplątało zwierza w walkę z samym sobą. Mostek i Radosz z sześciu ludźmi skrępowali go okrętowymi linami i zwalili na prawy bok, tak że rana widniała na wierzchu. Mimo ścisłego związania byk nie dał do siebie przystąpić. Kłębił się, wzdrygał i ryczał tak ponuro, że Radosz nie mógł nawet zasmarować rany. Wtedy właśnie zjawiła się w ostrokole Miłka. Na widok okrwawionego zwierza schwyciła się za głowę, głośno biadając. Zrozumiawszy, co zamierzają mężowie, opanowała się i podszedłszy bliżej, najspokojniej usiadła na przyduszonym pętlą karku buhaja. Przemawiając głośno śpiewnymi słowami, rozluźniła liny i poczęła głaskać krwią nabiegłe ślepia i ośliniony pysk. Myślano, że oszalała, lecz gdy po chwili buhaj przestał się ciskać i prężyć, a Miłka, ręką machając za sobą, dała znak, by przystąpili do rany, zrozumiano, że dokazała czegoś, na co by nikt inny nie śmiał się ważyć. Zwierz znieruchomiał, przestał charczeć i tylko mruczał głucho. Gdy Radosz zaczął mu dratwą zszywać skórę, znów począł wierzgać, ale Miłka kilkoma pieszczotliwymi zawołaniami i głaskaniem to sprawiła, że się uśmierzył, jeno drgał jak z zimnicy. Po załataniu skóry rozplątano bykowi racice, a czterech tęgich chłopów, po dwóch z każdej strony przy linie od kolca, czekało, aż się dźwignie. Miłka cały czas stała przy pysku i nie bała się iść przy nim aż do obory, gdzie sama przywiązała go do słupa. Byk oglądał się za nią i głucho porykiwał.

— Co ty zadajesz zwierzętom, że boją się ciebie? — dziwował się Bronisz.

— Boją? Właśnie, że się nie boją. Wiedzą, że ich na pewno nie skrzywdzę — odpowiedziała spokojnie.

— A skąd mogą to wiedzieć?

— Bo tak jest.

— A wilków się nie lękasz?

— Nie wiem. Ze stadem nie spotkałam się nigdy, a pojedynki zawsze mnie omijały. Nie! Nie boję się żadnego stworzenia... prócz człowieka — dokończyła z niespodziewaną goryczą.

Bronisza uraziła nieco ta odpowiedź. Śmiejąc się przymuszenie, zagadnął, czy i jego też może się lęka?

Miłka przyjęła żart poważnie. Zaczęła tłumaczyć, że po zwierzęciu zawsze można się spodziewać, iż postąpi, jak powinno. Czy to pod wpływem strachu, czy głodu, złości lub nasycenia, zwierzę działa zgodnie z przyrodzoną korzyścią i kto zna obyczaje stworzeń, nie zawiedzie się na ich rozumieniu. Człowiek zaś samego siebie często nie rozumie, tym bardziej nie zna bliźniego i nigdy nie może być pewny, co w nim przeważy z różnorodnych uczuć: gniew nad głodem, pycha nad cierpieniem, zazdrość nad wstrzemięźliwością, czy jakaś nagła żądza nad poczuciem czci lub obowiązku. Napatrzyła się Miłka na ludzi takim tajnym widzeniem i doświadczyła tak przeróżnych dziwactw, najbardziej sprzecznych z oczywistą korzyścią i rozumem, że już niczego nie umie być pewna. Serce żywego człowieka jest zawsze zagadką. Do ostatniego drgnienia zdolne jest sobie samemu zaprzeczyć, poddać się zarówno najszczytniejszej dobroci, jak i najbardziej nikczemnemu złu.

Bronisz nie podjął toku rozumowań Miłki, ale że sprawa możliwości ludzkich korciła go osobiście, więc dalej wypytywał, czy też i ona czuje w sobie sprzeczne skłonności do złego i dobrego?

— A jak może być inaczej? Przecie jestem człowiekiem, lubo dziewką! — zdziwiła się prosto.

Chociaż wiedział, że nieładnie czyni, ciągnąc ją na tajne zwierzenia, sprawiało mu przyjemność naleganie, by dała przykład jakiejś nikczemnej pokusy, trudno bowiem mu sobie taką wyobrazić. Miłka przyobiecała, że odpowie mu na to, ale przy Heldze.

Wieczorem, gdy się znaleźli samotnie przy ognisku, Bronisz przypomniał obietnicę i objaśnił żonę, o co chodzi. Helga próbowała przeszkodzić zwierzeniom, jednak mąż się uparł przy swoim. Miłka przysiadła u stóp pani i patrząc jej w twarz, wyznała stłumionym głosem:

— Umiałabym pragnąć, aby Helga zmarła przy urodzeniu synka i abym ja wychowała dziecko; a gdyby Bronisz zechciał wziąć mnie za żonę, odeszłabym od niego na zawsze.

Spochmurnieli w niełatwym milczeniu, a Miłka roześmiała się do nich uciesznie. Tuląc głowę do kolan swej pani, szepnęła poufale:

— Może po tym przestanie mnie nagabywać zdrożną ciekawością.

Jakoż Bronisz nie tylko, że przestał ją pytać, ale i unikać zaczął, a gdy już musiał do niej przemawiać, lękał się patrzeć jej prosto w oczy. Nauczka widać była zbyt dotkliwa. Ilekroć znalazł się sam na sam z Miłką, przypominała mu się jej pokusa i, by nie czuć urazy, wspominał zapewnienia Helgi, że nie masz nad nią czystszej i bardziej oddanej im dworki. A jednak, nawet taka, gdyby chciała, mogła się stać najokrutniejszym wrogiem ich szczęścia... Czy Helga też mogła być zdolna do nikczemności? Nie! Nie! Ani Helga, ani Miłka nie mają w sobie źdźbła zdrady. Przecież, że są takie, jakie są, dobre, to wyłącznie ich wola, ich dobra wola... Więc na tej dobrej woli, wolnej woli bliźniego stoi szczęście człowieka i pomyślność świata... Im lepszy kto, tym gorszy mógłby być... A on sam? Jakie w nim tkwią możliwości różne? Gdyby się zmówił z Tryggvasonem przeciwko Sigrydzie, zmieniliby losy krajów normań- skich... Gdzie jest granica konieczności, aby być takim, jakim chce się być, jakim jest się sobą? Biskup Wojciech rzucił rodzinę, stolicę, bogactwo i bez oręża, z gołym sło- wem Bożym, brodząc wśród pogan, dorobił się męczeń- skiej śmierci. Dlaczego wbrew życiu szukał śmierci? Czy dlatego, że tak był pewien swego serca przy Chrystusie? A może właśnie dlatego, że bał się o swe serce w świecie i tchu ostatkiem, w cierpliwości dobrowolnej męki dobił do wiecznej przystani?...

X

Bronisz zamyślał początkowo, aby Helga jechała do Gniezna na Jętce, klaczy z daru Bolesławowego. Pięknie by to wyglądało: Broniszowa niewiasta w poważnym stanie na źrebnej, a bezcennej klaczy; świadectwo błogosławieństwa, i płodności lipiańskiego dworu. Niewiasty przeciwstawiły się męskiej próżności. Przede wszystkim pod szubami nikt i tak nie dojrzy stanu Helgi, a ciężko źrebną klacz zbyt łatwo zepsuć w tłoku, gdzie konie się ligają. Przezorniej będzie, gdy pani dosiędzie Tokiego, bo mądry, choć mniej pokaźny koń zapewni jej bezpieczeństwo; w ciżbie niech raczej jego strzegą się sąsiedzi.

Lipiańskie wozy z namiotami, spyżą i czeladzią wysłano parę dni naprzód pod nadzorem Chociana. Dwór ruszył za nimi po niedzieli na sześciu koniach: Bronisz na skarogniadym ogierze, Helga na Tokim, prowadzonym pieszo przez Biegana, za nimi konno: Wanda, Jawita i dwóch łuczników. W Cisowie połączyli się z taborem pani Matyldy Przecławowej, ciągnącej na zjazd w towarzystwie ośmiu dworek, czternastu służebnych, sześciu wozów, z sokołami, psiarnią i stadkiem rzeźnego bydła. Cisowski orszak sunął tak powoli, że Bronisz jeszcze przed Kruszwicą zniecierpliwił się i odłączył na własną drogę. Drwił z bratowej, iż się wybrała jak za wojskiem na wyprawę daleką dla osiedlenia się w podbitym kraju. Łatwo było mu z innych dworować, gdy pewny był, że jego żonę zaprosi do siebie Sigryda. Przecław, mając stałe zajęcie przy królu, ani pomyślał zatroskać się godziwie o panią Matyldę. Sama musiała zadbać, aby dwór jej pana małżonka nie przyniósł w Gnieźnie wstydu rodowi Ganowiczów.

Na drogach pod Kruszwicą nie było znać osobliwego ruchu. Wojowie dawno pociągnęli do obozów na szlak umówiony, ich rodziny zaś czekały pierwszej wieści o przekroczeniu przez cesarza granicy Polski, by w parę dni podciągnąć pod Gniezno, oszczędzając sobie kosztownego oczekiwania w mieście. Królewski dwór z Poznania jeszcze nie wyruszył, choć sam Bolesław z wojewodami, w towarzystwie kiryśników Jarosta, już oczekiwał za Odrą w Iłwie na rzymskich gości.

W ostatnich dniach chmury płynące z zachodu prószyły śniegiem, a że ziemia krzepła przez noc, więc ostało go nieco na polach i błoniach skażonych czernią ścieżek i wydeptanych gościńców.

W pół drogi za Trzemesznem poczet lipiański dopędził samotnego piechura, w którym dopiero usłyszawszy jego zbożne pozdrowienie rozpoznano swojego Bossutę. Próżno Helga namawiała go, by jechał razem. Chłopak nie tylko wzgardził zaproszeniem, ale nawet nie przyjął gościńca podróżnego, oświadczając, że postanowił uczciwie, o chlebie i wodzie dopełnić pielgrzymki do grobu męczennika i tam, jako najmniejszy z przybyłych, złożyć

ślub pewien i uprosić świętego o pomoc przy jego dopeł-
nieniu. Bronisz zlekceważył braciszka, ale Helga broniła
go, Biegan zaś był uporem Bossuty zgorszony.

Wśród pagórków i dolin Gniezna, zabudowanych,
a nadto oblepionych namiotami, niełatwo było odnaleźć
swoje obozowisko. Szczęśliwie przezorny Chocian, przewidując tę trudność, czekał na państwa przed Trzeme-
szeńską Bramą. Z dumą prowadził ich skroś miasta, prze-
ciskając się w natłoku bud kupieckich, zagęszczających
dość ciasne ulice. Gdy już nie mógł podołać przewodnic-
twu w ciżbie, pod Górą Panieńską zwrócił się o pomoc do
starościńskiej straży, a tak się nią rozporządzał, jakby był
samym Broniszem.

Namiot lipiański stał u jeziora Jelonek nie opodal
zamku, w dolinie, którą starosta grodowy Nasław przeznaczył na obozy dla najznaczniejszych rodów krajowych.
Mimo że wszystkie okoliczne domostwa były opróżnione
i oddane do usług możnych gości, ci pogardzili zapchlo-
nymi dachami, pewniej czując się pod własnym płótnem. W drewnianych budach zadomowiła się podrzędna
służba. Lipiański namiot nie był najobszerniejszy, lecz
wyróżniał się czystą, purpurową barwą i daleko górował
wierzchołkiem, na którym powiewała rogata chorągiew
Ganowiczów. Po prawej stronie, najbliżej jeziora, odmie-
rzono miejsce na obóz cisowski, po lewej zielenił się już
przysadzisty namiot Sobiebora i Dalechny z Łekna. Dalej,
ku dolinie Słomianki, rozłożyli się ludzie skarbnika Kiełcza z Gąsawy, którego Heldze kazano nazywać wujem,
choć nie wiedziała dlaczego.

Bronisz, gdy tylko rozstawiono namiot, pożegnał swoich i pognał na poznański szlak, by zwolnić Gniewomira
z pieczy nad Pomorzanami. Helga została sama. Pierw-

szego dnia zajęła się uporządkowaniem nowej siedziby. Na podłogę, już podmokłą, kazała złożyć drugą podwyższoną warstwę desek, zmieniła kierunek ścieży biegnących do sąsiadów, przesunęła ustawienie wozów, a gdy się jej zdało, że jest poręczniej, przystąpiła do rozładowywania tobołów i skrzyń z ubraniami. Przy tym zajęciu Biegan już nie był przydatny, pomagała więc Jawita, zastępując Wandę, która gdzieś się zawieruszyła.

Wróciła Wanda późnym wieczorem i nie poczuwając się do winy nuże plotkować, jak miło spędziła czas u Sobieborowej, jakie cuda widziała w sprzęcie i szatach, ilu ludzi poznała i czego jej tam nie naopowiadano. Musiała snadź i sama niejednym się chwalić, gdyż nazajutrz, z samego rana, Dalechna z trzema dworkami odwiedziła bratową, nie ukrywając największego zaciekawienia do zawartości jej skrzyń odzieżowych. Po oględzinach, przymiarkach i przymówkach, siłą zabrały Helgę do swego namiotu, by porównać skarby, naradzić się, a może coś pożyczyć czy zgoła zamienić. O zmierzchu powróciła Helga do siebie, znużona i zniechęcona do niewieściego rodu. Nie umiały i nie chciały rozmawiać z nią o niczym innym, jeno o strojach i o przypodobaniu się nie tylko mężom, ale bodaj głównie niewiastom, by im zazdrościły, O pielgrzymce, o Wojciechu nie wspomniano słowa. Helga z utęsknieniem prawie wyczekiwała poważnego towarzystwa pani Matyldy Przecławowej; aliści gdy po dwóch dniach zjechały wreszcie cisowskie wozy, najmniej miała z niej pociechy. Pani Matylda kipiała oburzeniem na starostę Nasława, że rozdzielił jej obóz, do miasta wpuścił tylko poczet dworski z namiotem, a resztę: trzody, psiarnię, sokolników wypchnął za jezioro Bielidło. Próżno Helga starała się wytłumaczyć bratowej, że, starosta na pewno miał swoje powody, może nie chciał narazić cesarza i królów, aby im w obradach na zamku przeszkadzał ryk bydła cisowskiego.

— Alboż to krowy rzymskie inaczej ryczą od naszych? — żołądkowała się pani Przecławowa.

Dwa dni trwało urządzanie namiotu cisowskiego, który swym ogromem i starożytną pysznością zaćmił wszystkie sąsiednie. I czego tam nie było? Nawet łaźnia podróżna i zawsze towarzyszący małżeństwu ołtarzyk rodzinny w osobnej przegrodzie. Obok krzyży rzymskich i bizantyjskich, przy relikwiach, w oddzielnej szkatule leżały też pamiątki po przodkach, nie tylko chrześcijańskich. Pani Matylda, nader surowa w przestrzeganiu czystości nowych obyczajów, temu przecież pobłażała, dopuszczając, by pamięć przodków, owszem i pogan, nie gasła w świetle nowej wiary przy ołtarzu domowym. Wierzyła, jak i wszyscy, że śmierć zrównuje ludzi przed sądem Bożym, jednakże póki na ziemi żyją, muszą się wyróżniać czymś, a cóż może być ważniejszego od zasługi dostojeństwa rodu? Zaś ród ich nie zaczął się od chrześcijaństwa dopiero...

Młodzi, przymuszeni do nieopuszczania bez opieki granic obozów, upodobali sobie nade wszystko towarzystwo Helgi nie tylko dlatego, że miała więcej wyrozumiałości dla zbytków, ale przede wszystkim, ponieważ była hojna i dawała się namawiać na kupno upominków. Helgę początkowo bawiło to nawet. Przodem kroczył Biegan z mieczem zawieszonym na szyi i tęgą włócznią w garści, za nim tuż Helga, mając po bokach Wandę i Stachnę Przecławównę, a za sobą Chebdę, wszyscy zaś pilnie baczyli, by pani Broniszowej w tłoku nie potrącono. Największy ścisk i gwar, ale też i najciekawiej było na Żuławach, gdzie przy ładownych wozach i malowanych budach rozmieścili się kupcy szczecińscy i wołyńscy. Można tam było nabyć, czego dusza zapragnie, a już w tym prześcigali się zmyślni handlarze, by wystawą i zachwalaniem przeróżnych towarów budzić wśród przybyszów jak najwięcej pożądań. Do ubrania się i uzbrojenia, do upiększenia mieszkań, do dogodzenia pobożności, łakomstwu, swawoli tyle było, że i najcięższy mieszek, zaspokajając zachcianki, łatwo by się opróżnił. Pierwszego dnia Helga myślała tylko o podarunku dla Bronisza. Znalazła dlań śliczne rękawice z krzyżem wyszytym po wierzchu złotą łuską. Młodzież zadowoliła się wschodnimi łakociami, których pełno było w greckich kramach. Następnym razem szczęśliwie obdarowanymi zostały dziewczęta, otrzymując grzebyki i kościane igielnice.

Biegan dostał myśliwski nóż z rogową rękojeścią, a Chebda wybrał sobie na miarę najnowszego kształtu ostrogi. Nie zapomniała Helga i o Miłce, nabywając dla niej najkosztowniejszy z podarków: na srebrnej płytce wyrytą postać Pana Jezusa z klęczącym u Jego stóp biskupem Wojciechem, wspartym o wysoki pastorał. Kilka podobnych wizerunków rozchwytano w jednej chwili, choć były bardzo drogie.

W niedzielę zapragnęła Helga odwiedzić świątynię Wniebowzięcia Maryi Panny, gdzie obok grobu Dąbrówki Mieszkowej miał stać złoty relikwiarz z ciałem świętego Wojciecha. Nie dopuszczono jej tam z powodu tajemniczych przygotowań czynionych na Górze Lecha przez italskich budowniczych.

Szóstego dnia czekania niebo się zachmurzyło, mroźny wiatr skrzepił błoto na drogach, a nad ranem zaczął sypać gęsty śnieg. Przed wieczorem, gdy do góry zamkowej podjeżdżał dwustokonny orszak dworu poznańskiego, miasto było już szczelnie obłożone śnieżną ponową.

O przybyciu królowych nie rozgłaszano po mieście, aby uniknąć ciżby na świeżo poszerzonej grobli, jednak kto żyw z pobliża, a w szczególności z obozów żupańskich, zgromadził się pod zamkiem na powitanie. Pani Matylda z Helgą, otoczone tarczownikami cisowskimi, ustawiły się na samym zakręcie grobli. Słońce już zachodziło, gdy czoło orszaku ukazało się zza Góry Świętego Piotra. Przez dłuższą chwilę jechali sami mężowie, młódź dworska, niewyróżniająca się chyba niczym prócz urody. Za nimi, po odstępie, w otoczeniu czterech białych zakonników sunął na koniu okrytym purpurową kapą, sam w fioletach i złocie, biskup Unger, pierwszy gospodarz kościelnego zjazdu. Był czegoś zamyślony i nieuważnym machaniem prawicy odpowiadał na okrzyki powitalne i pokłony ludu. Wyglądał tak dostojnie i górnie, że Wanda nie śmiała rozpoznać w nim znajomego pasterza, który przed rokiem, chrzcząc i pouczając, okazywał jej tyle wyrozumiałości. Helga niecierpliwie wyglądała, kiedy ukażą się Piastówny. Same kierując końmi, jechały obok siebie jako pierwsze: Adelajda węgierska i Świętosława duńska, siostrzyce przyrodnie. O zmierzchu, pod obfitością futer, niewiele można było je rozróżnić, ale Helga zaraz poznała swoją królowę. Do niej przywarła myślami i tęsknotą serca. Bez wrażenia oglądała następne, słuchając pouczających wyjaśnień Matyldy. Za panią Emnildą Bolesławową, jadącą w otoczeniu Astrydy Sigvaldowej, Holmfridy, szwedzkiej królewny i wianka dworek, toczyły się dwa wozy, jeden otwarty, w którym siedziała najstarsza Piastówna, Agnieszka Gunterowa, ciotka Bolesława, a matka i macocha dwóch margrafów niemieckich: Ekkeharda i Guncelina, a w drugim, osłoniętym parcią, dwie karmicielki Słowianki gołębiły najmłodszego gościa, siostrzana Bolesławowego, królewicza duńskiego Kanuta-Lamberta. Helga nie domyślała się nawet jego obecności. Bliskość Sigrydy tak ją poruszyła, że i widok Bronisza w orszaku na pewno by nie ucieszył jej więcej.

A do Bronisza czuła żal, że wyrwał ją z ledwo zagrzanego gniazda i zostawił wśród tak mało serdecznych dla niej ludzi. W ostatnich dniach szczególnie ostro odczuwała swe osamotnienie. Dręczyły ją przywidzenia. Łatwo było mężowi cieszyć się na syna, ale czy to syn będzie, czy dziecko urodzi się całe, foremne, o tylu, ile trzeba, palcach, o takich, jak należy, oczach, mówiące, słyszące, gładkie? Przy Broniszu nie pragnęła ciekawszego świata, w Lipiu już się zadomowiła, ale tu, pod namiotem, osaczały ją tak dojmujące smętki i tęsknota za czułością matczyną, jak nigdy chyba w życiu. Nie miała, kto by ją pocieszył, a przeciwnie, zdawało się jej, że wielu by się radowało skrycie z jej niepowodzeń jako cudzoziemki. Sigryda zaś — gdyby przypaść do jej kolan i bez słów wypłakać się po prostu — jedna zrozumie, wysłucha, pocieszy; łatwiej będzie znosić później, co Bóg przeznaczył.

Poruszona takim pragnieniem wymówiła się od zaproszenia bratowej na wieczornicę, posyłając do niej żądne towarzystwa dziewczęta. Do namiotu odprowadził ją Biegan. Pod wewnętrzną oponą, gdzie stało jej łoże, było dość ciepło i sucho. Dym z ogniska, ulatniając się wprost do otworu w szczycie, nie rozwłóczył się, a blask ognia przenikał wprost, mile zagrzewając posłanie.

Helga wypiła kubek grzanego mleka, jednak na placek i mięso, które jej Biegan podał, spojrzała z odrazą. Sługa był tym zatroskany, lecz jeszcze bardziej zmarkotniał, widząc, jak pani najwyraźniej znużona, nie zdejmując wierzchnich szat, ułożyła się na skórach i przymknęła oczy. Nakrył jej stopy futerkiem, lecz nie odszedł, jak był zwykł w obecności dworki, jeno przykucnął u odsłony i patrząc w ogień, wzdychał ciężko.

Topniejący śnieg kapał z górnego otworu wprost w ognisko. Słychać było każdą kroplę, gdy padała ciężko, sycząc na rozpalonych bierwionach. Za namiotem rozkazujący głos Chociana popędzał służbę. Tupotały kroki, rżał koń, ktoś gwizdał kujawską piosenkę. Ale najwyraźniej Helga słyszała westchnienia Biegana. Zaniepokoiły ją. Nie dość ma własnych strapień, a tu i temu poczciwcowi coś dolega. Może wspomina utraconą rodzinę? Miał żonę, synka, dwie córeczki, własną zagrodę i to wszystko postradał. Nie zaś obcy napastnik go zniszczył, lecz swojszczyzna: ziemia, która wyhodowała żmiję, krewniak, któremu dał przytułek pod swym dachem. I znów jest sam, jak może nie był od urodzenia. Cóż znaczą smutki Helgi wobec jego klęsk? A jego, sługę, kto pocieszy? Dawnych bogów porzucił, nowego jeszcze nie poznał prawdziwie. Ludzie lipiańscy też zezują na niego jako na obcego, którego jeno pańska łaska trzyma.

— Biegan!

Zerwał się, uderzając głową w ścianę płótna, aż załopotało do szczytu. Głos Helgi, zdało mu się, brzmiał niecierpliwie, gdy spytała:

— Co Biegana tak nęka, że aż wzdychać musi?

— Smutek mojej pani! — odpowiedział, opuszczając głowę.

— Mój smutek? — Uśmiechnęła się, tak ją to zaskoczyło. Słuchając dalszego wyznania, rozrzewniła się szczerze.

— Wzdycham sobie, bo ciężko mi służyć, gdy nie umiem. Przykazał mi kneź Bronisz nie odstępować pani i strzec jej jak oka w głowie. A ja nie umiem ustrzec jej przed najgorszym. Od strzał osłoniłbym ją tarczą lub piersią własną, w słabości dźwigałbym na ramionach, dla głodnej zdobyłbym strawę. Zaś tego smętku, co jak czarna chmura ociemnia kwietną łąkę, nie odpędzi ani krzyk, ani miecz zwyczajnego woja. Nie znam czarów na smutek i jestem bez rady. O tym dumam i wzdycham, co czynić?

— Ja już nie jestem smutna. Już znalazłam pociechę. — Głos Helgi dźwięczał tak przyjaźnie, że podniósł na nią oczy. Odblask jej pogodnego uśmiechu rozpogodził zatroskane oblicze sługi.

— Myślałam, że nad własnymi strapieniami Biegan wzdycha.

— Życia nie cofnie człowiek, po co więc oglądać się w próżne?

— Bez żony tęskno pewnie?

— Jej już nie ma, a ja jeszcze żyję…

— A dzieci?

— Co im moja tęsknica pomoże? Nie wiem, gdzie są. Łatwiej wierzyć, że trafiły do dobrych ludzi i znalazły pociechę, jak ja u moich państwa. — Twarz mu się ożywiła, gdy wspominał dalej: — Byle tylko nie wpadły Niemcom w łapy… Chłopaczek zmyślny był i osobliwie przykładny do pracy ciesielskiej, a dziewuszki ładne, bardzo ładne jak na zwyczajnych rodziców.

— Dlaczego Biegan po tym wszystkim co go spotkało, zapragnął służyć panu Broniszowi? — spytała, przyglądając się z ciekawością jego poczciwej twarzy.

Biegan obtarł wąsy i przymrużywszy oczy, zapatrzył się w ogień. Mówił wolno, uważnie:

— Kiedy żona pomarła, a dzieci przepadły, zacząłem ich szukać. Gdy straciłem nadzieję, że je odnajdę, ostałem sam, z jedyną potrzebą, by pomścić krzywdę. Gdy zabiłem złego krewniaka, ostałem bez nijakiej potrzeby. A człowiek bez potrzeby żyć nie może. A ja żyłem.

Zamilkł, więc Helga pobudziła go nowym pytaniem:

— Dlaczego właśnie naszego pana Biegan obrał sobie?

— Poznałem go, jaki jest niezwyczajny. — Głos zabrzmiał mu śmielej. — Widziałem, jak zmógł niedźwiedzia i zgonił wielkiego łosia. Już wtedy, choć miałem swoich, zatęskniłem do bliskości z takim mężem. Niezwyczajny pociąga ku sobie. Służyć mu nie wstyd. Dzisiaj wiem, po co żyję.

Przyjemnie było Heldze słuchać, co powiadał. Uniosła głowę i zagadnęła z przekorą:

— Przecież teraz Biegan służy mnie, a nie panu Broniszowi? A ja jestem tylko niewiasta, nie bohater. Okropnie się boję niedźwiedzi i łosia.

Biegan uśmiechnął się pobłażliwie na znak, że żart zrozumiał, ale odpowiedział słowami poważnymi:

— Nie zwyczajną niewiastą jest moja pani, skoro taki witeź jak Bronisz ją jedną sobie upodobał i wojował o nią za morzami, a w domu swym zabiega o nią jak o najcenniejszy skarb. Zaś moja służba? Hę? Wielu pachołków ma pan Bronisz, ale jednemu tylko polecił pilnować swego najcenniejszego skarbu. Jestem ci mu potrzebny, służąc pani. Więc i jemu, i pani, a może... — rzucił gałązkę na ogień, i mruknąwszy pogańskie zaklęcie, dopowiedział półgłosem — może przysłużę się i jego synowi...

Helga opadła na łoże i przymknęła powieki w zadumie. Musiała zdać sobie sprawę z wyraźnej zmiany, jaką odczuła w sobie pod wpływem tej rozmowy. Więc Biegan jest taki... Bronisz przejrzał go, ocenił i przydał jej obok Miłki za opiekuna. Bronisz, choć nieobecny, opiekował się nią ciągle przez tych wybranych. To są ludzie, którzy miłują ją dla Bronisza. Taki Biegan... Jak to dobrze, że była dlań zawsze przyjemna, choć się nie domyślała, że jest tak wierny nie tylko z posłuszeństwa, ale i z serca. Dziwne są ludzkie serca. Cóż jest na świecie cenniejszego od miłujących serc? Im wszystko warto poświęcić. I Biegan wart niejednego. Warto przywiązać go najbardziej do swego domu i rodziny, a przywiązać przez wiarę i dobroć. Rozmawiała już z nim kilka razy o chrześcijańskiej wierze. Opowiedziała mu w skrócie żywot Zbawiciela. Słuchał uważnie i nigdy nie zadawał pytań, ale się przekonała, że wszystko zapamiętuje. Tylko wymowa nazw biblijnych sprawiała mu trudność. Każde zdanie Helgi przyjmował z ufnością, tak jak po prostu a z wiarą przyjmuje się opowieść ważnego świadka o znajomych dziejach. Raz tylko, gdy wracali z nieudanej wyprawy na Górę Lecha, zdawało się Heldze, że Biegan, słuchając wykładu o sprawiedliwości Bożej i równości wszystkich ludzi przed sądem Jezusa, nie zgadzał się z jej wypowiedzią. Kręcił głową, mruczał coś pod nosem, ale nie chciał przyznać się wyraźnie do wątpliwości. Zanotowała to sobie w pamięci. Teraz, gdy sen ją odbiegł, a życzliwość skłaniała ku słudze, zapragnęła pouczać go o tych najważniejszych sprawach. Mówienie o Zbawicielu poganom nieświadomym spraw wiary najskuteczniej odrywało ją od przyziemnych trosk, zadowalając serce poczuciem, że przysługuje się Bogu, jak powinna zawsze i wszędzie, czy w Szwecji, czy w Nidaros, we własnym dworze albo tu w namiocie. Jedna jest prawda Boża na cały świat i jednakowo potrzebują jej wszyscy poganie, dzieci wspólnej ojczyzny niebieskiej. W cieple wiary topnieje osobista ważność człowieka, zacierają się różnice krajów, a nawrócony staje się kimś tak bliskim jak krewny, boć zaiste Krew Pana Jezusa przyjmując w Najświętszym Sakramencie, włącza się Nią prawdziwie do jedności chrześcijańskiej rodziny. Byle zrozumieć to i odczuć czystym sercem, bez obłudy: jaki swój, jaki bliski jest ten świat cały i ludzie. Miłce do całkowitej ufności w Chrystusa brakło upewnienia się, że Jego miłosierdzie nie pomija nikogo, nawet zmarłych a sprawiedliwych pogan. Gdy Bossuta jej to wyjaśnił, sama przyznała, że nic już jej nie przeszkadza do oddania się Chrystusowi na śmierć i życie. Każdy ma jakaś swoją słabość, jakieś niedomówienie, które go powstrzymuje od uznania całkowitej prawdy, zaś to uznanie jest warunkiem chrześcijańskiego pokoju i szczęścia. I Helga ma swe skazy, tę przede wszystkim, że nie umie być spokojna i pewna swego. A Biegan? I jemu coś zawadza, roztrąca konieczną do wiary przyjaźń serca z rozumem. Postanowiła go wybadać. Nie było to jednak łatwe. Na proste pytanie, czy nie zrozumiał czego z nauki o chrześcijańskim Bogu, odpowiedział jeszcze prościej, że nic nie zrozumiał, gdyż jest zwyczajnym człowiekiem. Helga aż jęknęła w poczuciu bezradności. — Czyżby już wszystko zapomniał, co mu opowiadała o Zbawicielu? — Nie! Pamięta dokładnie. — Czemu więc nie wierzy? — Jakże by śmiał nie wierzyć temu, co ona powiedziała? — Może więc czego nie rozumie? — Niczego nie rozumie! — Czego na przykład? — Wszystkiego! — Ale dlaczego? — pytała cierpliwie.

— A dlaczego Pan Jezus, Syn Boży i królewicz Dawidowy, urodził się tak biednie, gorzej od niewolnika, w stajni, z bydlętami? Dlaczego, jeżeli umiał leczyć trąd, wskrzeszać umarłych, rozmnażać chleb i ryby, nie umiał zabijać złych ludzi, nie umiał uniknąć biczowania i pozwolił się ukrzyżować? Dlaczego, jeżeli chciał zbawić świat, nie zniszczył wszystkich czartów i złoczyńców i od razu nie zaprowadził porządku i sprawiedliwości? Dlaczego po zmartwychwstaniu opuścił ziemię i pozostawił ludzi na pastwę diabłów, którzy mu wszystkich uczniów pomordowali. Dlaczego tu, do Gniezna mają zjechać wielcy chrześcijanie, cesarz i królowie, by uczcić biskupa, który poszedł do Prusów i pozwolił im się haniebnie zamęczyć?

Pod wpływem nieoczekiwanej wymowy Biegana i wątpliwości, które brzmiały wprost jak oskarżenie, Helga oniemiała. Jak zdoła go przekonać? Były to wszak te same trudności co u normańskich pogan. Nie mogli pogodzić się z potępieniem tego, co uważali w życiu za najważniejsze: dziedzictwa, władzy, przemocy i praw wygodnych dla zwycięzców. Chrystus sterował człowiekiem wbrew temu, co umacniało ludzi w doczesności. Dla Biegana świętością był bohater-wojownik, taki jak Bronisz, śmiały, szczodry, władny, co szukał zwady z niedźwiedziem, nagradzał wiernych, a tępił wrogów. Przestałby być bohaterem, gdyby dał się pokonać niegodnym przeciwnikom, tym bardziej gdyby uległ im bez walki, gdyby stracił życie bez krwi cudzej rozlewu, bez pomsty...

Po rozwadze postanowiła rozrzucić stos wątpliwości Biegana od góry, od jego bohatera właśnie. Przecież Bronisz miłował Chrystusa i tak mu wierzył, że w obronie Jego czci oddałby życie. Jeżeli tak skutecznie wierzy, musi i rozumieć. A rozumie tak właśnie, jak trzeba. Że Chrystus był bohaterem ponad wszystkie bohatery w świecie. Gdyby jeno chciał, wrogów by zabijał spojrzeniem, mury warowni roztrącał głosem, drzewa zamieniał w najwierniejszych wojów, kamienie w placki pszeniczne, wodę w rzekach odmieniałby w miód. Ale cóż mu z tego? Ostałby się sam ze swoimi, posłusznymi jak psy, i koniec na tym.

Chrystus nie pragnął tego bynajmniej, właśnie dlatego, że mógł to osiągnąć bez trudności. Nie potrzebował władać nad światem, bo i tak wszystko od niego zależało. Jako Syn Boży był przecież współtwórcą każdego żyjątka i rzeczy. I Biegan, i Bronisz, i cesarz, i biskup, i dziecko każde, niewolnik, słabizna wszelaka — to Boże twory. Jednemu pozwolił być możnym, drugiemu tylko pięknym, innemu niewolnym, piątemu kaleką, a to stworzył niewiastę, a to męża, na ojców, matki, siostry, w nie byle jakiej różności i odmianie. Pragnął Bóg jednego tylko od ludzi: by Go miłowali, by mu ufali, by wszyscy byli jego, bo o wszystkich zabiega, bo jest nad wszystkimi jak to słońce, które jednako oświeca wrogów i przyjaciół. Rozumie Biegan? Bóg stworzył Biegana i Bronisza do jednego celu: by Go obaj kochali; a dlatego stworzył ich różnych, gdyż pragnął, by Go najróżniej kochano. Czy Biegan miłuje Bronisza?

Potwierdził bez wahania potaknięciem głowy.

— I za co? Za to, że jest śmiały, mocny, że jest sławnym kneziem?

— I sprawiedliwy — dopowiedział pośpiesznie.

— A gdyby Biegan poznał naprawdę, jaki jest Bóg, toć ludzcy bohaterowie wydaliby mu się w porównaniu tacy miałcy jak kałuża przy morskiej głębinie. I pokochałby wtedy Biegan Boga tak, że nikomu innemu nie pragnąłby już wierniej służyć. Ale jak mógł człowiek ślepy na duchu poznać Boga, którego wielkości i wspaniałości nie obejmie ani wzrokiem, ani myślą? Dlatego właśnie, by ułatwić człowiekowi poznanie Stwórcy, przyszedł Syn Boży na świat w ludzkiej postaci w gościnę człowieczego życia. Chciał ten Syn Boży pouczyć ludzi o sobie, o tym, że Bóg jest ojcem wszystkich i pragnie, by Go wszyscy dobrowolnie kochali, tak jak On ich kocha. Jakże by inaczej mógł pouczyć o tym, niż to uczynił? Gdyby się urodził w złotym pałacu, czyby Biegan uwierzył, że Syn Boży pragnie być i jego miłującym bratem? Ale Chrystus urodził się bezdomnie, w stajence, w jaśle, gorzej od Biegana, od niewolnika nawet. Jeżeli Bóg pozwolił swemu Synowi tak się urodzić, to chciał dać poznać najbiedniejszemu z urodzonych ludzi, że i on jest Jego dzieckiem. Jako dziecko przeszedł wszystkie umartwienia nędzy i niebezpieczeństw. Krył się przed oprawcami, był na wygnaniu, stracił opiekuna i żywiciela; by poznać sieroctwo, musiał ciężko pracować na chleb powszedni dla siebie i Matki, musiał znosić upokorzenia ludu, którym rządzili obcy Rzymianie. W tym jest właśnie największe bohaterstwo Chrystusa, że chociaż mógł uniknąć trudności, tak jak to czynią wszyscy ludzie z przyrodzenia, dążąc do poprawy i unikania cierpień, On dobrowolnie szukał bólu i dzielił go z tymi, którzy sami nie umieli pozbyć się nędzy. Tym zdobył zaufanie do siebie maluczkich, stał im się bratem najprawdziwszym, dowiódł im tego nie pustymi słowami, ale prawdą własnego życia. A możni tego świata? Tych pouczał słowem, gdyż czynu im nie było potrzeba, czynem bowiem sami dość korzystnie dla siebie władali. Mogli się zresztą przekonać o Jego bohaterstwie, gdy czynił cuda, wskrzeszał umarłych, uzdrawiał trędowatych i opętanych, rozmnażał chleb i ryby. Więc najprzód przekonał ludzi, że wszyscy są synami jednego Boga.

A następnie pokazał, jak Bóg chce, by Go miłowano. Tak mianowicie, jak Syn Boży miłuje człowieka, czyli ponad życie własne. Jak można inaczej tego dowieść? Biegan miłuje Bronisza, ale czy Bronisz musi temu wierzyć? Zdrajcy też potrafią mówić o wierności pięknymi słowami. Najbardziej ostatecznym dowodem miłości człowieka do człowieka jest poświęcenie życia swojego umiłowanemu. Często dzieje się tak w walce i obronie, lecz nie jest to rozmyślna ofiara, gdyż walczący zawsze ma nadzieję, że nie zginie. Tymczasem Zbawiciel dobrowolnie szedł na śmierć za ludzi, wiedząc, co go czeka, mogąc oszczędzić sobie cierpień, uniknąć sądu, obrać śmierć łatwiejszą, pokonać wrogów, gdyby tylko chciał. Ale on pragnął właśnie wycierpieć do ostatka najgorsze: hańbę i opuszczenie, biczowanie, krwi upust, a nadto, cierpiąc, prosił Boga Ojca, by za tę krzywdę i niesprawiedliwość, jaką mu bracia-ludzie wyrządzają, Bóg Ojciec nie karał ich, gdyż nie wiedzą, co czynią.

Przekonali się, co uczynili, gdy dnia trzeciego Zbawiciel powstał żywy z grobu, co mógł uczynić tylko Syn Boży, sam Bóg. Tym zmartwychpowstaniem przypieczętował Zbawiciel prawdę o sobie, tę właśnie, że z dobrowolnej miłości żył i zmarł umęczony wśród ludzi dla ludzi, aby ich oświecić, przykład dając, jak Bóg miłuje swe stworzenia i jak pragnie, by Go każdy człowiek miłował wzajemnie.

Niech Biegan powie, czy gdyby Chrystus, który umiał wskrzeszać umarłe i sam zmartwychwstał, gdyby On zabił choć jednego człowieka, czy Biegan mógłby w pełni wierzyć i ufać jego miłości do wszystkich ludzi? Rozumie Biegan teraz?

— Rozumiem.

— Co rozumie?

— Że Bóg jest też moim Ojcem, jak i Bronisza, i że chce, byśmy go miłowali, ale...

— Co ale?

— Czemu odszedł z ziemi i zostawił nas na pastwę diabła?

— Po to odszedł od nas, żeby pozostać z nami. No, to jak by to było? Jeden Chrystus w jednym ciele mógł być naraz tylko w jednym miejscu, nie przy wszystkich, a On chciał być ze wszystkimi razem. Dlatego odszedł z ziemi, a dał swym uczniom władzę, by w każdy czas, gdy powołają się przed Ojcem Niebieskim na Jego mękę, błogosławiąc chleb i wino pewnymi słowy, sprawią, że On w tym winie i chlebie będzie obecny swoją prawdziwą Krwią i Ciałem, a dając je do spożycia wiernym, udzieli im się jako braciom, uświęci ich jako wybrane dzieci Ojca Niebieskiego. A gdyby był żywy wśród nas tak po ludzku, nie moglibyśmy nigdy podobnie się z Nim jednoczyć. Więc nie zostawił nas samych na pastwę diabłu. A czemu diabła pozostawił z nami przy władzy ziemskiej? No bo jaki by miał dowód, że Go miłujemy? Niech Biegan pomyśli. Czemu Bronisz powierzył mu pilnowanie mojej osoby? By chronił mnie od niebezpieczeństw. Póki istnieją niebezpieczeństwa, póty Biegan jest mnie i Broniszowi potrzebny i póty może wierną służbą zaświadczyć, że miłuje Bronisza. Diabeł to właśnie niebezpieczeństwo, które może odwrócić serce ludzkie od miłości Boga.

A teraz o biskupie Wojciechu. Dziwi się Biegan, czemu cesarz i królowie przybywają tu, aby go uczcić? Za co? Za to, co uczynił! A cóż uczynił? To, czego nikt inny nie potrafił w dzisiejszym świecie. Rzucił swój ród, bogactwo i władzę, rzucił oręż i drużynę i tak, jak stał, poszedł do pogan, podobnych do Biegana ociemniałych braci, by im zanieść Dobrą Nowinę o tym, że są dziećmi Boga, który ich miłuje i oczekuje na miłość wzajemną. Czy to nie bohater? Zali nie dowiódł, że wierzy Chrystusowi, miłuje Go nad życie własne, pracuje dla Niego, nie lękając się tych, co zabijają ciało? Kto umie być bardziej nieustraszony, bardziej ofiarny, bardziej miłujący niż taki człowiek? Czyby się Biegan nie przeraził, gdyby usłyszał, że pan Bronisz też zamierza iść śladem biskupa Wojciecha? A czym by się Biegan przeraził? Przecież bohaterstwem... Bo co łatwiej uczynić: iść zbrojnie do Prusów, pobić ich i jako zwycięzca kazać wielbić Ukrzyżowanego, czy tak, jak uczynił biskup Wojciech: pozwolić im się dla Chrystusa zamordować? Niech Biegan powie. Bronisz by nie potrafił, jak biskup Wojciech, dać się umęczyć bezkarnie, gdyż by się bronił, a broniąc — zabijał tych, których miłuje.

Czyby dla wojowniczego zwycięzcy zjeżdżali się tu królowie? Na pewno nie! Większego bohatera nad biskupa Wojciecha nie masz w dzisiejszym świecie. Czy Biegan to rozumie?

Potakując, Biegan opuszczał głowę coraz niżej, jakby go przygniatała prawda ponad siły.

Helga obudziła się późno z uczuciem, że się jej śniło coś radosnego. Posłanie Wandy było puste i nieruszone. Widocznie nie wróciła na noc. Płocha dziewka nie nadawała się zupełnie na dworkę. Biegan, czyhający na przebudzenie pani, zawiadomił ją, że Jawita pobiegła do wozów po świeżą baraninę. Przez szeroko rozsunięty wchód wpadało do namiotu białe światło dnia, wydmuchując ku górze resztki dymu.

Helga łakomie wdychała pachnące mroźnym śniegiem powietrze. Pod futerkami dobrze się zagrzała i, gdyby nie gorzkość w ustach, czułaby się rześko jak panienka. Nie chciała czekać na powrót dziewcząt i kazała Bieganowi przynieść kociołek z podgrzaną wodą. Szczęśliwie, gdy się trapiła, kto jej rozczesze włosy, powróciła Wanda.

Wpadła pod namiot, lecz zamiast się tłumaczyć z nieobecności, krzykliwie doniosła, że do cisowskiego obozu przyszli królewscy dworacy, szukając Helgi Broniszowej, aby ją zabrać, nie mieszkając, na zamek.

— Ubieraj mnie czym prędzej, latawico — rozkazała Helga, zapominając o zamiarze naganienia krnąbrnej dworki.

Wanda ujęła grzebień i szarpiąc włosy aż trzeszczały, gadała, co jej ślina na język przyniosła, jakby chcąc tym wynagrodzić swą niesumienność w służbie. Ten mówił to, a tamta spodziewała się po kimś owego, zaś pani Matylda gorzeje z gniewu, że to nie ją, siostrzenicę królowej Emnildy i małżonkę najstarszego z Ganowiczów, zaproszono pierwszą na zamek. A rycerz, jaki piękny, syn koniuszego Dołęgi, nosi najczerwieńsze buciki w całym Poznaniu. Kupił je w Kijowie, gdy bawił tam z ojcem, zapraszając na zjazd króla Włodzimierza. Włodzimierz nie mógł sam przyjechać, bo zachorzał na nogi, ale przysłał dwóch synków z pięknymi darami. Kijowianie są bardzo bogaci i mówią naszą mową, ale ojciec zakazał im się w Polsce żenić.

W obcisłej, spodniej sukni znać było po Heldze, że jest ciężka. Pragnąc najlepiej przedstawić się królowej, nie szczędziła stanu i mocno przepasała się złocistą wstęgą. Gdy naciągała rękawy wierzchniej szaty, do namiotu wszedł goniec królowej. Nim powiedział pierwsze zdanie, Helga spojrzawszy na jego stopy wybuchnęła śmiechem. Dworak się zapłonił, zdziwiony takim przyjęciem, stłumił jednak urazę przed podziwem dla urody pani, a tym się to objawiło, że do zlecenia zaprosin dodał od siebie pochwałę jej rodu i wdzięków.

Wanda pewna była, że Helga zabierze ją ze sobą, toteż oburzyło ją oznajmienie dworaka, że na zamku brak miejsca dla osób niezaproszonych imiennie, zasię pani Broniszowa znajdzie należną obsługę w babieńcu królewskim. Dziewczyna rozpłakała się. Pocieszenia Helgi, że przecież ostatnio czuła się lepiej w towarzystwie cisowskim, nie tylko jej nie ułagodziły, lecz przeciwnie, rozdrażniły, zachwyt nad urodą posła zmieniły w nienawiść i zachętę do szyderstw z jego niezwykłego obuwia. Gorzej przedstawiała się sprawa z Bieganem. Do zamku szedł spokojnie za pachołkami dźwigającymi skrzynię z odzieżą Helgi, gdy jednak przy bramie strażnicy przejęli skrzynię, a pani chciała się z nim pożegnać, ani myślał o odejściu. Złoszczącemu się nań dworakowi rzekł, iż otrzymał od Bronisza wyraźny rozkaz: nieodstępowania swej pani ani na krok i póki żyw służby dotrzyma. Gdy spróbowano go nastraszyć, zdjął z szyi miecz, a taką miał w oczach zawziętość, że przerażona Helga, wiedząc, czym grozi nieposłuszeństwo w obrębie królewskiego obozu, osłoniła go i wycofała się sama za wrota. Błagała swego przewodnika, by skoczył do królowej i spytał się, co ma czynić, gdyż sługa nie chce jej wypuścić samej. Na taką chwilę nadjechał podkomorzy Iwo. Powitał Helgę z pełną ciekawości czcią, a gdy ze łzami w oczach pożaliła mu się na utrudnienia, dostojny starzec poklepał Biegana po ramieniu i spytał go: czy wolnym jest, że miecz nosi.

— Wolny jestem dla wszystkich prócz mojego pana — odpowiedział Lubuszanin ponuro.

— Szkoda! — westchnął podkomorzy. — Kupiłbym takiego sługę na wagę srebra i poleciłbym mu pilnować swych córek. — Zwrócił się do straży z krótkim rozkazem. — Przepuścić!

Dworak, zły na Biegana, chciał się sprzeciwić, przekładając, że rozkaz królowej był wyraźny, że sam król, że cesarz i goście, gdy przybędą…

Iwo przerwał mu ostro:

— Odprowadź tego sługę do czeladzi i niechaj ma swobodę pilnowania swej pani. Nie martw się o cesarza! Gdyby, nie daj Bóg, zaszło co złego, żywiej by on w tych łapciach go obronił niż ty w swych skórzniach kijowskich!

Zamek gnieźnieński nie przedstawiał się nazbyt okazale. Stłoczony w obrębie murów piastowskiego grodu, przelewał się poza nie skosami szczytów i strzech okrywających drewniane i oblepione gliną ściany przybudówek. Strażniczej wieży, która z oddali górowała nad miastem, ze środka nie można było zgoła dostrzec. Okrągły zajazd przed gankiem dworzyszcza zniknął zupełnie. Na jego miejscu rozpostarł się niespotykanych rozmiarów namiot, a właściwie olbrzymie przykrycie, lekko wypukłe, zszyte w kształcie promieni z pasem niebieskiego płótna. Okap namiotu wspierał się na drewnianych ścianach, a od środka podtrzymywały go słupce i pnie sosen, którym u wierzchołków pozostawiono pełne uiglenie, tak, by zasłaniały przed deszczem otwory, pozostawione do przewiewu i odciągu dymu. Na słupcach, w połowie ich wysokości wisiały w równych odstępach żelazne kosze, gotowe do zapełnienia palnym chrustem. Środek namiotu był pusty, przykryty jeno kobiercem tak szerokim, że mogłoby stanąć na nim ze trzystu chłopa. W krąg kobierca sterczały niskie, nie wspierające namiotu kamienne stolby, zakończone czaszami napełnionymi tłustym opałem.

Kiedy Helga wprost ze śnieżnej widności weszła pod namiot, gdyż tędy wiodła najkrótsza droga do dworu, zdało się jej, że znalazła się nagle w nocnej głuszy leśnej. Wietrzniki, przesłonięte gałęziami sosen, przeświecały się jak księżycowa mgła, a szpary szwów na płótnie namiotu migały niby rzędy gwiazd w pomroce niebios. Gdy oswoiła źrenice z przyćmieniem o tyle, by się rozeznać we wspaniałości urządzeń, usłużny Dołęgowicz objaśnił ją, że w sąsiednich budach czekają na wstawienie całe drzewka zielonolistne i prawdziwe kwiaty, w słoneczny zaś dzień można płótna rozsunąć, tak że widno będzie jak na polu. Na przypadek ostrego mrozu i to przygotowano, by odsunąwszy kobierzec, rozpalić pośrodku olbrzymi ogień, dym wypuszczając odsłoniętą górą, a wtedy rozprażone kamienie i ziemia dałyby ciepło przyjemne na czas uczty.

Najpierw stawiono Helgę przed polską królową. Serdeczne przyjęcie rozwiało jej nieśmiałość i pobudziło do pierwszego wzruszenia. Emnilda, po żartobliwym napomnieniu, że tak późno Broniszowa żona dała się poznać, uściskała ją, nazwała biedactwem i sierotką i obiecała, że wpłynie na Bronisza, zdziczałego na ciągłych wyprawach, by pilniej zajął się domem i gospodarstwem. Chwaląc urodę Normanki i zapraszając, by zawsze liczyła na poczesne miejsce przy dworze, odprowadziła ją do duńskich komnat. Helga, na widok swojej królowej przypadła do jej kolan i tuląc w sukniach twarz, rozpłakała się głośno. Przez dłuższą chwilę Sigryda w milczeniu gładziła włosy dworki, po czym porozumiawszy się wzrokiem z bratową, gdy Emnilda wyszła, podniosła Helgę i kazała się pokazać. Wciąż poważna i milcząca, obejrzała ją od stóp do głowy, rozwiązała wstęgę ściskającą biodra, pogładziła po łonie i, uśmiechając się, poradziła:

— Od góry nigdy nie naciskaj brzucha. Dam ci lepszą podpaskę. I pamiętaj, jeżeli chcesz być długo młoda, gdy nosisz, jak najmniej podnoś ramiona, a przeciwnie, do końca pracuj w pochyleniu i dużo chodź, to dziecko będzie jędrne. A teraz — ucałuj mnie!

Sigryda wyglądała tak pięknie jak dawniej w Uppsali. Żółte plamy na twarzy, które smuciły ją przed rokiem w Roskilde, zniknęły bez śladu. Wąska suknia uwypuklała kształtną pierś i nieprzerosłe biodra, spływające w dół smukłością długich nóg. Cieniutkie zmarszczki przy oczach na skroni były ledwie z bliska dostrzegalne. Tylko włosy straciły nieco na połysku. I oczy miały mniej zaczepny wyraz. I usta układały się czasem niestrzeżone w nieco bolesny grymas. Ale może się tak wydawało tylko Heldze, doszukującej się dziś w ukochanej twarzy więcej uczucia i myśli niż piękności, którą dawniej tak się lubowała. Przysiadły obok siebie na łożu, myśląc, od czego zacząć rozmowę o sobie. Helga zastanawiała się, co odpowie, gdy królowa zacznie ją wypytywać. Dotychczas tak zawsze bywało. Pamiętała, że Sigryda nigdy się nie zwierza ze swych spraw dworkom. Pozwalała się wielbić, ale nie poznawać. Ujęła rękę Helgi i przyglądała się pilnie jej palcom.

— Utyłaś trochę, ale wciąż są ładne — westchnęła, nie wiedzieć czemu. Helgę zawstydziło to uznanie, lecz wnet zapomniała o sobie, słuchając królowej:

— Przed piętnastu zimami byłam jak ty dzisiaj. W obcym kraju, między obcymi ludźmi. Ale zima tam była surowsza, ludzie pogańscy, kraj w przededniu wojny, zaś mąż… Ty, Helgo, jesteś szczęśliwsza. Bronisz to prawe serce. Trudno mu było pokochać, lecz gdy raz pokochał, już nie zdradzi. Nie boisz się go, prawda? Jesteś szczęśliwa?

— Jestem! — szepnęła Helga, tuląc się do ramienia królowej.

— Dlaczego jesteś szczęśliwa?

— Bo mnie miłuje.

— Nie! Dlatego, że ty go miłujesz i jesteś jego. A ja przed piętnastu zimami... Jedynie pater Poppon, twój rodzic Jarand i Dzik, oni mnie znali i — współczuli. I wiesz... W tym właśnie grodzie gnieźnieńskim, w rocznicę śmierci mej matki, poznałam po raz pierwszy Olafa Tryggvasona...

— Nie wiedziałam. — Helga podniosła głowę i spojrzała w oczy Sigrydy. Patrzały na się długo ze zrozumieniem. Pierwsza Helga opuściła powieki, zawstydzona, zalękniona prawie.

— Czy nie można o tym zapomnieć? — spytała z wysiłkiem.

— On pamięta! Niczym był wtedy. Takich jak on, królewiczów bez ziemi, wielu karmiło się na dworze mego ojca. Twój Bronisz kochał go jak brata. Twój rodzic miłował go jak syna. Za to Jaranda lubiłam i przybliżyłam go do siebie w Uppsali. Widzisz więc, gdyby nie Olaf i ty byś nie była moją dworką i — nie rozmawiałabym z tobą dziś o nim...

— Dlaczego później, gdy król Eryk zginął, a Olaf był królem Norwegii...

— Później już było za późno. Trudno to pojąć. Zgwałcone serce mści się. Zemściło się i moje serce na mnie samej, że go znienawidziłam, a pamiętam. On pragnął mnie upokorzyć za swoją długoletnią mękę. I wciąż to trwa. I wciąż wiemy o sobie. Ja lituję się nad jego Thyrą, on nad moim Swendem. Ale ja mam trzech synów, a on jest sam... W samotności płonie nieszczęśnik zazdrością i żądzą. Helgo! Ty przecież znasz go dobrze! — spojrzała na dworkę, jakby zdumiona tym przypomnieniem.

— Znam go dobrze.

— Twój rodzic wciąż jest przy nim. Może w tej samej chwili siedzą razem jak my i rozmawiają. Rozmawiają może o obcych ludziach, a myślą o nas: Olaf o mnie, a Jarand o tobie... Ech! — Wstrząsnęła głową i przetarła czoło. — To przez Gniezno i ciebie wzburzyły się niepotrzebne wspomnienia. Chodź, pokażę ci lepiej mojego synka. A wiedz, że on właśnie mój syn. Bo pierwszy, Harald, to Swenda, który tak się nim radował, że spał, zazdrosny, przy kołysce i nie chciał go puścić do Polski. Tego drugiego mnie oddał i pozwolił, bym go wzięła ze sobą, jak rzekł: by królewicz przesiąkł Piastami.

U kołyski malutkiego Kanuta-Lamberta poznała Helga panią Adelajdę węgierską. Próżno się dopatrywała podobieństwa między siostrami. Adelajda była wyższa od Sigrydy, koścista, siwiejąca, o gwałtownych ruchach i szorstkim głosie. Na chwilę przywitania się z obcą przybrała dostojną postawę, ale wnet powróciła do zabawy z królewiczem duńskim, rozśmieszając go wesołymi wyrazami twarzy. Dzieciątko wyszczerzało różowe dziąsła, machało rączkami i zaśmiewało się, gdy łakoma pieszczot z niemowlęciem stara ciotka zaczęła go łechtać językiem w pulchną nóżkę. Gdy nad kołyską stanęła matka, Kanut spoważniał nagle i począł się ślinić. Sigryda karmiła go raz na dzień, w południe, i dziecię ten pokarm najwięcej sobie ceniło, z niechęcią pozwalając się nasycać mamkom.

Rozsiadły się obok karmiącej, rozmawiając. Adelajda zwróciła baczniejszą uwagę na ręce Helgi i spytała się, gdzie takie rosną. Nie czekając na odpowiedź, zaczęła się przyglądać uważnie piersiom Sigrydy. Podziwiała ją:

— Czy to północne mrozy tak dobrze zachowały ci kształt ciała? Trudno uwierzyć, że jesteś moją siostrą, a urodziłaś trzech synów i córkę.

— I jeszcze będę rodzić — odrzekła Sigryda chełpliwie.

— Trafiłaś na mocnego męża.

— Wybrałam go sobie.

— Tak, to prawda! — Adelajda spojrzała na Helgę jakby badając, czy można przy niej mówić. Sigryda uspokoiła ją skinięciem głowy i słowami: „Ona wszystko wie".

— To prawda, że pierwszych królów wybrał nam ojciec nietęgich. Aleśmy ich przetrzymały! Tylko, że ja już na drugiego nie mam odwagi. I syn się sprzeciwia. A mój Stefan to wielka głowa.

— Szkoda tylko, że chcesz go żenić z niemiecką księżniczką.

— Dlaczego szkoda? Ojciec też nam się na ostatek z Niemką ożenił.

— To ci nie przyniesie zgody z Bolesławem, jak nie przyniosło i ojcu — nachmurzyła się Sigryda.

— Łatwo ci bronić Bolesława, gdy twój syn króluje w zamorskiej Szwecji. Inaczej byś go widziała, gdyby siedział na Węgrzech lub w Czechach. Bolesławowi wciąż ciasno. Niebezpieczny to sąsiad dla siostrzeńców. Wiesz chyba, jak nam szkodził. I jeszcze trzyma Prokuja w zanadrzu. Ale mój Stefan ma głowę na karku, a ja mojego braciszka zbyt dobrze znam. Dlatego wolę syna ożenić z niemiecką księżniczką niż z córką ruskiego rozpustnika Włodzimierza, którą mi rai Bolesław.

Helga tyle wyrozumiała, że starsza siostra nie podziela miłości młodszej do brata, króla polskiego. Rozmawiały po polsku, Helga najgorzej, ale o tyle już poznała mowę, by zauważyć, że królowe nie dość wprawnie władają ojczystym językiem.

Po ułożeniu Kanuta w kołysce Adelajda pożegnała się, by zmienić strój do południowego posiłku. Gdy pozostały same, Sigryda rzekła ze smutkiem:

— Ojciec przykazywał nam, wysyłając z domu, byśmy ochrzciły swoje królestwa. Adelajda dokonała tego, gdyż była bliżej Rzymu i miała za doradcę biskupa Wojciecha. Mnie gorzej wiodło się w Szwecji. Niech syn kończy, co rozpoczęłam. Może w Danii uda mi się lepiej. Swend już dla mnie trzy świątynie postawił i pomyślał o nawracaniu Skanii. Żeby jeno ta odmiana trwalsza była niż jego wierność dla żony.

— Dla kogo? — zdziwiła się Helga.

Sigryda roześmiała się.

— Myślisz, że wszyscy mężowie są jak twój Bronisz, co ślubuje czystość na czas, gdy żona słaba? A zresztą — kto wie, jakim by się stał Bronisz, gdyby mu los zasądził taką jak ja żonę. Nie poznałaś mnie jeszcze. Ty masz serce pokorne i czyste, a ja potrafię własne serce deptać.

— Dlaczego?

— Bo mądra jestem dla wszystkich, tylko nie dla siebie, czyli że jestem głupia! Pierwsza to usłyszałaś i… zapomnij.

— Jesteś, pani, najmędrszą z kobiet, jakie znałam.

— Mało znałaś.

— Nie! Ty jesteś najmędrsza i najpiękniejsza — łasiła się Helga. — Ty jedna umiesz być prawdziwie sobą. Dlatego tak niepokoisz ludzi, że albo kochają cię, albo nienawidzą. Ale ja będę cię zawsze kochała.

— Nawet gdyby…

— Nawet gdyby!

— Czy wiesz, co chciałam rzec?

— Nie wiem, ale nawet gdybyś to rzekła, wiem, że dla mnie masz serce matki, a to serce w tobie jest najlepsze!

— Nie znasz matek, jak umieją krzywdzić własne córki.

— Ale ciebie znam.

— Ja zaś siebie nie znam. Gdy gniew mnie opanuje, nie wiem, co uczynię, a nie umiem cofać się i żałować tego, co się stało.

XI

Przez kilka dni zjeżdżały w obręb królewskiego zamku ciężko ładowne wozy, nakryte płachtami, pod którymi ciekawi domyślali się beczek, tobołów i skrzyń. Że musiały być cenne, świadczyło pilnowanie ich i chowanie w strzeżonych składach. Obostrzono dostęp do zamkowej góry, gdzie nikt prócz wojewodów, dworzan i gońców królewskich nie miał prawa wchodzić. Wreszcie gruchnęła wieść, że cesarz rzymski w towarzystwie zastępcy papieża wkroczył na ziemie Bolesława polskiego i został po królewsku powitany w grodzie Iłwa za Odrą. Na gościńcach wiodących do Gniezna zaroiło się od spóźnionych gości. Przez groblę jelonkowską płynęła nieprzerwana fala ludu. Aż dziw, jak starosta Nasław umiał utrzymać porządek wśród śpieszącej ciżby i jak zdołał wszystkich przybywających rozmieścić w obrębie miasta. Huczało tam jak w przepełnionym ulu. Tylko rycerzom z łańcuchami wolno było przejeżdżać przez ulice konno. Obozy służebne, trzodę, składy i przenośne piekarnie wymieciono za wał Nowego Miasta. Starościńska straż miała

prawo zabijać na miejscu rabusiów i trędowatych. Kilku-
set osobliwie przystrojonych chłopów z bosakami strzegło
bezustannie przed ogniem. Niestrudzony Nasław sprawdzał sam, by nie zatłaczano przejazdów, a nieposłusznych
tratował bez litości.

Wojsko zjawiło się na ostatek. W nocy poprzedzają-
cej dzień zjazdu czterystu ciężkich kiryśników i tysiąc
piechoty kujawskiej, wszyscy zbrojni po zęby, obstawiło
szczelnie całą drogę od Gospody Jeleniej przez groblę do
Góry Lecha. Po obu stronach jeden konny kiryśnik stał co
pięciu łuczników. Na wolny środek nie wpuszczano nikogo.

Nocą padał śnieg, ale przed świtaniem wschodni wiatr
przegnał chmury i oczyścił nieboskłon. Purpurowy krąg
słońca dźwigał się sennie w tumanach mroźnej mgły. Nim
zorza zbladła, na strzeżoną drogę wjechał rząd wozów,
ciągnionych każdy przez cztery woły, z osobliwym ładun-
kiem: wielkimi, na pięć łokci średnicy wałami czerwonego
sukna, które, kolejno podjeżdżając, pachołkowie starosty
rozwijali i układali pośrodku strzeżonej drogi jako chodnik. Ludzie nie chcieli wierzyć, że to prawdziwe sukno.
Królowe, patrząc z wieży zamkowej, zdumiały się niepo-
miernie widokiem drogi, obrzeżonej dwurzędem zbrojnych, a środkiem cieknącej niby struga krwi na śnieżnej
bieliźnie. Wielotysięczna ciżba łakomie spozierała na ten
dziw, domyślając się, ilu by szczęśliwców mógł Bolesław
przybrać wspaniale tak piękną tkaniną.

Niebo snadź rade było gnieźnieńskiemu świętu, wysyłając po mroźnej nocy widność i ciepło słoneczne na spotkanie pielgrzymów. Cesarz Otto już po przyjęciu w Iłwie
wiele spodziewał się widzieć, ale zdumienie jego wciąż
wzrastało, w miarę jak się posuwał w głąb polskiej ziemi.

Od Poznania mijał bezustannie coraz to nowe pułki najdziwniejszych wojsk, rozstawionych po polach wzdłuż drogi. Z początku zatrzymywał się, wypytywał, witał dowódców, starał się zapamiętywać nazwy zasłyszane, ale wprędce wszystko mu się pomieszało w głowie. Kazał skrybie włoskiemu zapisywać, więc młody mnich skrobał na tabliczce opartej o łęk siodła, że czerwoni — to dwie legie poznańskie, przyboczne króla, a zieloni — też dwie, to z Gniezna, w pasy czarne — Gieczanie, w pasy modre — z Włocławka. Wyraźnie zapisał jeszcze legie krakowską i wrocławską, bo nazwy te znał z aktu erekcji biskupstw, ale już Szczecin przekręcił na Szigeneze, Kalisz, Głogów, Sieradz, Sandomierz, Płock i wiele innych, których nie dosłyszał, pominął całkiem, a Ranów, jomsborczyków i gdańszczan pomylił z Normanami. Towarzyszący orszakowi sędziwego arcybiskupa Gizylera, Thietmar, syn Zygfryda, hrabi na Walbecku, zliczał w pamięci podawane mu liczby i z przerażeniem szeptał biskupowi miśnieńskiemu Eidowi, że już minęli piąty tysiąc pancernych i dziesięć tysięcy pieszych tarczowników, a końca nie widać. Jeden Ekkehard poznał, że legion włocławski mijany na Cybinie pod Poznaniem znów się pojawił koło Lednicy, ale nie zdradził swych podejrzeń, podziwiając raczej sprawność tego omamienia. Margraf Miśni nie miał zamiaru osłabiać wrażeń, jakie potęga jego ciotecznego brata wywarła na Niemcach. Niech zazdroszczą mu takiego krewniaka i tym poważniej liczą się z jego możliwościami.

Widok przybyłych na ostatnią chwilę jomsborczyków i Ranów zaskoczył nawet Bolesława. Łącznie ośmiuset, zbrojnych w miecze i mosiężne tarcze brodatych wojów, dzieliło się na sto chorągwi przywieszonych do wioseł, a każde wiosło znaczyło jeden okręt bojowy, podległy władcy polskiemu. Z dala widoczny w podsłonecznym blasku las barwnych proporców sidlił oczy nowym dziwowiskiem. Przed zwartymi szeregami wikingów pysznili się wodzowie: knezic Racibor rański, jarl Jomsborga Sigvaldi, Gudmund i witeź Dzik z Byszyny na olbrzymim, czarnym ogierze. Jarl Bronisz, w zbroi kapiącej od złota, podjechał do zachwyconego cesarza i przedstawił mu kolejno swych wodzów. Biskup Heribert, kanclerz cesarstwa, wnet rozpoznał w nim znajomego posła z Roskilde i naszeptał coś o nim i o Anglii bawarskiemu księciu Henrykowi. Walterd zaś, probosz magdeburski, posłyszawszy nazwisko Gudmunda, chwycił się za serce, a zaniepokojonemu tym Thietmarowi, pretendentowi do opactwa w Walbeck, wyjaśnił, że to ten właśnie zbój morski napadł przed laty na hrabiów stadeńskich, pogromił ich i za uwięzionych żądał strasznego okupu. Przypomniał sobie Thietmar tę rodzinną klęskę i przeżegnawszy się, westchnął dziękczynnie, że los uchronił go od roli zakładnika w rękach groźnego zbira. Biadali Niemcy nad tym, że ich rzymski cesarz, za sprawą oczywiście chytrego Bolesława, rozmawiał pobłażliwie z takimi łotrami.

Pozostawiając Gudmunda i Dzika na dowództwie drużyn, Bronisz z Raciborem i Sigvaldim przyłączył się do pochodu, wjeżdżając w poczet świeckich dostojników.

Na czele wszystkich, przodem, jechała wielka trójka: Otto, mając po prawej kardynała Roberta, a po lewej — gospodarza zjazdu, Bolesława. Tuż za nim zdążali książęta Kościoła: dwaj kardynałowie włoscy, kanclerz Heribert; arcybiskupi: Gizyler — magdeburski, Radzim — polski; biskupi: Eid — miśnieński, Hieronim — z Vicenzy, Arnolf — halbersztadzki, Gebhard — ratyzboński, Bernard — biskup Arl, arcybiskup Piacenzy, biskup Sabiny, i cała grupa opatów z Astrykiem i benedyktynem z Corvey pośrodku. Poczet świeckich mocarzy prowadzili, jadąc w zmiennym porządku: Stefan węgierski, rozmawiający przcz tłumacza z poznanym po raz pierwszy swym ciotecznym bratem, królem Szwecji, Olafem, obok nich — Henryk bawarski, dalej książęta czescy: Bolesław Rudy ze stryjem swym Władybojem, Ziazon, Dedi zwany, syn Dytryka, namiestnik Rzymu, przyrodni wuj Bolesława polskiego, za nimi śmiały Ekkehard, margraf Miśni, z bratem Guncelinem, krewniacy władcy polskiego, z kolei Bronisz usiłujący się porozumieć z bladym królewiczem Burgundii, Racibor razem z Sigvaldim, Jan, syn Krescencjusza rzymskiego, ze skrytą nienawiścią wpatrujący się w plecy Ekkeharda, mordercy jego ojca, i inni, mniej tu znani, ale niemało sławni w swoich krajach. Osobną grupę stanowiła młodzież królewska. Rej tu wodził Mieszko Bolesławowic, chełpiący się przed książętami kijowskimi wspaniałością piastowskiej dziedziny. Wśród pstrokacizny strojów możnych pacholąt dziwnie odbijał obcy towarzystwu Bezprym, pierworodny króla Bolesława, w nie licującym doń habicie mnicha italskiego. Opat Astryk chciał go pociągnąć do duchownego grona, lecz Bezprym sprzeciwił się, twierdząc, że jego miejsce wśród rodziny. Rodzinę miał tu wszędzie, samych królów, margrafów, książąt, nikt jednak nie poznał go ani zagadał, i tak jechał królewicz, odosobniony od gwarnego tłumu chmurną zadumą.

Gdy podjeżdżali do niewidocznego za zakrętem Gniezna, mało kto w tym wielmożnym tłumie pamiętał, iż celem świętej i długiej pielgrzymki było oddanie czci relikwiom wielkiego męczennika. Jeżeli cesarz Otto myślał o Wojciechu, wszystko, co widział i słyszał dokoła, odrywało go od pobożnej zadumy. Godni towarzysze najchętniej rozmawiali z nim albo o wojsku, albo o rozbudowie potęgi rzymskiego cesarstwa. Biadali więc nad zaborczą polityką cara Bazylego, który wpływy Bizancjum utrwalał nad Dunajem, radzili nad zacieśnieniem przyjaźni Rzymu z Włodzimierzem ruskim, roztrząsali, czy tajne marzenia nowego papieża Sylwestra o wyzwoleniu Ziemi Świętej z niewoli Saracenów mogły w jakiś sposób być ucieleśnione. Bolesław twierdził, że wszystko byłoby możliwe do przeprowadzenia pod warunkiem jednak, by zapanowała zgoda i jednomyślność celów dwóch największych potęg tego świata: cesarstwa zachodniego, więc Rzymu, i cesarstwa wschodniego, czyli Bizancjum. Pogodzenie tych cesarstw, tych dwóch prących na siebie potęg, mogłaby przeprowadzić jedynie Polska, między nimi leżąca, kraj o tyle potężny a zwarty, że nikomu z sąsiadów nie opłaciło się naruszać jej granic. Kto by przekroczył granice Polski od wschodu na rzece Bugu, miałby przeciwko sobie nie tylko Polskę, ale i całe potężne cesarstwo zachodnie. Kto by przekroczył jej granice za Łabą od zachodu, potknąłby się nie tylko o Polaków, ale i o całą potęgę bizantyjskiego i ruskiego Wschodu.

— A gdyby Polska zapragnęła wgryzać się za Bug albo za Łabę? — przerwał wywody Bolesława kardynał oblacjariusz Robert.

— Polska nad Łabą nie stoi — żachnął się Otto.

— Ale stać powinna — warknął Bolesław.

— Dlaczego? — cesarz spojrzał na niego zdumiony.

— Bo tylko my zdołamy ochrzcić te ludy, które naszą mowę rozumieją, a Niemców już znienawidziły.

— A jeżeli i was nienawidzić zaczną? — spytał kardynał.

— To wtedy zginą, i wieczna wojna toczyć się tu będzie na nieszczęście Zachodu i Wschodu.

— Na nieszczęście Polski — westchnął cesarz.

— Bóg wyznacza miejsca narodom i dba o ich los — zawyrokował Robert. — Polska ma być jednako Zachodem i Wschodem, kluczem zgody lub pomostem klęski.

Bolesław nie podjął śliskiego wątku, bojąc się zdradzić w zapale wymowy. Im bliżej Gniezna, tym bardziej się niepokoił, czy aby wszystko przygotowano tak, jak rozporządził.

Droga zwęziła się, gdy podjeżdżali do modrzewiowego lasu, obrastającego południowy skłon Góry Piotrowej. Nazwa wzgórza zastanowiła Ottona. Gdy się dowiedział, że nadała ją Dąbrówka, matka Bolesława, przed trzydziestu laty, wzruszył się, iż tu, w głębi Slavonii, o której tyle mu Niemcy naopowiadali, że jest barbarzyńska, spotyka nawet nazwy gór podobne do tych, które znał w wiecznym Rzymie. Imiona innych apostołów też poznawał przydawane do dziwacznych imion krajowych kończących się na „slav", skąd pewnie nazwa całości tych ludów — Slavoni. Sami nazywają się wprawdzie Pollenami, pewnie chełpliwie od słowa łacińskiego pollens — potężni, choć Niemcy mówią, że raczej od polluo, splugawieni, ale czy mógłby zwać naród siebie samego nikczemnie?

Takie myśli nieważne snuły się po głowie Ottona, gdy za skrętem spod cienia modrzewi wjeżdżał na słoneczną przestrzeń. Cesarz nagłym szarpnięciem uździenicy wstrzymał konia, wraz przerywając milczenie zdumionym okrzykiem. Tuż spod kopyt, jakby wytryskała ze śniegu, płynęła w dal czerwona struga niby ślad krwi — a czyjejż by — jeśli nie męczennika... Ronił ją święty Wojciech w wędrówce chwalebnej, Boży człowiek wylał ją za Chrystusa na zbawienie pogan, a ninie ten zbrojny dwurząd mężów surowych strzeże jej przed tłoczącą się zewsząd hałastrą, by nie zdeptali, nie splugawili... Bolesław uśmiechnięty podparł się w pasie i patrzy na tłum. A ludzie wrzeszczą, kłaniają się, czapy fruwają nad śniegiem. Otto zbladł. Tego nie umiałby się spodziewać. A czego spodziewają się po nim, cesarzu, najwyższym władcy świata chrześcijańskiego, zastępującym i samego papieża pomazańcu?

Milcząc, zlazł z konia, włócznię świętego Maurycego podał kardynałowi, odpasał miecz Karola Wielkiego i wręczył go Bolesławowi, po czym, odsuwając kwapiących się do pomocy, zzuł obuwie, zrzucił nakrycie z głowy, ręce złożył w krzyż na piersi i nie oglądając się, ruszył przed siebie, zapatrzony w widniejącą na końcu krwawego szlaku świątynię. W ślad za nim, zeskakując z koni, które straż boczna odwodziła na bok, poszli inni dostojnicy. Bolesław dał im przykład, krocząc tuż za Ottonem, lecz po śniegu, że kto nie chce iść boso, nie ma prawa przez cześć dla stopy cesarskiej deptać po purpurowym chodniku. I tak się stało, że postępując za obutym królem nikt nie śmiał naśladować cesarza, gdyż wyglądałoby to na pokorną pychę. I tak się stało, że najwyższy pomazaniec rzymski szedł sam, samotnie marząc o powszechnym pokoju wśród ludzi, o wizji, którą natchnął go święty Wojciech, samotny męczennik.

Cesarz sunął jak cień bezszelestnie, a ludzie milkli, gdy zbliżał się do nich. Pod butami królów, wodzów, biskupów śnieg tego chrzęścił, a motłoch ryczał im rozgrzewające ziąb serc pozdrowienia.

Helga u boku Sigrydy, w gronie Piastówien, znalazła miejsce przed samą świątynią, po prawej stronie wrót. Do środka, prócz biskupa Ungera i mnichów, nikogo jeszcze nie wpuszczono.

Po wzgórzu dmuchał wschodni wiatr. Mimo słonecznych promieni, nie osłonięte twarze czekających drętwiały z zimna. W dole, hen aż po groblę, widać było po bokach purpurowej wstęgi wciąż gęstniejący tłum. Pokrzyki, nawoływania, rozmowy zlewały się w nieprzerwany szum, a ruch w ciżbie, kołysanie głów i ramion łudziło podobieństwem do falowań wody. Poruszenie tłumu powstałe u grobli, a biegnące nieprzerwanym cięgiem aż do podnóża kościoła, dało znać najdalej stojącym, że pochód już się rozpoczął. Cesarz wstąpił na purpurowy chodnik! Cesarz! Cesarz! To dziwnie brzmiące słowo o obcym znaczeniu przejęło lud zabobonnym lękiem. Wiedziano tyle, że to ktoś ponad kneziami i królami. Prości sądzili, że nad władcą stoi już tylko Bóg. Dla świadomych potęgi cesarstwa rzymskiego niemniej było ważne, jaki jest ten człowiek, który jedynie dzięki urodzeniu, dzieckiem będąc, został zgodnie przez królów uznany za zwierzchnika, a jako młodzieniec osiągnął taką władzę, że mocen był decydować, kogo kardynałowie wybiorą na papieża. Nad papieżem i cesarzem górował jeden Stwórca. Ale papież z cesarzem byli ludźmi i jak wszyscy ludzie nie znosili nad sobą wyższości, więc się wspinali, dążyli do przewagi i zwierzchnictwa. Ponoć cesarz był górą. Więc jakim jest ten pół-Niemiec, pół-Grek, a Rzymianin z godności, co się wspiął nad papieża i ciągnął ninie za sobą na przyjaźń do polskiego Gniezna chmarę Niemców, Italców, Franków, Czechów, Węgrów? Mówiono o nim różnie: że jeszcze dorasta, zmienia się, ale ma być w niczym niepodobny do swych przodków, niemieckich Ottonów.

Helga, jak wszyscy zaciekawiona, pilnie się wsłuchiwała w zdania wygłaszane przez Adelajdę węgierską.

Przekonała się, że ta pani ma nie tylko cięty język, ale i mądrą głowę. O cesarzu mówiła z przekąsem.

— Dobry jest, lecz słaby. Gdyby się chciał ożenić, a dostał żonę taką, jak miał matkę, albo Piastównę którą, ta by nim na schwał pokierowała. Ale on nie wie, kim być: władcą czy mnichem? Chciałby zostać świętym cesarzem. Jedno z dwojga. Od świętości władca nie może zaczynać, gdyż przepadnie, zanim zdąży być świętym. Najprzód niech zdobędzie siłą to, do czego zmierza, a potem, pewny swego, niech przestanie grzeszyć i odda się pokucie.

— Czy nie można rządzić ludźmi bez grzechu? — spytała Helga swej królowej.

Sigryda zamyśliła się, więc Helga zaczepiała ją dalej:

— Przecież byli i święci królowie?

— Może i byli, lecz na pewno nie za swoje ziemskie rządzenie zostali świętymi.

— A za co?

— Nie wiem. Pewnie za cnoty rodzinne albo za męczeństwo. Nie rozumiem tego. — Sigryda wysławiała się z wyraźną niechęcią. — Kto chce być świętym, niech nie zaczyna królować. Popatrz! — poruszyła się żywiej. — Już widać coś!

Helga przysłaniała czoło od słońca, mrużyła oczy, lecz nie dostrzegła nic osobliwego. Zerknęła na królową. Sigryda spoglądała obojętnie w inną stronę. Dlaczego zwiodła? Widocznie drażniła ją rozmowa o świętości królów.

Pielgrzymi zbliżali się bardzo powoli. Wyglądało to, jakby ostry cień krok po kroku sunąc, połykał czerwoną wstęgę i śnieżne pasy biegnące między rzędami zbrojnych straży. Helga, pragnąc coś dojrzeć, wspinała się na palce, prędko jednak zmęczyła się wysiłkiem trudnego stania. Poskromiwszy ciekawość, cofnęła się na luźniejsze miejsce.

Gdy wreszcie ujrzała Ottona, był tuż, o kilkanaście kroków od jej źrenic. To miał być cesarz? Wysoki, chudy młodzian, bez pasa i ozdób, sine ręce skrzyżowane na zapadłej piersi, nieogolona twarz obrosła rudą szczeciną, jasne oczy zapatrzone przed się, nogi bose, przemarznięte, z wysiłkiem stąpające po wzniesieniu. Taki Otto! A za nim, nieco z lewa, tęgi, rumiany wąsacz, niesie oburącz cesarski miecz, kroczy pewnie, rozgląda się władczo, uśmiecha porozumiewawczo do swego niewieściego dworu. Bolesław! Następnych Helga nie znała. I nie patrzała na nich. Jak urzeczona prowadziła wzrokiem tych pierwszych dwóch. Przed wrotami stanęli. Cesarz pochylił głowę niby korny pokutnik. Biskup Unger pobłogosławił go, po czym wręczywszy klucze od kościoła kardynałowi Robertowi, ujął Ottona pod ramię i wprowadził do świątyni. Helga, trzymając się kurczowo rękawa Sigrydy, wsunęła się za ostatnim z biskupów. W rdzawym blasku stu jarzących się świec złociła się na podwyższeniu skrzynia z ciałem świętego. Pod nią, na kamiennej płycie leżał krzyżem cesarz. Za nim klęczał Bolesław z mieczem. Kardynał Robert, przykryty wspaniałą kapą, okadzał relikwie. Biskupi, stojąc dokoła, powtarzali chórem łacińskie modły. Gdy odśpiewano hymn, biskup Unger podszedł do cesarza, przyklęknął, coś szeptał doń, pomógł mu wstać i podprowadził do olbrzymiej, wyścielanej złotogłowiem stolicy. Przypasano Ottonowi miecz, obuto, włożono na czoło diadem cesarski, a on, wsparłszy prawicę na świętej włóczni, zastygł w bezruchu. Naprzeciwko, na wyższych krzesłach zasiedli trzej kardynałowie, niżej — biskupi, goście. Po stronie cesarskiej rozmieścili się: Bolesław, królowie i książęta.

Siwy mnich benedyktyn podał kardynałowi długą pozłacaną puszkę. Kardynał wyjął z niej zwój pergaminu, dał znak powstania i odczytał dobitnym głosem zrozumiałą tylko dla duchownych bullę papieską, wynoszącą ciało świętego męczennika Wojciecha-Adalberta na ołtarze. Zagrzmiały chóry i dziękczynne pienia. Cesarz rozpłakał się. I Bolesław przysłonił twarz dłonią. Lud runął na kolana. Gdy pieśń ucichła, słychać było powszechny, głośny szloch i stukot kielni murujących skrzynię z relikwiami.

Od południa na zamku panowała niezwykła cisza. Wspólnej wieczerzy nie było. Jedzono coś po kątach, skrycie. Cesarz pościł. Chciał czuwać całą noc, aby nazajutrz godnie przystąpić do Stołu Pańskiego. Cicho było tej nocy na zamku gnieźnieńskim, ale nie spokojnie. Pięciu biskupów niemieckich zebrało się u logotety Heribertusa, nominata kolońskiego, na naradę. Eid miśnieński, hamując wzburzenie, spytał, czemu to biskup Unger wręczył klucze świątyni kardynałowi Robertowi i pominął całkowicie w czasie uroczystości swego ongiś w hierarchii zwierzchnika magdeburskiego?

— Skorzystał z mej niełaski u cesarza, a mógł był mi tego zaoszczędzić przed rychłą śmiercią — poskarżył się sędziwy Gizyler.

Ksiądz Rotman cichym głosem tłumaczył, że prawnie Unger miał rację, jeśli przypuścić, że kardynał-legat reprezentuje tu samego papieża, a on sam jest biskupem misyjnym.

— Oni coś knują! — żołądkował się Gebhard ratyzboński. — Nie daj Bóg, nauczą jakichś podłości i czeskich biskupów.

— Radzim, Poppon, Reinbern i Jan nic nie knują — zapewnił Heribertus. — To szczerzy misjonarze i nic więcej. Ale Unger i opat Astryk znają naszą szkołę i mogą się stać groźni dla niemieckiego Kościoła. Wiem, że wmawiają cesarzowi, iż można zdobywać dla Rzymu Wschód bez pośrednictwa Niemiec. Niebezpieczna to herezja. Bóg tak już ustanowił, że Wschód jest przeznaczeniem Niemiec i biada temu, kto tego nie uzna. Bóg jest z nami. Bez Niemiec nigdy Rzym nie zapanuje nad światem.

— Ani Niemcy bez Rzymu — stwierdził Eid.

W węgierskiej komnacie Adelajda rozczesywała włosy swemu synowi. Król Stefan najlepiej odpoczywał pod opieką matki. Już zdał jej sprawę ze wszystkiego, co chciała wiedzieć o przebiegu pielgrzymki. Nie zwierzył się tylko z tego, że był ze siebie niezadowolony. Henryk, książę Bawarii, przyszły szwagier, wyraźnie nastrajał go wrogo przeciwko Ottonowi, Bolesław zaś gorliwie zalecał cesarza. Opat Astryk obiecał, że wyprosi u Bolesława dla Węgier jakąś część ciała świętego dla ołtarza w Ostrzyhomiu, a na teraz to było dla Stefana najważniejsze. Uczciwość nakazywała mu dobrze życzyć wujowi Bolesławowi, przeciwko któremu Henryk wciąż go podstępnie buntował. Dowodził na przykład, że święty Wojciech ważniejszy jest dla Węgier niż dla Polski, ponieważ Węgry chrzcił, a dla Bolesława apostołował jedynie wśród sąsiednich pogan. Miło byłoby w to uwierzyć, jednak Stefan zbyt był sprawiedliwy, by omijać prawdę. Wojciech nie tylko apostołował wśród Prusów, ale i osiedlił się w Polsce wraz z rodziną, założył tutaj klasztor i zamierzał po powrocie z Prus pracować dalej dla Bolesława za Odrą. Najważniejsza zaś, że nikt inny, tylko Bolesław zajął się męczennikiem, wykupił jego ciało, uczcił należycie i co tu dużo gadać, gdyby Prusowie nie zgodzili się na cenę złota, wszcząłby z nimi wojnę, a jak widać z sił, które posiada, zmarnowałby swych wrogów doszczętnie. Wojciech był polskim świętym. Tego nie sposób odmienić, choćby zazdrość nie wiem jak przeczyła. Niemcy zazdroszczą i Czesi zazdroszczą poniewczasie, lecz Stefan gardzi złym uczuciem. Zazdrość nigdy nie dotrze wysoko i nic nie zdobędzie w niebie, gdyż jest piekielnym zielem, które jeno w dół rośnie — i na zatracenie ściąga pożądliwców.

Sigryda, kąpiąc malutkiego Kanuta, słuchała zwierzeń swego pierworodnego, króla Olafa szwedzkiego, o jego rozmowach z węgierskim krewniakiem. Porównując ich obu, zazdrościła siostrze Adelajdzie. Olaf był młodszy, to prawda, lecz nic nie zapowiadało w nim tego, co ludzie już podziwiali w Stefanie: własnego sądu o rzeczach, śmiałości postanowień, surowości dla samego siebie przy jednoczesnej sprawiedliwej cierpliwości dla innych. Stefan wśród krewnych Piastów wybijał się na pierwsze miejsce. Może malutki Kanut, gdy podrośnie, dorówna mu albo prześcignie nawet... Gdyby po matce odziedziczył serce, zapewne nie umiałby być szczęśliwym ani świętym, ale władać umiałby na pewno.

W namiotach i obozach podgrodzia wrzała ciekawa radość. Wojewodowie i rycerze, witani przez rodziny, opowiadali dziwy i przygody, jakie przeżyli na szlaku cesarskiej pielgrzymki między Iłwą a Gnieznem. Każdy zdawał się najważniejszy, bo do tego cesarz się uśmiechnął, a tamtemu Bolesław owo zlecił, innemu ten i ów z króli czy wodzów coś rzekł, zwierzył się lub poprosił. Sobiebor

się chwalił przed Dalechną, jak Czesi zazdrościli mu za
żyłości z Bolesławem, a pewien znajomek z dawnych lat
szepnął nawet, że gdyby polskiemu władcy zachciało się
sięgnąć po wiano matki swej w Pradze, znalazłby niejednego chętnego, by Piast, a syn Przemyślidówny, zastąpił
w Czechach ich okrutnych książąt.

Przecław z Cisowa, zmęczony i głodny, wygrzewał się
przed ogniem w swym namiocie i łykał przysmaki, które
mu zapobiegliwa Matylda podsuwała. Podjadłszy sobie,
zaczął opowiadać, co jeszcze czeka Gniezno w najbliższych dniach. Naburmuszoną Matyldę pocieszył tym, iż
przecież nie godziło się, by tak ważna jak ona pani słu
żyła niby dworka przy królowych, czego właśnie spodziewano się po Heldze Broniszowej. Wanda z Chyciny,
dowiedziawszy się od Gniewomira, że w jutrzejszej ceremonii przewidziany jest chrzest dwunastu pogan, którym
ojcować ma sam rzymski cesarz, wyraziła szczery żal, że
już jest chrześcijanką. Szczególnie pokrzywdzony przez
los czuł się Bronisz. W zamku nie pozwolono mu zamieszkać, chociaż się kwapił do gawędy z Helgą, do jej pieszczot i zwierzeń. Jakiś czas błąkał się po dworskich stajniach i dopiero gdy miał wracać do obozu, spotkał u wrót
Dzika z Chyciny, śpieszącego na miasto. Umówili się, że
przenocują razem w lipiańskim namiocie. Każąc pachołkowi wieść za sobą konia, kroczył samotnie, niechętny
z powodu odczuwanego znużenia i głodu. Przez ostatnie
dni mało schodził z siodła, a ciężki strój poodparzał mu
i ugniótł ciało. Cóż z tego za pożytek? Na wojennej potrzebie trudem ciała okupywał zdobycz, bezpieczeństwo lub
sławę rycerską. Dziś przed szeregami pokazowych wojów
mogła go była zastąpić i kukła malowana. Gdyby przynajmniej w obozie czekała na niego Helga...

Obojętnie wysłuchał sprawozdania Chociana o stanie dworu, kazał zająć się koniem i tęskniąc już tylko do wygodnego rozciągnięcia się na skórach, wszedł pod namiot.

Przed ogniem na klocu siedział jakiś człowiek i w pochyleniu opatrywał nogi. Bronisz zdziwiony rozpoznał w nim Bossutę. Zmierzwione włosy zakrywały mu czoło, pobladła twarz i dziadowski strój upodabniały go do bezdomnego włóczęgi. Chłopak nie podniósł się na powitanie starszego, jeno uczcił go ukłonem głowy i smutnym, winnym uśmiechem. Bronisz, ruszony litością dla brata, zapomniał o własnych dolegliwościach. Bossuta nie potrzebował jednak niczyjej pomocy. Twierdził, że czuje się dobrze, a dba jedynie o to, by mu sił i zdrowia starczyło do końca pielgrzymki. Próbował już dotrzeć do relikwii, ale tam ścisk taki, że niepodobna się zbliżyć nawet do progu kościoła. Przyszedł więc do namiotu, by odpocząć ździebłko. Ufa, że przed nocą ludzie rozejdą się, łatwiej więc będzie odwiedzić świętego. Słyszał, że od północy księża zaczną spowiadać, więc składa się pomyślnie: po spowiedzi zostanie w świątyni do rana i przy pierwszej mszy przystąpi do Stołu Pańskiego.

— Ani dociśniesz się tam, ani zostaniesz, bo wyrzucą cię choćby dla tych łachów — sarknął Bronisz. — Ot, przenocuj ze mną, podjemy sobie teraz, a jutro pomogę ci jakoś.

— Nic nie zjem, Bóg zapłać, Broniszu. Ślubowałem, że do końca pielgrzymki starczy mi chleb, który włożyłem do torby w Cisowie.

— Kiedy jadłeś ostatni raz? — zaciekawił się Bronisz, zdejmując z szyi złoty łańcuch.

— Wczoraj o tej porze zgryzłem resztkę — odparł chłopak z cieniem smętnej dumy. — Ale piłem wodę — dodał śpiesznie, widząc, jak to starszego obeszło.

— Musisz być strasznie głodny?

— Nie samym chlebem człowiek żyje. Chrystus Pan pościł przez czterdzieści dni.

— Ale ty, otroku, jesteś tylko moim bratem! — Bronisz się otrząsnął, wyraźnie wzburzony, i narzucił z powrotem na szyję rycerski łańcuch.

— Ślub — ślubem, lecz w moim namiocie musisz mnie słuchać! Tegoś Bogu nie winien, by ludzi straszyć.

Zawoławszy Wromota, kazał mu otworzyć skrzynię z odzieżą, a gdy nic tam nie znaleźli na miarę, polecił wybrać z dworzańskich i wspólnymi siłami przyodziali chłopaka godziwie. Zajmując się Bossutą, Bronisz zdawał się srodze zagniewany. Burczał pod nosem, tak by go braciszek słyszał i rozumiał: — Od ślubu nie odwodzę, ale nie lubię głupstw. Takie chuchro zgłodniałe prędzej zdepczą, niż dociśnie się do spowiednika. A żebraka nie masz co udawać. Jak byś miał być żebrakiem, urodziłbyś się w biedzie, nie w Cisowie.

Weszła Jawita z dymiącą misą, a za nią Chocian, niosąc dzban opleciony sitowiem. Bronisz wetchnął nozdrzami kuchenny zapach i nasrożył się jeszcze bardziej. Z niezrozumiałą dla służby szorstkością kazał im wynieść się precz wraz z jadłem. Zleciwszy Wromotowi czekać na Dzika i przygotować mu posłanie, wziął Bossutę za rękę i wyszedł z nim na dwór. Tak było ciemno, że zawołał dwóch pachołków, by oświecali im przejście pochodniami. Przez całą drogę nie puszczał ręki brata, jakby podejrzewając go o chęć ucieczki. Bossuta szedł posłusznie, wysilając się, by jękiem nie zdradzić bólu, jaki mu sprawiają na odparzonych stopach pożyczone ciżmy. Nie pytał się ani zgadywał, dokąd go wiodą. Gdy wyszli poza cień namiotów, rozwidniło się od ognisk, rozpalonych na stokach Góry

212

Lecha. Bossuta uznał w duchu, że możnym tego świata łatwo ślubów dopełniać. Najgęstsza ciżba rozstępowała się byle dać wolne przejście wspaniałemu rycerzowi króla Bolesława. Patrzono nań z uznaniem, że chociaż mógł spoczywać, boć i tak rano znajdzie swobodny dostęp do spowiednika, kwapi się oto nocą, jawnie, razem z pospolitakami, byle się prędzej uwolnić od grzechów, za które nikt by go nie śmiał skarcić lub upokorzyć. Możny jest Bronisz, wódz Jomsborga, Pomorzan i Ranów, ale jakże potężny jest sam Chrystus, skoro tak bezkarny jako ów rycerz śpieszy błagać Go o przebaczenie!

Przed wrotami świątyni Bronisz oddalił od siebie pachołków i samowtór z Bossutą ciągnionym za rękaw przepchał się aż pod stolicę biskupa Radzima, który tu już ponoć od zmierzchu walczył z grzesznikami. Sam ich sobie wybierał. Czekający stali w pewnym oddaleniu, a biskup, rozgrzeszywszy jednego, wstawał i niby orzeł upatrujący żertwę oglądał ich, wskazywał palcem na któregoś i wracał, a za nim — proszący o odpuszczenie grzechów. Gdy Bronisz swą okazałą postacią wywyższył się w tłumie winowajców, Radzim kończył właśnie spowiedź, która na czekających swej kolei uczyniła dojmujące wrażenie. Penitent, sądząc po stroju — cudzoziemiec, był kościstym a ponurym mężem. Spowiedź, zrazu spokojna, wrychle zmieniła się jak gdyby w zwadę. Nie słyszano, co sobie mówili, ale z ruchów i okrzyków wnioskowano, że grzesznik broni się przed wyznaczoną pokutą. To był już pięćdziesiąty, lecz żaden nie zachowywał się podobnie. Jęczał coraz głośniej czeską wymową:

— Nie mogę! Nie mogę!

Biskup szarpał go za ramię. Grzesznik poderwał się z klęczek i z okrzykiem:

— Wszystko, byle nie to! — cofał się. Biskup wstał za nim. Był purpurowy, zaciśnięte pięści wzniósł w górę, jakby mierzył nimi w łeb winowajcy. Ludzi zatchnęła groza. Radzim, z nabrzmiałymi na szyi żyłami, zamierzał się do ciosu, a ponury skazaniec malał przed nim, kurczył się, jakby go ta ziemia pochłonąć miała. Serca obecnych struchlały, i wtedy, nagle, przejmującą ciszę targnął szloch. Biskup płakał... Ręce opadły mu wzdłuż stuły, w załzawionych oczach migotał odblask świec. Ze skrzywionych płaczem warg wyrwały się słowa:

— To ja nie mogę! Ja nie mogę!

Biskup nie mógł! Ludzie słyszeli. Lecz czego biskup nie mógł? Sto par wzburzonych źrenic wpiło się z nienawiścią w upartego grzesznika. Ów się skurczył jeszcze bardziej, cofnął dalej i obejrzał. Mur piersi i pas wrogich oczu zagradzał mu drogę. A wtedy zdarzyła się rzecz przeraźliwa. Biskup Radzim, rodzony brat świętego Wojciecha, najwyższy kapłan Polski, zerwał z szyi stułę, zrzucił szaty kościelne i stanąwszy z rozkrzyżowanymi ramionami przed nędznikiem zawołał: — Uderz mnie trzykroć w twarz, to ci przebaczę w imię Zbawiciela!

Bronisz nie strzymał. Skoczył między biskupa a winowajcę, padł na kolana i rozkładając ręce ryknął:

— Mnie niech bije!

Tłum zadrżał. Dyszeli ciężko, zgrzytali zębami, trzeszczały zaciskane garście. Bossucie krew odbiegła od głowy, poczuł ziąb w skroniach i mgła przysłoniła mu widzenie. Byłby padł, gdyby go nie wsparto. Biskup odwrócił się do ołtarza, chwilę walczył ze sobą, po czym wyciągnął rękę po stułę. Czoło miał potem zroszone, krople łez świeciły mu na wąsach, ale już był spokojny, gdy się ubierał. Prawą ręką dotknął głowy Bronisza, lewą wyciągnął po winowajcę i pchnął go ku stolicy, gdzie też usiadł nad nim. Szeptał coś krótko, a potem Bronisz wyraźnie słyszał słowa absolucji. Wracając na swe miejsce przy Bossucie, widział, jak grzesznik przyczołgał się do stóp biskupa, ucałował je, przeszedł na kolanach pod wielki ołtarz z relikwiarzem i tam głosem rozdzierającym przeraził ciszę świątyni: — Przebacz, Święty! Przebacz, Wojciechu! Przebacz temu, który wyrządził ci najokrutniejszą krzywdę!

Tłukło się echo pod sklepem, wycie splątało słowa, niektórzy pomyśleli, że to omam słuchu, ale Bossuta wyraźnie zapamiętał skądsiś odpowiedź:

„Zaprawdę... Już ci przebaczyłem".

Musiał i grzesznik podobnie usłyszeć, gdyż zamilkł, a jął walić łbem o stopień ołtarza, jakby się zabić chciał, czy tak dziękował niemu. Nagle się zerwał i wyprostowany spojrzał w oczy tłumu. I na oczach ludzi twarz mu się odmieniła. Ponury wyraz zastąpiło takie natchnienie, że gdy ruszył ku wyjściu, gromada, wroga dotąd, rozstępowała się przed nim z bojaźnią, jak przed kimś, kto doznał łaski cudu. Nikt go więcej nie spotykał w Gnieźnie, ale szeptano, że był to Czech pewien, główny morderca rodziny książąt libickich, który najmłodszą ukochaną siostrzyczkę Wojciecha i Radzima własnymi rękami udusił, a broniących jej braci i sługi krwawo porąbał.

Po dość długiej modlitwie biskup Radzim przystąpił do dalszej spowiedzi. Nie wstając, wskazał palcem na Bronisza, ale jarl pchnął ku niemu słaniającego się resztkami sił Bossutę. Ta spowiedź była cicha i spokojna. Po rozgrzeszeniu biskup pocałował chłopca w czoło, kazał mu natychmiast napić się mleka i najeść do sytości, a następnie wrócić do świątyni, by nazajutrz służyć w czasie uroczystej mszy przy rozdawaniu Chleba Pańskiego.

Przyszła wreszcie kolej na Bronisza. Chociaż jarl spowiadał się przed swym ślubem w Roskilde, Radzim, uważając, że nie odprawił należycie ostatniej pokuty, kazał mu wyznać winy wstecz od chwili, gdy się rozstał w Prusach z Wojciechem. Upewnił go, że szczególne błogosławieństwo, jakiego mu wtedy święty arcypasterz udzielił, wyjednało mu najpewniej odpust dawnych grzechów. Takie błogosławieństwo wszakże tym bardziej zobowiązywało na przyszłość... Ciężka to była spowiedź, a najtrudniejsze przyznanie się do zemsty na poganach Hobolanach w wyprawie za Łabę, a także rozgrzebywanie sumienia splamionego krwią pobitych i obrabowanych Anglików. Biskup badał surowo i nie dopuszczał do żadnych tłumaczeń się i usprawiedliwienia. Bronisz poczuł się tak zgnębiony swą marnością, że gotów był na wszystko, na post choćby półroczny, na chłostę i rozdanie zdobytych w Anglii skarbów wdowom i sierotom, byle zyskać rozgrzeszenie. Zdziwił się, usłyszawszy ostateczny wyrok. Radzim orzekł, iż będąc biskupem świętego Wojciecha, a wyczuwając intencje patrona, przebacza w imię Zbawiciela Broniszowi jego prawdziwie ciężkie winy, żąda jednak, aby on w zamian wybaczył ostatecznie wszystkie krzywdy i żale swym wrogom. Bronisz, nie pamiętając, kogo by mógł nazwać swym wrogiem, łatwo obiecał i przyrzekł poprawę. A wtedy biskup sam mu przypomniał Olafa Tryggvasona. I znów stało się ciężko. Czy miał prawo przebaczać za wszystkie krzywdy i męczarnie Helgi? Przecież, gdyby nie Olaf, nie byłoby wyprawy do Anglii, nie padłby Toger, Toki i tylu innych w zarazie i pobocznych walkach.

— Jeżeli mu nie przebaczysz, co ci jako pokutę zadaję, nie oczyścisz duszy z winy pomordowanych Anglików i Hobolan — upierał się biskup. Bronisz usiłował zdobyć się na najgłębszą uczciwość, ale czuł, że właściwie zmierza do osłabienia treści obietnicy. Przyrzekł, że nie pomyśli o zemście na Olafie ani czynem, ani słowem, ale nie czuje możliwości, by odnowić w sobie taką przyjaźń, jaką dawniej żywił do mieczowego brata. Biskup zniecierpliwił się i wytknął mu małoduszność i skąpstwo niegodne człowieka, który tyle łask doznał od Stwórcy.

— Gdybyś wiedział, rycerzu, jakie, a stokroć boleśniejsze i niepowetowane krzywdy można przebaczać w imię Jezusa Chrystusa — westchnął Radzim. Bronisza sparzył wstyd na wspomnienie tego, co przed chwilą jego spowiednik przeżył z ponurym grzesznikiem...

Od północy w dwunastu rozstawionych na Górze Lecha namiotach, biskupi i ojcowie rozpoczęli spowiedź pielgrzymów. Prócz polskich i czeskich duchownych także i niemieccy: Eid, Gebhard i proboszcz magdeburski Walterd, jako znający słowiańską mowę, zasiedli do konfesjonałów.

Gwiaździste niebo zachmurzyło się, a wkrótce zaczął padać miękki, topniejący śnieg. W namiocie zastał Bronisz Dzika chrapiącego na skórach rozłożonych przy samym ognisku. Żal mu było go budzić. Obok stał garnek z wędzonką i niedopity dzban miodu. Bronisz oblizał wargi, ale odwrócił się od widoku jadła. Westchnąwszy, pocieszył się myślą o wygodnym spoczynku. Śnieg, topniejąc, wsiąkał mu w odzież, łańcuch i zbroja wypacały z siebie wilgotny ziąb, a tuż obok łożnica, w której przed paru dniami wygrzewała się Helga, zapraszała do zasłużonego snu. Na ławie pod futrami, przytulone do siebie, Wanda i Jawita spały niefrasobliwie. Dzik chrapał. Tylko straż przed namiotem mąciła ciszę, przytupując dla rozgrzewki.

Odpinając pas, Bronisz przypomniał sobie, że biskup Radzim też przecież brał udział w pochodzie, jechał z pielgrzymką od samego Rzymu, a na pewno jeszcze spowiada, nie śpi, choć kto od niego lepiej zasłużył na spoczynek? W kościele zimno, a spowiadanie to ciężki trud, obrzydliwy... A gdzie się podział Bossuta? Jakie ten chłopak mógł mieć grzechy? Biskup pocałował go w czoło i kazał mu się pożywić. Na Bronisza zaś krzyczał, że jest małoduszny. Cóż za porównanie? Braciszek się naraził na znój i głód dla chwały Wojciecha i dla przypodobania się Zbawicielowi, nie zaś dla wyjednania odpuszczenia grzechów, których pewnie nie miał. On zaś się wadził ze spowiednikiem o cenę przebaczenia — za przebaczenie. I cóż takiego obiecał, co zapłacił za to, że kapłan w imię Chrystusa zwolnił go z odpowiedzialności za tyle przestępstw, tyle strasznych win: krwi rozlewu, rabunku, gwałtów, pożarów, za to, że powiódł na chrześcijańskie wody czeredę pogan?... Ale... gdyby nie Olaf, Helga by nie cierpiała... Gdyby nie Bronisz, Roger by nie zginął... Kto zaczyna winę, kto ją kończy — jak wiedzieć? A czym jest przebaczenie? Co się zmieniło w Broniszu, gdy obiecał, że przebaczy Tryggvasonowi? Ostatni raz widzieli się w Uppsali przy sankach. Mógł go wtedy zabić, lecz nie uczynił tego. Przeciwnie, upokorzył się do prośby, gotów za wysłuchanie jej przysiąc dozgonną wdzięczność. Gdyby Sigryda okazała łaskę Norwegowi, zło by nie nastąpiło. Kto pierwszy winien? Czy Olaf, że zapałał miłością do Sigrydy? Czy Bronisz, że pokochał Helgę? Czy Sigryda — że dumna?

Wina winę płodziła, jednak przebaczenie mogło ten łańcuch zła w każdej chwili przerwać. Lecz czyje przebaczenie? Nie Bronisza! On, przebaczając, nie uchroniłby Helgi od cierpień ani sobie zapewnił szczęścia, które zdobył po trupie Rogera. Wszakże o Rogerze nie myślał ze złością. Rozumiał jego nieszczęśliwą miłość, litował się nad pokonanym, nad wykreślonym z życia. To nie sztuka! Trudniej przebaczyć żywemu winowajcy. Olaf jest wciąż winowajcą choćby dlatego, że ojca Helgi wiąże przyjaźnią wbrew córce. Jak mu przebaczyć? Zapewne, gdyby to łatwe było, nie miałoby tak wielkiej ceny jako jedyny warunek odpuszczenia tylu śmiertelnych grzechów. Kto umie grzeszyć, musi umieć i wybaczać, gdyż inaczej nie ma prawa powtarzać w „Pater noster" ważkich słów: „I odpuść nam nasze winy, jako i my odpuszczamy naszym winowajcom". Naszym winowajcom! Czy przebaczając Tryggvasonowi nie dopuści się przeniewierstwa wobec Helgi i Sigrydy, których Norweg nienawidzi, knuje przeciwko nim i, gdyby mógł, i na nich, i na nim mściłby się straszliwie? Ale? Przecież Radzim, żądając przebaczenia, wiedział, czego żąda. Nie namawiałby do niegodnych uczuć. Może wiedział, że... gdyby Olafowi przebaczyć i on by przebaczył wzajemnie?... Tak! Gdyby Olaf przebaczył, wszystko byłoby w porządku, a świadomość, że ma on dobrą wolę, żałuje i gotów pokutować za to, co uczynił — jak łatwe by uczyniła nie tylko wybaczenie mu, ale może i wskrzeszenie dawnej przyjaźni.

Bronisz nie rozebrał się ani położył, by ulżyć zmęczonemu ciału. Zabraniało mu tego poczucie, iż nie rozstrzygnął w myśli zrozumienia: co powinien czynić, by choćby rozpocząć pokutę, do której się zobowiązał. Przebaczenie jako cena przebaczenia musi być czynem, musi być wolą przynajmniej, tak jak grzechy były czynami, skutkami pewnych zamierzeń. Myśli wyczerpały się w jałowych majaczeniach. Niech więc choć ciało odczuje intencję, na którą ani myśli, ani serca nie stać chwilowo.

Podszedł do ognia i ukląkł, aby nie leżeć ani nie siedzieć, na co miał ochotę. Przez chwilę trwał w bezmyślności, zapatrzony na żarzące się głownie. Twarz paliła go od bliskości ognia. Słyszał chrapanie Dzika, widział goleń wędzonki, sterczącą z garnka. Sen go morzył. Głowa ciążyła, opadała, aż ją podrywał i wytrzeszczał oczy dla oprzytomnienia. Gdy kolana zaczęły boleć, pomyślał, że mógłby się poprawić, lecz nie uczynił tego. Nie opanował jednak drętwienia krzyża i nagle kiwnął się w przód tak gwałtownie, że byłby upadł głową w ogień, gdyby się w ostatniej chwili nie wsparł dłońmi o gorący popiół. Tak się zaczęła walka z niewygodnym czuwaniem, trud podobny do czynu. Zawziął się! By nie usnąć niespodziewanie, brał w ręce gałązki chrustu, zapalał je i trzymał przed sobą, bacząc, by nie opaliły mu palców. Dla ożywienia myśli zaczął powtarzać szeptem: — Przebaczam Olafowi! Olafowi przebaczam! Nic mi Olaf nie winien. To Olaf przegrał zawody. Jestem szczęśliwy z Helgą wbrew Olafowi. Będę miał dziecko, może nawet syna, a Olaf nie ma nic. Nie ma Sigrydy, nie ma Helgi, nie ma syna. Olaf nie jest szczęśliwy. — Wymieniając nową gałązkę, powtórzył z żywym zrozumieniem: — Olaf jest naprawdę nieszczęśliwy! Zawsze był czegoś nieszczęśliwy. Jako dziecko, niewolnik, chłopiec, zabłąkany wiking, jako narzeczony Sigrydy, zawsze był nieszczęśliwy. A ze mną zawsze przegrywał rozprawy. Przeszkadzałem mu. Jeżeli tak kochał Sigrydę, czy mógł mnie nie znienawidzić, gdy odpychałem go od niej? Zemścił się, ale i to go zawiodło, gdyż odzyskałem Helgę. Ma królestwo, lecz nie zyskał jedynego osobistego szczęścia. Co go czeka? Knuje zasadzkę, a ja go już przejrzałem. Znów go unieszczęśliwię, gdy będę górą dla dobra Sigrydy. Pragnienie zemsty gna go na oślep w nieszczęścia. Czy można go za to nienawidzić? Raczej litować się trzeba. Biedny Olaf!

Bronisz odrzucił dopalającą się w palcach gałązkę i siadł na piętach. „Biedny Olaf!" To brzmiało jak odkrycie. Rozejrzał się po namiocie ze zdumieniem. Dzik przewrócił się na bok i przestał chrapać. Wanda bredziła coś przez sen. Przez górny wietrznik krople wody z tępym odgłosem kapały w popielisko, wzbijając szczyptę kurzu i smużkę pary. Czy można nie współczuć biedakowi, gdy samemu jest się szczęśliwym? Jakie to proste i łatwe. A dlaczego nie rozumiał tego w kościele, prawując się z biskupem o pokutę? Współczujący nie umie nienawidzić. Tym bardziej mścić się. Olaf był dawniej druhem. Gdyby mógł przestać być nieszczęśliwy! Gdyby mógł zdobyć swoje szczęście! Nie cudze, nie Sigrydy, ale swoje, jakieś wzajemne, bez krzywdy niczyjej…

XII

Przez trzy dni z rzędu rozwijały się uroczystości kościelne. Nazajutrz po spowiedzi kardynał Robert, w przytomności wszystkich dostojników duchownych i świeckich, odczytał wielkim głosem złotą bullę papieską, której mocą ufundowana została nowa prowincja Kościoła rzymskiego: Slavonii, recte Polski z arcybiskupstwem świętego Wojciecha w Gnieźnie na czele. Arcypasterzem nowej prowincji został wyświęcony uprzednio w Rzymie na biskupa Radzim-Gaudenty, a podległymi mu biskupi polscy: Poppon — krakowski, Jan — wrocławski i Reinbern — kołobrzeski. Arcybiskup Radzim, przyjąwszy od kardynała i Bolesława symbole władzy, odprawił swą pierwszą uroczystą mszę w nowej archikatedrze, po czym od ołtarza udzielił Najświętszego Ciała i Krwi Pańskiej wszystkim dostojnym pielgrzymom i gościom swej stolicy. Bossuta niósł za arcybiskupem ręczniczek i podkładał mu pod dłonie szczerozłotą tacę, bacząc, by ani okruszki, ani kropli Najświętszego Pokarmu nie uronić na brody przyjmujących. I tak się chyliły kornie przed Bożym majestatem w gnieźnieńskiej katedrze czoła najświętszych i najmożniejszych mężów onego czasu: cesarza Ottona, Henryka bawarskiego, Stefana węgierskiego i wielu innych, którym nie odróżniając osób, gorliwie posługiwał młody Bossuta Ganowicz.

Po skończonej mszy świętej i dziękczynnych modłach biskup poznański Unger, nie włączony przez bullę ku radości Niemców do arcybiskupstwa gnieźnieńskiego, wystąpił po raz pierwszy w swej nowej roli, która wnet stłumiła przedwczesną radość magdeburczyków. Oto jako biskup, kanclerz władcy polskiego, więc zależny jedynie od niego i papieża, ogłosił pięć aktów, których mocą Bolesław uposażał na wieki pięć polskich stolic biskupich dobrami i ziemiami swego państwa, położonego w granicach: rzeka Bug na wschodzie, morze od Gdańska do wyspy Rany na północy, Wkra i Łużyce na zachodzie, a Morawy i góry na południu. Uposażenie biskupstw było tak olbrzymie, że kardynał Robert, zliczywszy je na swoją miarę, orzekł, iż wszyscy kardynałowie w Italii razem nie mają tyle, ile sam tylko biskup Reinbern dostał w Kołobrzegu, Szczecinie i na ziemiach zaodrzańskich. Bolesław triumfował, przyjmując, jak należy, wszystkie szczere i nieszczere powinszowania. Tylko Niemcy nie umieli ukryć swojej złości. Lecz cóż by mogli przeciwstawić takiemu aktowi? Uprawomocniał go papież, głowa chrześcijaństwa, i cesarz, będący jednocześnie i królem Niemiec. Nigdy te dwie potęgi świata zgodniej nie występowały. Arcybiskup magdeburski Gizyler, wciąż zagrożony sądem za to, że dla własnej korzyści zniósł biskupstwo merseburskie, czyż mógł protestować przeciw temu, że Unger poznański nie przyznaje się do jego pieczy metropolitalnej? Za Ungerem stał Sylwester, Otto i Bolesław...

Trzeci dzień zjazdu poświęcono rozdzielaniu przez duchowieństwo komunii świętej wszystkim wyspowiadanym pielgrzymom krajowym. Uroczystość tę, do której przystąpiło ponad dwadzieścia setek wiernych, poprzedził chrzest dwunastu pogan, którym cesarz osobiście patronował. Wśród tej iście uprzywilejowanej dwunastki znalazło się za staraniem Helgi Broniszowej miejsce dla jej wiernego stróża, Biegana. Niemało było przy tym poruszenia, ale że ważna nowość biegła za nowością, brakło czasu na roztrząsanie szczegółów. Na mieście przygotowywano się już do święta ludowego, na zamku czekała uczta cesarska, a w świątyni — ostatni akt uroczystości: przyjmowanie przez arcybiskupa Radzima darów dla swego kościoła. Któż by z obcych śmiał współzawodniczyć w hojności z cesarzem? Czterech dworzan, na czele z szatnym Erminoldem, złożyło u stóp ołtarza z relikwiami złoty krzyż wagi potężnego męża. Cesarz przemówił krótko tymi słowami:

— Ponieważ nie dane mi było wykupić twego świętego ciała, Wojciechu, z rąk pogan, w czym ubiegł mnie król Bolesław, przeto tym krzyżem wkupuję się w twe łaski, błagając, abyś patronował sprawom mej grzesznej duszy!

Wszyscy wyraźnie słyszeli, że Otto nazwał Bolesława „królem", ale że uczynił to po raz pierwszy, wielu się zdawało, iż to pomyłka. Z innych darów wyróżniało się pięknością szczerozłote naczynie w kształcie gołębicy do przechowywania Hostii, które ofiarował książę Stefan węgierski. Synowie Włodzimierza kijowskiego złożyli przed ołtarzem ogromny, a najpiękniej rzezany kielich; doża wenecki, Piotr Orseoli, przesłał przez swego biskupa starodawny pastorał, na którym miał się wspierać papież Leon III, koronując na cesarza Karola Wielkiego. Henryk, książę

Bawarii, tym się szlachetnie odznaczył, że zdjął z siebie i bezpośrednio złożył na ołtarzu, cokolwiek miał przy sobie cennego ze złota, srebra i kamieni, nie oszczędzając nawet guzów przy opończy. W drodze na zamek Ekkehard podrwił z Henryka, że biedak musi garścią podtrzymywać płaszcz, lecz żartu nikt nie podzielał, przeciwnie, wszyscy ujęci byli szczerością postępku książęcego.

Uczta miała się rozpocząć z pierwszą gwiazdą, ponieważ jednak niebo było zachmurzone (znów padał wilgotny śnieg), więc z nastaniem zmierzchu trzykrotne brzmienie trąb zwołało biesiadników do cesarskiego namiotu. Ogród to był raczej. W ostatniej chwili wstawiono pod płócienny dach kilkanaście zielonolistnych drzew i żywe kwiaty, a wraz zapalono światła, setkę różnokolorowych ogni w koszach, na misach, w świecznikach, pochodniach.

Na dworze w gęstniejącym mroku srożyła się spóźniona zima, a tutaj oto goście, wywabieni z leż wypoczynkowych głosem mosiądzu, odnajdowali się nagle w gaju rozświetlonym, wśród zieleni i barwnych kwiatów. Na południowców nie robiło to zapewne takiego wrażenia, jak na ludzi północy i wschodu, którzy od minionej jesieni nie oglądali żywego listeczka.

Pośrodku namiotu, na wzniesieniu okrytym purpurowym kobiercem, krąglił się najlepiej oświetlony stół cesarski. Dwanaście obitych sobolami siedzisk rozbiegało się od najwyższego, złotogłowiem i gronostajami wymoszczonego tronu. Tuż obok (lecz nieco niżej), w obrębie słupów z płonącymi misami biegł półkolem stół drugi, tak ustawiony, że nikt siedzący przy nim nie zwracał się plecami do cesarza. Te dwa stoły czekały jeszcze puste, gdy przy reszcie, osiemnastu rozsianych między pniami sosen, stali już na swych miejscach zaproszeni na ucztę znakomici rycerze polscy i zagraniczni, a każdy stół pod opieką jednego duchownego. Gwar ucichł, gdy dostrzeżono ruch przy oponie zamkowej. Pierwsi weszli biskupi i książęta, za nimi wojewodowie z małżonkami wraz obsiadając niższy stół na kobiercu. Po nich dopiero wkroczył Otto. Na skroniach miał koronę cesarską, w lewym ręku — berło, w prawym — świętą włócznię, tak jak wówczas, gdy w katedrze odczytywano przed nim bullę, ustanawiającą Kościół polski. Zdziwiło to niektórych, że na ucztę podobnie się przybrał. Do zdziwienia nie brakło tu i innych powodów. Na stołach cesarskim i książęcym nie było nakryć! Cesarz nie dostrzegł tego zrazu. Przystanąwszy u wejścia, zmrużył oczy i przyglądał się niezwykłemu widokowi. Tymczasem wychodzący spoza niego królowie, kardynałowie i arcybiskupi zajmowali miejsca przy głównym stole, podprowadzani tam przez swych dworaków. Gdy wszyscy stali już przy krzesłach, Bolesław podprowadził do tronu cesarza i ustawił się za nim. Otto, nim zasiadł, rozejrzał się uważnie po otoczeniu. Naprzeciwko miał biskupa Ungera w towarzystwie dwu Piastówien: Adelajdy węgierskiej i Sigrydy duńskiej. W lewo za Sigrydą siedzieli: Henryk bawarski, Stefan węgierski, kardynał Jan, Emnilda Bolesławowa i kanclerz Heribert. W prawo za Adelajdą: arcybiskup Gizyler, książę Czech, drugi kardynał, Olaf szwedzki, namiestnik Zazi, królewicz burgundzki, książę kijowski i biskup Godibald. Obok cesarza po prawicy: kardynał Robert i Radzim, po lewej — puste miejsce Bolesława. Najpierw arcybiskup Radzim odmówił benedictio, po czym Otto siadł, a wtedy stojący za nim Bolesław huknął gromkim głosem:

— Salve Caesar.

226

Dwieście rycerskich gardzieli powtórzyło jak grzmot wyuczony okrzyk. Gdy zamilkli, mimo że przy śniadaniu niemało było ruchu, zdało się przecież, że panuje cisza. W tej ciszy cesarz najwyraźniej usłyszał nad sobą śpiew słowika. Podobny dźwięk odzywał się gdzieś dalej, spod pułapu. Otto rozglądał się ciekawie, a zdziwienie nie zeszło z jego lic, gdy spojrzał na pusty stół przed sobą. Takie są widać zwyczaje domowe Piastów — myślał, patrząc jak siwobrody stolnik Cztan kładzie przed nim i przed sąsiadami krągłe, miedziane misy, a za nim młody cześnik Stoigniew ustawia proste, rogowe puchary. Królewicz burgundzki podniósł swą misę, brzdęknął w nią palcem i wydął pogardliwie wargi. Bolesław nalał kielich, spróbował go tęgim łykiem i podał cesarzowi. W kielichu było piwo.

Goście półkolistego stołu otrzymali od Cztana takie same misy. Broniszowi przypadło tu miejsce obok Ekkeharda. Helga cieszyła się sąsiedztwem Reinberna, ninie biskupa Pomorza. Obok Matyldy Przecławowej siedział Sigvaldi, przy Sobieborze — Astryda Sigvaldowa, za nią Racibor rański, Jan-Krescencjusz, dalej Bezprym, opat Astryk, Eid miśnieński, biskup Sabiny i inni. Ekkehard, ugasiwszy pierwsze pragnienie piwem, stał się niezwykle mowny i chełpliwy. Nie bacząc na sąsiadów, przysłuchujących się odgłosom cesarskiego stołu, mówił głośno o sobie. Bolesława nazywał bratem, Sigrydę poufale — Świętochną, jakby tym przypominając, że z wieku i krewieństwa bardziej by przystało mu miejsce przy tamtym stole niż wśród młodzieży. Drażniła go czołobitność, okazywana wszędzie cesarzowi. Wystarczył błysk zaciekawienia w twarzy Bronisza na wspomnienie walk w Rzymie, by zaczął dokładnie opisywać, jak to rozgromił buntowników i ile cesarz ma mu do zawdzięczenia.

Wskazując wzgardliwie na siedzącego za Raciborem Jana, syna Krescencjuszowego, opowiadał, jak jego ojca ubił, zdobywając szturmem Zamek Świętego Anioła, jak antypapieża Jana „niby" szesnastego wziął w niewolę, a nie śmiejąc mordować biskupa, okaleczył go i rzucił do głębokiego lochu. Śmiał się rubasznie, dowodząc, że okaleczenie to najlepszy sposób na duchownego, by go utrącić od papiestwa, boć przecież kaleki nie wybiorą na Stolicę Piotrową. Bronisz, choć podziwiał męstwo i zasługi Ekkeharda, słuchał jego przechwałek jak bluźnierstw. Cóż to bowiem za chrześcijanin, który cieszy się, opowiadając, ilu nieprzyjaciół zabił, jak biskupa okaleczył, a gorszy się jednocześnie tym, że cesarz, bolejąc nad losem Krescencjusza-buntownika, zaopiekował się jego synem i przyjął go z honorami na swój dwór? Przecież Ekkehard przystępował nie dawniej jak wczoraj do Stołu Pańskiego, musiał więc być i u spowiedzi...

Po pierwszym postnym daniu zmieniono gościom misy z miedzianych na srebrne, a puchary do miodu dano ozdobniejsze nieco.

Cesarz ożywił się i wkrótce poniechał świątobliwego nastroju. Był głodny, więc chciał się zaraz najeść, ale Bolesław powstrzymywał go, upominając, że dania będą coraz lepsze, a warto ich wszystkich spróbować — wszystkich czterdziestu potraw. Ośmielony życzliwością spojrzeń, Otto zaczął przez stół rozmawiać z biskupem Ungerem. Wszyscy zauważyli, że najciekawiej zerka na królową Sigrydę, siedzącą po lewicy biskupa. Królowa rozumiała nieco po niemiecku, lecz zagadnięta udała, że nic nie pojmuje, więc cesarz prosił Ungera o pośrednictwo w rozmowie. Otto wyraził żal, że Swend nie przyjechał do Gniezna, od dawna bowiem pragnął go poznać. Słyszał tyle dobrego o jego ostatnich czynach, że mianowicie kościoły buduje i misjonarzy wspiera.

Sigryda lubiła, gdy zwracano na nią uwagę, Otto zaś był tak mile prostoduszny. Łatwo odgadywała z wyrazu jego twarzy, czego nie mógł czy nie umiał powierzyć tłumaczowi: zachwyt dla jej osoby. Obok pulchnej Emnildy czy kościstej a podstarzałej Adelajdy, gdy patrzał na jej gładkie lica, na zmienne w wyrazie wargi, ruchliwe nozdrza i lekko mrużące się zielone oczy, widok jej dojrzałego piękna upajał go silniej niż wino. Podziwiane przez wszystkich ogniste włosy Sigrydy pochlebiały mu poniekąd, jako że nieraz biadał nad tym, że sam jest rudy. Siedziała naprzeciwko, więc musiał ją widzieć, a cieszył się, że może na nią patrzeć bez zwracania na siebie uwagi. Gdyby nie przenikliwe spojrzenia biskupa Ungera, o które się co chwila potykał, byłby jeszcze radośniejszy. Czegóż mu brakowało do pełnego wesela? Tak mocno, pewnie siedział na wspaniałym tronie, mając za plecami Bolesława. To prawdziwy druh! A przy tym jaki potężny. Nigdzie, ani w Akwizgranie wśród wiecznie zezujących Niemców, ani tym bardziej w Rzymie wśród knujących Włochów nie czuł się tak bezpiecznie jak tutaj. Wierzył, że czczą go uczciwie. Okrzyk: „Salve Caesar!" tak mocarnie powtórzony za Bolesławem, czyż nie był wart swego? A owe tysiące po zęby zbrojnych wojów, jak psy wiernych polskiemu władcy? Który z książąt niemieckich, który z cesarskich wrogów mógł się z nim ninie mierzyć? Wraz z Bolesławem starłby ich na proch. I taki mocarz miłuje go naprawdę. Nie uwłacza to jego potędze, że sam usługuje cesarzowi, smakuje jego wino i kęsy. To szczery gospodarz! Oto znów misy zmieniają. Po miedzianych i srebrnych kładą złote! Prawdziwie ciężkie złote... Przy nich stawiają trzecie puchary, tym razem istne skarby. Na niższym stole też się złoci. Czterdzieści złotych mis, czterdzieści cennych pucharów, ale i dalej, niżej, wśród zielonych drzew, na osiemnastu stołach bogato srebrzą się nakrycia. Bolesław zauważył wędrówki Ottonowych źrenic, więc przygaduje mu o Sigrydzie. Dźwięczą struny, łagodne głosy męskie nucą tęskne, slavońskie melodie, przed oczami jej żywy wizerunek, a za plecami potężny druh prawi o niej takie dziwne rzeczy. Ten grubasek, trzeci z lewa, to jej pierworodny syn, król Szwecji dalekiej. Kocha się w niej bez pamięci i bez wzajemności król dalekiej Norwegii. Dumną ją zwą Normanowie. Dwóch konungów spaliła za to tylko, że śmieli się ubiegać o jej rękę. Śpiewają o niej pieśni na morzach.

— To twoja siostra rodzona, naprawdę? — rozczula się cesarz. — Ci królowie, książęta, jarlowie, ci nawet moi margrafowie to wszystko twoi krewniacy? — Bolesław śmieje się nieprzymuszenie. Jest taki pewny siebie, mocny, hojny, szczerość patrzy mu spod rzęs na cesarza. A cesarz zazdrości mu. On nie ma takich krewniaków, którzy by go miłowali. Ani takich pięknych, ani takich sławnych. Z margrafów, dwaj najważniejsi, którym zawdzięcza swą obecną siłę, to Zazi i Ekkehard, obaj powinowaci Bolesława. Nie ma wiernych sobie biskupów jak Bolesław, nie ma „swojego" świętego jak Bolesław. Władca Polski, jakby wyczuł to smutne myślenie, pochyla się i mówi dość głośno:

— Mając moje serce i rękę, cezarze, masz za sobą i moich krewniaków. — Sigryda, gdy chce, rozumie po niemiecku i teraz potakuje bratu, śmiejąc się prosto w oczy oszołomionemu Ottonowi. Ten, pod wpływem nagłego natchnienia, chwyta kielich i unosi go nad głowę. Jeden znak ramienia Bolesława i milkną lutnie, ścicha gwar przy najdalszych stołach. Służba nieruchomieje. Ottona zdumiewa taka sprawność. Głos mu się załamuje, zbyt cienko brzmi, gdy woła:

— Niech Bóg sprzyja królowi Bolesławowi, przyjacielowi cesarstwa rzymskiego!

Pierwszy najgłośniej ryknął przy niższym stole Ekkehard:

— Na zdrowie!

Aż igły sosen posypały się z góry od grzmotu okrzyków. Gdy ścichło nieco, kanclerz Heribert, biskup koloński, wzniósł prawicę z pucharem i poprawił dźwięcznym głosem:

— Niech żyje książę Bolesław!

Krzyczeli dalej wszyscy prócz Ottona. Spochmurniał i bacznym wzrokiem przeleciał po obliczach swych biskupów. Henryk bawarski patrzał mu w oczy z nieprzyjaznym chłodem. Cesarz wydął usta i spojrzał na Bolesława. Władca Polski uśmiechał się beztrosko. Otto odetchnął z ulgą. Po chwili spytał:

— Jak ciebie nazywają swoi?

— Tak, jak chcę.

— A chcesz?

— Czyż nie jestem królem? Czyż nie był nim tutaj mój ojciec i pradziady?

— Prawda! Któż jest nim bardziej i słuszniej od ciebie.

Po chwili szepnął z przejęciem:

— Tu w Gnieźnie Niemcy nie będą rządzić cesarzem rzymskim. Zobaczysz, druhu mój, królu Bolesławie.

Głośno, zwracając się do kardynała Roberta, niby się zwierzał:

— Mówiliście, że Rzym nigdy przedtem nie uczcił tak wspaniale cesarza jak mnie ostatnio, gdy wyruszałem na tę pielgrzymkę?

— Zaiste, prawda to! — stwierdziło kilka głosów.

— Witali mnie po drodze w Germanii, jak umieli najlepiej — ciągnął dalej Otto. — Ale czyście widzieli i słyszeli o czymś podobnym, jak nas powitał i przyjmuje ciągle Bolesław od chwili, gdyśmy wstąpili w jego ziemie? Ja nie doznałem nic podobnego. Czemu to? Czy Rzymu i Germanii nie stać, czy też nie kochają tak cesarza, jak go kochają w Polsce? Kto mi na to odpowie?

Nikt nie śmiał odpowiadać, więc odczekawszy chwilę, dokończył:

— Na obszarze cesarstwa ani wśród chrześcijańskich sąsiadów nie poznaliśmy władcy, który by dla swej potęgi i wierności dla stolicy rzymskiej godniejszy był od Bolesława, by nosić tytuł królewski.

— Niech Bóg sprzyja cesarzowi Ottonowi! — krzyknął Bolesław. Aż płomienie pochodni przygasły i znów posypały się igły sosnowe od rozruchu i pohuku zgodnych głosów.

Otto powstał i ujmując Bolesława za obie ręce, niby to przymuszając, posadził go obok swego tronu. Król rozsiadł się wygodnie, a cesarz usłużył mu własnym kielichem. Wszyscy na nich patrzeli, po zmianach oblicza Bolesława odgadując, co nastąpi. Ten na przemian to uśmiechał się, to dziwnie poważniał. Gdy wreszcie zaczął mówić, zwracał się do cesarza, ale słowa wymawiał dość wyraźnie, by słyszano go i przy dalszych stołach.

— Nie spodobało się niektórym gościom, że cezar mnie, swego wiernego sąsiada, nazwał królem. Alboż to jego cesarskiej czci uwłacza, że właśnie król usługuje mu jako służebny? A kto śmie tej godności zazdrościć cezarowi?

— Kusiciel! — szepnął do siebie Stefan węgierski.

Bolesław napuszył się:

— Cezar potwierdził jeno to, co już z dawna posiadam. Ci, którzy się gorszą, niech poznają moc władcy polskiego. Oto przy niższym stole, w gronie mych synów i świetnych margrafów, siedzi Racibor, z mego ramienia pan żyznej wyspy Rany. W tej chwili, moją własną władzą i potęgą stanowię go królem, a nie będzie nim mniej od normańskich konungów. Raciborze, podziękuj cezarowi Romy za to, że Bolesław polski uczynił cię królem!

— Cóż za piekielna pycha — westchnął Henryk bawarski, patrząc na zamieszanie, które wywołał nowo mianowany król, całując ręce Bolesława. Gdy uciszyło się nieco, władca Polski mówił do Racibora:

— W zamian proszę cię, królu sąsiedzie, miłuj, jako i ja miłuję cezara Ottona, i służ mu setką swych bojowych okrętów tak wiernie, że nawet gdyby ci rozkazał na mój ląd uderzyć, to uderz!

— Ależ przebiegły lis — mruknął kanclerz Heribert do zdumionego królewicza burgundzkiego.

— Chciałbym mieć takich lenników, jakich ty masz sąsiadów — zawołał Otto, a ciszej dodał: — Pragnąłbym mieć przy sobie stu takich rycerzy, jakich ty masz tysiące.

W odpowiedzi Bolesław kazał zawezwać ku sobie Jarosta. Gdy dowódca przybocznego legionu, cały w zbroję zakuty, stanął przed swym władcą, król położył mu dłoń na ramieniu i, patrząc w oczy Ottonowi, rzekł:

— Słyszałem, cesarzu, że zazdrościsz mi tych kiryśników. Nie chcę, byś mi czegokolwiek zazdrościł. Pragnąłeś mieć ich stu, weź trzystu! Jaroście, od dziś, wraz z całym swoim pułkiem, idziesz na służbę rzymskiego cesarza. Będziesz mu służył wiernie, jako mnie służyłeś, będziesz go słuchał ślepo, jako mnie słuchałeś, będziesz go strzegł jak swego ojca i pana. Życzęć sto lat tej służby, gdyż do śmierci cezara nie będziesz znał innego pana i wodza.

Otto nie chciał uwierzyć swemu szczęściu. Radował się jak dziecko. Ucałował Bolesława, uściskał kardynała Roberta, kilkakrotnie pytał, czy to prawda, że to jego właśni, osobiści i aż trzystu takich?

— Tak! Tak! — potwierdzał król. — A wypróbuj ich posłuszeństwa. — Bolesław uśmiechnął się zjadliwie: — Dziś oni przy tym namiocie trzymają straż, więc w twoich rękach jesteśmy my wszyscy. Spróbuj rozkazać, by zabili którego z twych biskupów lub moich córek, a zobaczysz, że to wykonają. — Podniósł głos:

— A ten jest zamysł mój w darze, by okazać, że nazwanie królem wolnego sąsiada nie umniejsza w niczym dawnych praw cesarstwa. Rodzic mój, w zamian za opiekę cesarską przed okrutnymi margrafami Niemiec, zobowiązał się wspomagać cesarstwo w razie potrzeby wojennej swymi pułkami. Dzisiaj nie ja lękam się sąsiednich margrafów. Ale nie zapomniałem wdzięczności cesarstwu i oto nieproszony, w czas pokoju, oddaję cezarowi mą straż osobistą, nie dla doraźnej potrzeby wojennej, ale na własność, do zgonu. Króla bowiem na więcej stać niż podwładnego. Niech cezar wie, jak wesprę go, gdy tylko krzyknie ode mnie pomocy. Tom powiedział!

Zauważywszy szepty wśród biskupów i wstającego w podnieceniu do przemowy kanclerza swego Heriberta, Otto szorstkim machnięciem ręki osadził go na miejscu, każąc milczeć. Nie chciał zatruwać sobie radości z otrzymanego daru jadem spodziewanych rozpraw.

Uczta płynęła dalej. Cesarz bawił się podpatrywaniem Sigrydy, a ona przyzwalała na wielbienie siebie. Gdy wschodni poskromiciel wężów albo szczeciński kuglarz skupiał ich uwagę, przerywali patrzenie, by przyjrzeć się sobie, udawali strach, to wybuchali porozumiewawczym śmiechem. Najwięcej wesołości wzbudzał sztukmistrz bułgarski, naśladujący brzuchem głosy przeróżnych zwierząt. Cieszono się, gdy do nastawionej sieci strząśnięto z sosny śpiewającego tam słowika, a okazał się nim jasnowłosy chłopak. Ekkehard uparcie się dopominał, by pokazano pląsy dziewcząt ek przebranych za wodnice, co oglądał kiedyś w Poznaniu. Podkomorzy Iwo nie dał na to pozwolenia, twierdząc, że na tak płoche zabawy nie ma miejsca w cesarskim namiocie.

Przy dwudziestej potrawie, jak to zliczył książę mazowiecki, powstał siedzący między królowymi kanclerz poznański Unger i poprosił cesarza o łaskawą uwagę dla słów o świętym Wojciechu. Otrzymawszy zachętę, biskup rozpoczął swą wielką przemowę, do której z dawna się przygotowywał. Kazał w języku niemieckim, zwracając się najczęściej w lewo, gdzie siedzieli: Gizyler, Henryk bawarski i Heribert. Zaczął od wspomnienia, że ci, którzy nie głosili sami słowa Bożego wśród pogan, nie są w stanie pojąć, jak niezwykłą pociechę, mimo nieraz bezprzykładnych trudów, daje sercom misjonarzy praca apostolska. Kto tego zakosztował, ckni mu się niewdzięczna walka z oświeconymi grzesznikami, którzy tak łatwo zapominają o łasce chrztu i zamiast Stwórcy służyć, wszystko czynią, by raczej Boga ściągnąć do siebie, a wiarę dostosować do bezecnego użytku nędznej ludzkiej natury. Rozpędziwszy się, tak mówił dalej:

— Gdym obejmował poznańską owczarnię po niestrudzonym bojowniku Chrystusowym biskupie Jordanie, byłem nie doświadczonym kapłanem, ale pokornym uczniem błogosławionego Adalberta magdeburskiego. Dążyłem do Slavonii, przyznam, pełen uprzedzeń, z lękiem nawet, znając z opowieści rycerstwa niemieckiego te ludy słowiańskie jako okrutne, mściwe, uparte w bałwochwalstwie, gdyż od tylu wieków przeciwstawiały się Chrystusowi nad Łabą. Niewiele też dobrego słyszałem w mej ojczyźnie o książętach słowiańskich, których margraf Gero musiał aż kilkudziesięciu wytruć niby szczury na uczcie u siebie, ponieważ nie umiał inaczej zdobyć ich dla nieba. Pamiętam, że ten czyn przez wszystkich duchownych niemieckich był szczerze potępiany. O! Jakże słodko rozczarowałem się do onych uprzedzeń. Doznałem wprost objawienia, widząc, jak słowo Boże, niby płomień na wietrze, pożera ufne serce słowiańskiego ludu. Tylko prawdziwa dobroć i przyrodzona skłonność do miłości Bożej mogła tak skwapliwie się doskonalić w wierze. Jeżeli były gdzie srogości, to bodaj u książąt gorliwych, którzy zapalnym sercem wspomagając moje wysiłki, nazbyt okrutnymi karami obkładali grzechy łamania postów, bałwochwalstwa i nieczystości. Przecież nie srogość praw książęcych, ale dobry przykład i żarliwość nawróconych to sprawiły, że po trzydziestu pięciu latach od chrztu pierwszego władcy Polan, dziś, na obszarach olbrzymiego państwa jego następcy, kardynał oblacjariusz w imieniu papieża, a cesarz rzymski we własnej osobie utrwalają zrąb wieczystego gmachu nowej prowincji kościelnej Slavonii. Na ziemiach, gdzie przed trzydziestu pięciu laty mrok jeszcze panował, duszami rządziły gusła i zabobony, dzisiaj pięć ognisk wiary błyszczy świętym ogniem. Bóg to sprawił, zaiste, dla swej chwały, dla szczęścia nawróconych, a na pociechę wszystkim chrześcijanom, że u progu drugiego tysiąclecia gmach Kościoła rzymskiego znalazł przykładne wsparcie na pięciu nowych kolumnach słowiańskich biskupstw.

Ślepym być trzeba lub fałszywym wyznawcą Chrystusa, by nie wielbić w nawróceniu Slavonii chwały Bożej, by nie radować się tym wielkim dziełem.

Dotąd mówiłem o sobie, nędzny robak, by przed braćmi biskupami usprawiedliwić się z zarzutu, który już słyszałem, że sprzeniewierzyłem się swej zwierzchności magdeburskiej i zaprzedałem duszę Bolesławowi. Teraz z kolei, potężny cesarzu i świetni rządcy Kościoła, wysłuchajcie mego ostrzeżenia do braci Niemców. Ci, którzy wypominali mi, bym nie zapomniał, jaka krew w mych żyłach płynie, niech rozważą w sercu, co im rzeknę. Ten rok tysiączny, zaprawdę, nie jest zwyczajnym rokiem. W zwyczajnym roku każdy chrześcijanin winien przynajmniej raz uprzątnąć swoje sumienie i zadośćuczynić za popełnione winy uczciwą pokutą. A kiedyż to, jak nie w tysiącznym roku winny narody chrześcijańskie przeprowadzić rachunek sumienia? Gdzie jest sumienie narodu — spytacie? Gdzie trybunał pokuty dla narodu? Czym jest naród i jak grzeszyć może? Nie odpowiem na to sam z siebie, ale powołam słowa wielkich władców, że prowadzą narody, że służą narodom, że Bóg ich, pomazańców, wybrał do roli przewodników, rządców, ojców swego ludu. Także przypomnę słowa Objawienia świętego Jana, gdy mówi: „A narody, które będą zbawione, będą chodziły w świetle Baranka, a królowie ziemscy chwałę i cześć swoją do Niego przyniosą". Są więc narody, o których głośno w mowach królewskich, są więc narody, które Bóg osądził, boć jeśli jedne mają być zbawione, inne potępione być mogą. Po co pytać i tłumaczyć dalej, kiedy widzieć wystarczy. Oto poznaliśmy ninie, jak z łaski Boga narodził się nowy, chrześcijański naród polski. Sędziwy Rzym i stara Germania w osobie cesarza, trzech kardynałów, królów, książąt, biskupów uznały go za żyjący na obszarze państwa od gór węgierskich po morze, od Łużyc po rzekę Bug, i u jego kolebki złożyły dary powitalne. Ta kolebka to trumna świętego Wojciecha, a jego krew męczeńska to woda chrztu i pierwsza kropla zasługi narodu dla Królestwa Bożego. Slavonia, która zwie się sama Polską, to najmłodsze z naszej chrześcijańskiej rodziny dziecię. Podziwiamy jego urodę i tęgość. Okazało się nam jakże obiecujące, w pełni ziemskiej krasy i sił. Kochajmy ją, wspierajmy ją na chwałę Bożą i szczęście sąsiedzkie! I nad kołyską tego chrześcijańskiego narodu, u grobu świętego Wojciecha zróbmy rachunek sumienia własnego. Winniśmy to temu chrześcijańskiemu państwu, które nie jest bękartem pogańskim, skoro jego królewską wolność, pierwszą królewskość narodu słowiańskiego, uznaje głowa Kościoła chrześcijańskiego i cesarstwo rzymskie. Czemu to mówię? Oto, by ostrzec braci starszych, aby nie stali się dla tego dziecięcia prześladowcami, nie daj Bóg — mordercami, nie daj Bóg — gorszycielami, ucząc go nieprawości, zdrady i faryzeizmu. A przecież już raz tak było. Było już królestwo słowiańskie, państwo Wielkich Moraw, któremu patronowali święci: Konstanty i Metody. Jak powitał jego narodziny w chrześcijańskim świecie naród niemiecki? Tak mianowicie, że gdy sam nie zdołał zgnieść go, ujarzmić, pozbawić opieki Stolicy Świętej, zachęcił srogich pogan z Azji i nie przeszkodził im w zgładzeniu, zamordowaniu noworodka chrześcijańskiego. Ten grzech śmiertelny obciąża sumienie nie tylko najeźdźców-pogan. Jeżeli Germania o grzechu tym zapomniała albo już się rozgrzeszyła, to pamiętają o nim tu, w rodzie Piastów polskich, w których żyłach płynie po kądzieli krew władców Moraw. Tu pamiętają o tym i strzegą się wilków w owczej skórze.

A znamienne to jest ponad wszystko, że zasługę chrztu pogan, którzy Wielkie Morawy pożarli z pozwoleniem Niemiec, przydzieliła Opatrzność właśnie Wojciechowi i rodowi Piastów polskich. Oto siedzą przy naszym stole: pani Adelajda i jej bogobojny syn Stefan, władca mężnych, Węgrów, po Bolesławie najbardziej zasługujący się dziś chrześcijaństwu.

Biskup Unger przetarł rękawem czoło i chrząknąwszy, mówił dalej odświeżonym głosem:

— Święty Wojciech, misjonarz polski, sam rodem Słowianin, to słup-drogowskaz na rozstajnych drogach tysiącznego roku. Stojąc u jego grobu, pytamy sumienia: gdzie są niemieccy męczennicy w Germanii? A może brak już pogan w Germanii lub u jej granic? Obodryci, Lutycy, Hobolanie, Serbowie, a choćby ci bawarscy z Wircburga — Babenbergu, czy już przyjęli Chrystusa? A może ci wircburscy Słowianie są o tyle lepsi od Prusów, że nie mordują niemieckich misjonarzy, pragnących nawrócić ich na świętą wiarę? Wiecie najlepiej, jak jest. Wiecie, że Niemcy nie krzyżem nawracają, ale mieczem i postronkiem. Dlatego nie ma wśród was męczenników świętych. Dlatego Wojciech, uczeń magdeburski, biskup Pragi, zakonnik z Monte Cassino musiał aż Polski szukać, by go przygarnęła, uczciła i dała możność prawdziwie apostolskiej pracy. Dlatego my tu, Reinbern i Poppon, zaprzedaliśmy się Chrystusowi, a nie Bolesławowi. Prawdziwie mówię, gdyż Chrystus nie oświecał mieczem, a ochrzcił nas swą Przenajświętszą męczeńską Krwią. Kto miłuje Chystusa, ten nie może nienawidzić pogan, ten nie może gubić ich i gnębić dla wiary. Chrystus pragnie mieć wolnych wyznawców. Kto miecza słuchać każe, kto ujarzmia dla wiary, kto mści się ogniem i krwi rozlewem za nieposłuszeństwo słowu Bożemu, nie misjonarzem jest, lecz faryzeuszem, nie przyjacielem Chrystusa, lecz sojusznikiem diabła.

Tryumfem Wojciecha jest, że zabronił Bolesławowi, a Bolesław usłuchał i nie pomścił jego męczeństwa, lecz przeciwnie, najwyższy hołd mu złożył, powściągając przyrodzoną zemstę i wykupując ciało świętego za cenę, jakiej mordercy zażądali. Tryumfem Wojciecha jest, że władca całej Germanii, krain gallijskich, italskich, czeskich, cesarz Rzymu Otto, podejmując na granicy wieków pielgrzymkę do grobu pierwszego misjonarza i męczennika Słowian, uczcił w nim prawdę Chrystusową i okazał czystość swego sumienia. Oby sumienie wszystkich podległych mu narodów było tak samo czyste. Niechaj mu Bóg Wszechmogący błogosławi za to i niechaj ziści jego najgłębsze pragnienia. Jesteś nam, miłościwy cesarzu, na szczytach ziemskiej potęgi. Więcej nie można życzyć, niż posiadasz w świecie. Więcej niż władza najwyższa — to już cierpienie. Więcej niż chwała doczesna — to już oszczerstwa. Więcej niż szczęście ludzkie, to — Łaska Boża. Niechaj Duch Święty natchnie twe serce, cesarzu, najmędrszym pragnieniem, a orędownictwo Najświętszej Bożej Rodzicielki, Patronki tego narodu, niechaj wyjedna ci w niebie spełnienie najtajniejszych tęsknot. Tego ci życzy Bolesław, ród jego i polscy biskupi.

Otto ukrył twarz w dłoniach i głośno szlochał. Bolesław miał oczy pełne łez. Stefan i Henryk bawarski pobledli ze wzruszenia, patrzeli niemo na siebie. Przy wielkich stołach panowało ważkie milczenie. Nagły okrzyk pijanego króla Racibora: „Niech żyje!", podchwycony przez dalsze stoły, niedługo tłukł się między pniami sosen. Czekali wszyscy na to, co nastąpi, a spodziewali się czegoś niezwykłego.

Jakoż i nastąpiło. Gdy Otto odkrył twarz, załzawione oczy błyszczały mu gorączką. Przez chwilę jakby mocował się w sobie. Cofnął się w głąb tronu, to znów pochylił nad stołem, obrzucając bacznym spojrzeniem otoczenie, wreszcie ujął w prawicę włócznię, w lewicę berło i powstał w majestacie cesarskim. Wysoki, chudy, lice miał tak poważne, że stracił wyraz młodości właściwy jego wiekowi. Otworzywszy wargi, zająknął się dwukrotnie, powtarzając:

— Ja… ja… — Przemógł się i zawziętym głosem wypowiedział: — My, cesarz rzymski, dziedzic i król Niemiec, działając w intencji zmazania win naszych przodków i potwierdzenia uczciwych przekonań — zwrócił się do Bolesława — uznajemy w tobie równego nam na swojej ziemi władcę Slavonii. Na dowód tego uznania, nie rozporządzając dziś królewską koroną papieży, dajemy ci najwyższy znak naszej królewskiej władzy: tę oto włócznię świętego Maurycego z gwoździem Krzyża Świętego, największy skarb Germanii.

Bolesław się zerwał, przyklęknął i przycisnął oburącz do piersi tak niebywały dar.

— Na świadectwo zaś, iżeś jest bratem naszym i kooperatorem cesarstwa rzymskiego, że masz z innymi książętami równe prawo wybierać i być wybieranym, i być wybranym choćby na cesarza po mnie, noś oto przy nas aż do końca uczty na swych godnych, bo królewskich skroniach tę cesarską koronę!

Kto żył, przytomny, zataiwszy dech, wytrzeszczał oczy na widok, jak Otto, zdjąwszy z głowy diadem, wcisnął go na płowe włosy Bolesława, po czym, jakby zmęczony tym, czego dokonał, opadł na tron. Nic więcej nie powiedziano. Jedynym echem wiekopomnego czynu był stłumiony okrzyk kanclerza Heriberta:

— To szaleństwo!

Arcybiskup magdeburski Gizyler w rozpaczliwym milczeniu targał siwe włosy. Kardynał Robert pocierał w zamyśleniu nos. Nie mniej zaskoczony był tym, co się odbyło, i sam Bolesław. Powstał z kolan, ukoronowany, z świętą włócznią w prawicy i patrzał pytająco z góry na cesarza. Otto uśmiechnął się doń dobrodusznie:

— Tobie nie ciążyłaby tak, jak mnie ciąży — wyznał ze smętkiem. — Ponoś sobie i poznaj, czego mi zazdroszczą.

Bolesław powolnym ruchem zdjął koronę z czoła i położył ją ze czcią między nakryciem swoim a cesarza. Ale włóczni nie puszczał z rąk. Siadł za stołem i zapatrzył się przed siebie. Przed nim siedziała Sigryda. Uśmiechała się do brata, a Otto myślał, że okazuje tak życzliwość jemu. Czekano, aż Bolesław coś powie, boć powinien coś rzec. Obawiano się go. Bolesław powiedział, lecz cicho, tak że go tylko Otto słyszał i najbliżsi:

— Zostań, cezarze, z nami. Nie będziemy tu sobie zawadzać.

Otto westchnął:

— Poczekaj jeszcze. Jak utrwalę cesarstwo ponad Germanią i znajdę godnego następcę, zrzeknę się i przyjadę do ciebie. Zajmę się misją nawracania pogan. Ty poradzisz mi najlepiej, jak Wojciechowi, prawda?

— Wojciech nie słuchał mych rad, dlatego zginął — nachmurzył się król.

— Alboż stało się to przeciw woli Bożej?

Otto milczał czas jakiś z przymkniętymi oczami. Gdy je otworzył i spojrzał na Sigrydę, szczery uśmiech rozjaśnił mu twarz. Arcybiskup Gizyler poczuł się słabo. Rozkaszlał się i nie mógł chwycić oddechu. Bolesław podszedł doń, by go poratować, radząc rozpięcie szat i zimne okłady na serce. Otto skorzystał z chwilowego zamieszania, by podnieść się i przejść na drugą stronę bliżej Sigrydy. Gizylera wyniesiono z sali. Na jego pustym stolcu zasiadł cesarz, dając tym przykład swobody i zachętę do niemącenia uczty. Biesiadnicy dwóch dostojnych stołów zmieniali się miejscami, szukając miłych zbliżeń. Sigryda obiecała Ottonowi, że przedstawi mu swego najmłodszego synka — Kanuta-Lamberta. Cesarz był uszczęśliwiony. Zabawiał się rzucaniem kulek z ciasta przez stół do swego kielicha przed pustym tronem cesarskim. Sigryda pozwoliła mu liczyć perły na swej koronie.

Już piąty raz zmieniano pochodnie i paliwo w koszach, gdy kanclerz Heribert uprosił łaskawego dla wszystkich Bolesława, aby pozwolił mu pożegnać i ucałować świętą włócznię Maurycego. Otrzymawszy ją, uczcił należycie i przekazał z nabożeństwem innym biskupom niemieckim. Przed wschodem słońca Bronisz i wojewodowie opuścili chyłkiem cesarski namiot, by przygotować na polach pod Górą Lecha przegląd kilkunastu tysięcy wojsk Bolesławowych. Biesiada trwała dalej. Pieśni i miody rozgrzewały serca. Cesarz i król prześcigali się w okazywaniu wzajemnej przyjaźni. Otto, uznając w Bolesławie patrycjusza rzymskiego, wolnego od wszelkich trybutów względem cesarstwa, obiecywał najpewniej, że wyjedna dlań u papieża Sylwestra świętą koronę królewską. Bolesław wywdzięczał się hojnością darów. Ogłosił, że wszystkie misy, puchary, noże, obrusy, skóry, pościel, kobierce, czegokolwiek któren z gości używał i czego potrzebował — należało do niego. Trudno było niektórym z początku w to uwierzyć, ale gdy służba zniosła każdemu, co jego, brali, ile się dało. Szczególnie Włosi i Niemcy, z wyjątkiem Henryka bawarskiego, łakomi byli na złoto. Sigryda nie tylko że oddała, co na nią przypadło, ale jeszcze własnymi skarbami wsparła szczodrość brata dla cudzoziemców. Natomiast Astryda Sigvaldowa zgorszyła rodzeństwo łapczywością. Stefan węgierski poszedł w ślady Sigrydy, jednak prosił przy tym, błagał królewskiego wuja o największą łaskę: o nogę, choćby stopę świętego Wojciecha, który i po węgierskiej ziemi z misją chadzał. Arcybiskup Radzim, zgorszony nieumiarkowaną szczodrobliwością swego władcy, przyznał jedynie cesarzowi ramię, a Stefanowi prawą nogę świętego, wszystkim innym odmawiając relikwii. Przed natarczywością proszących bronił się tym, że król już tyle naobiecywał, że nie starczyłoby na to i dwóch ciał męczennika. Bolesław niczym się nie martwił, będąc ponad wszystko uradowany włócznią świętego Maurycego, którą, skrytą w pokrowiec, ciągle miał przy sobie ani sprawdzając, czy po pożegnaniach nie zabrakło w niej świętego gwoździa.

Czwartego dnia uroczystości pogoda nagle się popsuła. Przed wieczorem śnieg stopniał, a po dżdżystej nocy Gniezno zmieniło się do niepoznania. Dachy splamione sadzą, drewno ścian brudne wilgocią, płótna namiotów zszarzałe od mokrości, a na ulicach kał zwierząt zdeptany z błotem zmieniał ruch pielgrzymów w cuchnącą udrękę. Chcąc wyzyskać ostatnią twardość dróg przed wiosennym roztopem, cesarz zarządził na piętnastego marca śpieszny powrót. Bolesław przewidział to i wszystko do podróży było już gotowe. Na chwilę pożegnania miasto rozjaśniło się słońcem, a wschodni wiatr, nasiąkły wonią pączkującej zieleni, zwiał z cesarskiego szlaku odór miejskiej zgnilizny.

Otto, po wyjściu ze świątyni, gdzie szczerymi łzami żegnał relikwie męczennika, wprost wsiadł na konia i włączył się w pochód. Drogę torowało mu trzystu kiryśników

Jarosta. Nie mógł się nimi dosyć nacieszyć. Orszakowi cesarskiemu towarzyszył do Poznania niewieści dwór królowych. Za duchowieństwem i możnym rycerstwem ciągnął się szereg długości pół dnia marszu, jeźdźców i wozów służebnych. Śpieszono, by w dwie niedziele dotrzeć do Akwizgranu, gdzie cesarz pragnął odwzajemnić się gościną towarzyszącemu mu Bolesławowi i polskiej świcie. Bronisz miał od Odry zawrócić, by dopilnować w kraju rozpuszczenia wojsk.

Jedynym bodaj zgrzytem, który zmącił chwilę odłączenia się z pochodu dworu królowych w Poznaniu, było dziwaczne wystąpienie królewicza Bezpryma. I on chciał w Polsce pozostać. W obecności cesarza i biskupów spytał głośno swego rodzica, czemu to on, król uwielbiany przez swoich i obcych, władca, który tylu ludziom świadczy dobroć, tylko na niego, swego pierworodnego syna nakłada ciężar, zmuszając do powrotu do klasztoru, z którego by zbiegł najchętniej. Słowa te, wypowiedziane przez otroka przybranego w habit uczniów świątobliwego Romualda, wywoływały niesmak, jeśli nie oburzenie u wielu. Bolesław targnął wąsa, już gotów wybuchnąć, gdy niespodziewanie wtrącił się w to sam cesarz. Położył, dłoń na ramieniu zbuntowanego królewicza i tkliwym głosem przemówił:

— Gdybyś mógł poznać, młodzieńcze, jak zazdroszczę ci, że możesz samemu tylko Bogu służyć, nie skarżyłbyś się na ojcowską wolę. Obrałeś sobie przecież tę najlepszą cząstkę…

Bezprym opuścił głowę i cofnął się do grona opatów, a jadący za nim Astryk usłyszał jego mruknięcie:

— Nie ja to obierałem, jeno macocha.

XIII

Królowie pojechali dalej, ale królowe długo nie mogły otrząsnąć się z przykrości, jaka za sprawą skargi Bezpryma osaczyła ich matczyne serca. Helga z głębokim przejęciem przysłuchiwała się rozmowie prowadzonej o tym między królową węgierską i duńską. Adelajda wyraźnie potępiała macochę-Emnildę. Przypominała, że ojciec ich, Mieszko, tyle miał dzieci z wielu żon, a o każde zadbał sprawiedliwie. Bracia mu nie zazdrościli, a przeciwnie, najgorliwiej służyli wspólnej sprawie: władztwu piastowskiemu. Sierotę-bratanka, Ziemowita, osadził na Mazowszu. Córkom nadał wiano godne ich małżonków. -władców. Gdyby nie Bolesław, toć i synowie Ody otrzymaliby odpowiednie dziedzictwo. Z Odą było trudno, to prawda, ale i teraz, przeznaczając Światopełkowi Pomorze, Bolesław naprawia krzywdę wyrządzoną przyrodniemu bratu. Więc czemu Bezpryma, pierworodnego swego wydziedzicza, przez siłę czyniąc go mnichem? Tego Bóg mu nie pobłogosławi! A wszystkiemu winna Emnilda, że Bolesław, mąż taki samowładny, jednak w sprawach rodzinnych, najświętszych dla duszy, powolnie słucha rad swej trzeciej żony.

Sigryda próbowała wytłumaczyć brata, lecz nie dała rady Adelajdzie. Wszak sama się chełpiła, że jej pierworodny Olaf jest już królem, a dwom młodszym Swend przyrzekł też zostawić po królestwie. Swenda stać na to, a cóż on znaczy wobec potęgi Bolesława?

— Brat nasz chce utrzymać w jedności, co złączył i odbudował — broniła Sigryda. — Sądzi, że Bezprym nie zapowiada się na godnego władcę. Mieszko widzi mu się we wszystkim lepszy. Nie dziw się. Twój Stefan też przecież po śmierci rodzica walczył ze stryjami, dbając, by się nie rozpadło dziedzictwo Węgier.

Adelajda machnęła niecierpliwie ręką:

— Nie zaszczycaj próżno Bolesława, gdyż wiem, że czujesz ze mną. Syn może, nawet musi walczyć o ojcowiznę ze stryjcami, ale rodzic, który za życia wydziedzicza synów, zostawia im najgorsze, bo poczucie krzywdy i zaląg nienawiści w rodzie. Bezprym już jest skrzywdzony. Skąd zaś Bolesław wie, że byłby złym dziedzicem jego władztwa, jeżeli nie próbował nawet wychować go przy sobie na władcę, jak to czyni z Mieszkiem? Powiedz ty, mała — zwróciła się porywczo do Helgi — gdyby twój ojciec... ach! Prawda, ty nie jesteś synem, niewiastko. — Roześmiała się. Sigryda podchwyciła poważnie.

— Jej rodzic skrzywdził ją, i jak jeszcze, jedynaczkę, nie przysyłając nawet kołacza w wianie, a mimo to nie powie o nim złego słowa i tęskni doń jak najuczciwiej.

Adelajda ucałowała przestraszoną Helgę:

— Za to Bóg pobłogosławi jej, a nie rodzicowi...

Helga długo po nocy rozmyślała o tej rozmowie. Pragnęła, aby jednak Sigryda miała słuszność, wszakże nie znajdywała na to dowodów. Najgorzej, gdy wyobraziła to sobie na własnym życiu. Węgierka, matka Bezpryma, była pierwszą żoną Bolesława, tak jak ona — Bronisza. Bezprym, to jakby dziecko, które rośnie w jej łonie. Pierwsze dziecko, pierwszy syn, błogosławieństwo dla ojca i matki, znak, że Bóg sprzyja rodzinie, rodowi. Gdyby Bronisz oddalił ją potem od siebie albo został wdowcem, gdyby z innymi żonami miał innych synów... Nie! Tego, co uczynił Bolesław swemu pierworodnemu, matka nie może uznać, chyba macocha... Zaś Emnilda taka jest dobra i czuła dla dzieci, dla obcych nawet. Mówią, że gdyby nie ona, Bolesław byłby okrutny. Więc może winien sam Bolesław? Bez jego woli, czy by macocha zdołała zepchnąć pierworodnego? Najmniej winien królewicz Mieszko. Jest ulubieńcem dworu, rycerzy, taki pojętny, śmiały, radosny. Ale może nie ma w tym jeszcze nieszczęścia? Bezprym będzie biskupem, pewnie następcą Radzima. Adelajda próżno krakała...

Myśli o królewiczach tak obeszły Helgę, że przy najbliższym spotkaniu z Broniszem zagadnęła go, co sądzi o nich. Bronisz zlekceważył zrazu jej powagę. Wyznał żartobliwie, że nie chciałby być w skórze Bezpryma, ale jego własny braciszek Bossuta na pewno byłby zadowolony z podobnego losu. Zwierzył się oto starszemu na odjezdnym z Gniezna, że porozumiał się już z opatem Astrykiem, by wstąpić do klasztoru pustelników, skoro tylko Radzim, jak mówią, sprowadzi ich z Włoch do Polski.

— Ale ty, ty Broniszu, czybyś odsunął pierworodnego od dziedzictwa Lipia, gdyby młodszy, z innej, był ci czegoś milszy?

Bronisz zamyślił się. Chciał odpowiedzieć szczerze, ale baczył, by swym sądem nie potępić Bolesława, którego mądrość we wszystkim podziwiał. Nie wydawało mu się to wszystko jasne. Sam wolałby nie mieć takiego syna jak Bezprym, choć współczuł chłopcu i lubił go nawet. Spostrzegłszy, że Helga z lękiem czeka na odpowiedź, rzekł z rozwagą:

— To, co z ziemi lipiańskiej najlepszego dostałem, przeszło na nas od dziadów, prawą drogą. Czy śmiałbym sprzeniewierzać się mądrości dziadów, prawom dziedzictwa? Może pierworodny nie podobać się ojcu, ale jego z kolei dzieci mogą się okazać najlepszymi dziedzicami. Jeżeli zaś pierworodny nie będzie miał synów, to wszak dziedzina wróci do młodszego brata. Wiesz przecież, jak Przecław i Matylda trapią się swymi córkami? Kto wie, czy cały Cisów wraz z Lipiem nie przejdzie do naszego pierworodnego?

— Cichaj, cichaj, bo wywołasz córkę! — zaśmiała się Helga, bardziej uszczęśliwiona odpowiedzią niż obawą, by mogła rodzić same dziewczyny.

— Łatwiej nam żyć niż królom — westchnął Bronisz, całując ją w oczy.

— Czybyś nie chciał być królem? — przekomarzała się wesoło.

— Nigdy! — Aż się zdumiała mocą jego odpowiedzi i powagą, z jaką spojrzał na nią.

— Różni są przecież królowie? — cofnęła się, czując się winna czegoś, czego nie rozumie.

— Nie zazdroszczę żadnemu! Przeraża mnie ich trud, by zachować i pomnożyć władzę. Wciąż na nich coś ciąży, ciągle grozi, wszyscy kuszą, schlebiają, kłamią. Nawet dla własnych dzieci muszą być królami! A gdy nie mają dzieci, czyhają na nich ci, co dla swych dzieci szukają królestw. Ot taki Olaf Tryggvason i Swend przy Sigrydzie...

Helga milczała, przychwytując się na uczuciu jakby pewnego rozczarowania. Mogła sobie miło wyobrazić Bronisza jako władcę. Konung Bronro! Wikingowie wielbiliby go. A przy nim ona i jej synowie...

Dlaczego Bronisz nie chce pragnąć tego, co jest szczytem pożądań każdego Normana? Przecież tylu Normanów przewyższa męstwem, bogactwem i sławą? Czy to dobrze, czy źle? Dla niej, dziś może najszczęśliwiej, że nie pędzą go w świat wielkie pożądania, ale dla synów? Synów jeszcze nie ma. Synowie jej będą Polakami. Takimi jak Bronisz. Bronisz jest inny niż Olaf. Jej kochany, jedyny, jarl Bronro jest bohaterem, a nie chce być zdobywcą. Czy to dobrze, czy źle, że Polacy są w tym tak różni od Normanów?

Od czasu spowiedzi u Radzima myśl o Olafie Tryggvasonie nie dawała spokoju Broniszowi. Zdawało mu się, że już zupełnie przebaczył mu swe krzywdy, powetowane wszak przez los prawdziwym szczęściem rodzinnym. Gdy usłyszał sprawozdanie Helgi z jej rozmów z Sigrydą o Olafie, współczuł mu nawet szczerze. Biedny on, że nie umie się zadowolić tym, co już zdobył, i zamiast utrwalać w pokoju wielkie dzieło nawracania Norwegii i Islandii, a Boga prosić o potomstwo, knuje wciąż przeciwko dawnym swym nieprzyjaciołom, siłę swą i mądrość poświęcając zemście, tak jakby zgoła nie był chrześcijanem. Ninie, gdy Olaf szwedzki wyraźnie poparł chrześcijaństwo w swym kraju, a Swend w Danii buduje kościoły i wspiera misjonarzy, Tryggvason stracił podstawę do zaborczych zamiarów, by pod swym chrześcijańskim berłem zjednoczyć normańskie kraje. Sprawdza się na nim to, że władztwo i zemsta nie znają ograniczeń i niczemu nie służą prócz woli władcy, we wszystkim szukającego pozorów słuszności dla siebie. Gdy pozory odpadną, okazuje się tylko naga, niczym nieskrępowana pożądliwość.

Olaf Tryggvason nie zaniechał swych knowań. Ostatni poseł Swenda, pchnięty z Roskilde do Gniezna, doniósł Broniszowi, iż sprawdzono przez szpiegów, że Norweg całą swą moc wytęża do przygotowania wielkiej wyprawy morskiej. Thorberg Skaffting wykańcza mu na gwałt jedenaście podobnych do Długiego Węża bojowych okrętów. Kowale kują, cieśle rąbią, sam Olaf od świtu do nocy ćwiczy załogę. Po ostatnim pobycie Sigvaldiego w Nidaros jeszcze dwukrotnie tej zimy przekradali się przez Danię do Norwegii kupcy wołyńscy i znosili się tam z samym królem.

Król Bolesław, we wszystko wtajemniczony, polecił Broniszowi baczenie nad Sigvaldim i gotowość, jeżeli Tryggvason ma inny niż przewidywano pod wpływem doniesienia Jaranda zamiar, chcąc na przykład uderzyć wcześniej na słowiański ląd, by spotkał się z oporem okrętów rańskich, jomsborskich i duńskich, gotowych odciąć powrót Norwegów i zniszczyć ich na słowiańskim morzu. Sigvaldiego, w chwili rozstrzygającej, należy ściąć bez sądu, a na czele jomsborczyków postawić Gudmunda.

Po odjeździe z Polski cesarza i królów jomsborczycy i Ranowie, wolni od obowiązków, zostali odesłani do swych ziem, a na poznańskim dworze pozostali z nich jeno wodzowie. Sigvaldi, nie podejrzewając, co o nim radzą Dzik z Broniszem, upajał się swobodnie zaszczytną rolą członka rodu Piastów. Przestając z królowymi i wojewodami, zapraszany i przyjmowany z ufnością, świadom był wszystkich planów poznańskiego dworu. Dowiedział się, że Bolesław po powrocie z Niemiec zamierzył sprosić w maju gości do Krakowa na święto wprowadzenia na stolicę biskupią Poppona. Czerwiec przeznaczono na uroczystości kościelne wrocławskie i letnie łowy w śląskich borach. Na lipiec wyznaczono zjazd do Szczecina, gdzie Bolesław miał dopełnić obietnicy danej Ottonowi i szwagrowi macochy Ody, Zazinowi — wprowadzenia swego przyrodniego brata Światopełka na księstwo pomorskie. W sierpniu przypadała kolej na Kołobrzeg i święto chrztu słowiańskich mórz przez biskupa Reinberna. Zarówno Sigryda, jak i Olaf Skottkonung zgodzili się uczestniczyć w tych wszystkich uroczystościach. Uchwalono przeto, że okręty po nich, na powrót do krajów, winny przybyć najpóźniej z końcem sierpnia do Wołynia, gdzie miał odjeżdżających podejmować ostatnią ucztą Sigvaldi.

Dla przygotowania powrotu królów wyjechali z Poznania, wnet po Wielkiej Nocy, od Sigrydy — podkomorzy Sivard, a od Olafa — miecznik Harbar. Do ich szczupłego orszaku na drogę do Szczecina przyłączył się kupiec wołyński Mazon. Bogacz ten, dobrze zarobiwszy w Gnieźnie, bawił czas pewien w Poznaniu, wydłubując od królewskiego skarbnika Kiełcza należność za dostarczone dworowi sto dwadzieścia beczek wina i korzenie indyjskie. Nikogo nie dziwiło, że przed odjazdem długo się naradzał z Sigvaldim, z którym, jako jarlem Jomsborga, miał wiele wspólnych spraw. Ponieważ narada ta trwała do późnej nocy, a Sigvaldi zadbał, aby była tajemna, zaciekawił się nią i Bronisz. Pośpiech, z jakim Mazon przyłączył się do posłów normańskich, zaniedbując załatwienia drobniejszych rachunków, mógł być usprawiedliwiony tym, że kupiec pragnął zapewnić sobie bezpieczeństwo dla swych wozów w towarzystwie rycerskiego pocztu. Bronisz wytłumaczył to sobie zgoła inaczej. Cudzoziemcy niemało się zdziwili, gdy parę mil za stolicą przyłączył się do nich z boku nadjeżdżając jarl Bronisz z bratem swym Gniewomirem w otoczeniu dziesiątki zbrojnych. Sivard i Harbar ucieszyli się z niego. Mazon natomiast, mając z przyczyny wiezionych pieniędzy powód do największej radości, że ochrona ich się powiększyła, tak wyraźnie sposępniał, iż Bronisz upewnił się tym całkowicie w swych podejrzeniach.

Drugiego dnia podróży, na postoju w Santoku, gdy po sutej wieczerzy u starosty grodowego Harbar z Sivardem posnęli, Mazon udał się na podgrodzie, by sprawdzić, jak mu sługi zabezpieczyli wozy. Szedł z dwoma pachołkami najspokojniej w świecie, pewny, że w obrębie grodu Bolesławowego nic mu nie grozi. Istotnie, był tam bezpieczny, aliści ledwo parę kroków postawił za wrota, z oćmy pobliskich krzaków coś furknęło i nim zdążył zakrzyknąć, poczuł się opatulony na głucho szorstkim suknem. Poderwano mu nogi, niesiono kilkanaście kroków, po czym rzucono jak kłodę brzuchem na siodło. Nim zdążył rozważyć w sobie wszystkie możliwości: kto go porwał, czy wiedzą, kim jest, i ile zażądają okupu, już się zatrzymano. Złożyli go na miękkim, pewnie na trawie, i odsłonili głowę. Zaczerpnął pełną piersią wilgotnego powietrza i rozejrzał się. Gwiaździste niebo, mrok zarośli i lśnienie rozlewiska rzecznego nic mu nie wyjaśniło. Mazon nie bał się. Raczej niecierpliwiło go tak głupie zdarzenie, które prócz nieważnego okupu zabierało mu czas potrzebny na odpoczynek. Odkaszlnął i spokojnym szeptem, by nie przestraszyć napastników, jął słowiańską mową tłumaczyć, że niepotrzebnie go szarpali, bo dałby im po dobrej woli, co ma na wozie, a jeżeli natychmiast go puszczą, to nawet nie złoży skargi przed starostą, gdyż śpieszy mu się, ponieważ ma chorych w domu, w Wołyniu, i zależy mu bardzo na czasie.

Pewny był siebie, że nie ukrzywdzą go zbytnio, gdyż wory ze srebrem złożył na noc u starosty, a na wozie miał tylko resztki niesprzedanego towaru. Pewny był siebie aż do chwili, gdy usłyszał pierwsze zdanie ku sobie skierowane:

— Nie trza mi twoich pieniędzy — zabrzmiał znajomy głos normańską mową.

Mazon wytrzeszczył oczy i taki go nagle sparł lęk, że broda zaczęła się trząść, a zęby szczękać.

— Coście uradzili z Sigvaldim? — spytał Bronisz wciąż w niesłowiańskiej mowie.

Mazon z trudem się opanował i jął tłumaczyć:

— Sigvaldi winien mi siedemdziesiąt funtów srebra za samo Gniezno. Chciałem od niego za to trzy okręty jomsborskie na potrzebę kupiecką tego lata. Mam towar dla Franków i dla Saracenów.

— Nie łżyj, psie!

Mazon zaczął wykrzykiwać to po normańsku, to po słowiańsku zaklęcia, przysięgi; łzy mu się polały z oczu, szlochał, błagał, zapewniał. Bronisz, głuchy i nieczuły jak głaz, patrzał na lśniącą wodę. Gdy zadyszany kupiec zamilknął, uderzyły go znów nieubłagane słowa:

— Jeśli chcesz ginąć — giń sobie. Powiem w starostwie, że uciekłeś nocą i pies z kulawą nogą nie zatroska się o twą tu pamięć. W najlepszym razie rozgromiony Tryggvason będzie opłakiwał śmierć niezdarnego swego sojusznika. Wybieraj, komu chcesz służyć? Piastom, by nadal żyć i handlować w łasce królewskiej, czy Norwegowi, który waży się na to, na co nawet cesarza dziś nie stać — przeciw Bolesławowi. Widzisz, że znam wasz plan. Mów szczerze, gdyż i tak wszystko się wyda. No, co miałeś donieść królowi Norwegów? Śpiesz się! Chodzi mi tylko o ciebie, czy zgładzić cię, czy użyć. Bądź mądry!

Mazon milczał i myślał. Każą mu być mądrym. On głupi nie jest. Więc Sigvaldi wpadł. Z Broniszem nie ma żartów. Trzeba targować się o życie. Więc rozpoczął targ:

— Jeżeli wyznam, to naprawdę?...

— Jeżeli wyznasz wszystko i będziesz nadal czynił, co ci rozkażę, staniesz się sojusznikiem Bolesława, a ja sam zadbam o twe bezpieczeństwo. Jeżeli skłamiesz lub zdradzisz, zginiesz niechybnie wraz z miastem.

— Powiem, lecz ci niech odejdą.

— Już odeszli. Mów! — Gniewomir i dwaj zbrojni oddalili się o parę kroków. Mazon rozprostował ręce, obmacał szyję i wypatrując w ciemnościach stojącego nad nim jarla, począł szeptać. Najprzód tłumaczył się, a tak gorliwie i prawdopodobnie, że Bronisz gotów był mu wierzyć. Zaczęło się niby od długów Sigvaldiego. Jomsborczyk obiecywał, że uiści wszystkie swe należności, gdy wzrośnie w siłę. Na dowód zaufania i zacieśnienia osobistych stosunków wtajemniczył go w swój plan i począł używać do tajnych poselstw do Norwegii i Anglii. Kto był twórcą planu, kupiec nie wiedział, ale się domyślał, że raczej Thyra, żona Norwega, dysząca nieugaszoną nienawiścią do Swenda i Sigrydy. Początkowo Anglicy radzili ograniczyć rozprawę do napaści na Danię, ale gdy się dowiedziano w Nidaros o zaproszeniu dworów duńskiego i szwedzkiego na zjazd gnieźnieński, rozpoczęto przygotowania do najśmielszego ciosu: ujęcia królów, rozbicia sojuszów windlandzko-normańskich i opanowania Zatoki Szczecińskiej. W czasie zjazdu Sigvaldi zapewniał Mazona, że do spisku wciągnięto także Racibora rańskiego, Lutyków, a nawet Światopełka Mieszkowica. Sigvaldi ostatnio rozkazał Mazonowi, by towarzysząc posłom, duńskiemu i szwedzkiemu do Szczecina, wybadał ich o szczegóły powrotu dworów i własnym sposobem zawiadomił o tym Olafa Tryggvasona. Posłowie nie kryli się z niczym, więc dowiedział się już od nich, kiedy dokładnie i ile statków sprowadzą do Wołynia.

Bronisz, wysłuchawszy z cierpliwością wszystkiego, podumał chwilę, a następnie dał Mazonowi polecenie, którego kupiec najmniej się spodziewał: by najuczciwiej wypełnił rozkazy Sigvaldiego i prowadził dalej knowania tak, jak był powinien. Wołynianin nie dowierzył własnemu słuchowi, jarl więc wyjaśnił mu, że Sigvaldi okłamywał go, gdyż siły żadnej ani nowych sojuszów nie nawiązał w Gnieźnie. Ponieważ podstęp Olafa ma być wyzyskany na zgubę Norwegów, więc od wykonania rozpoczętej gry zależy, od dziś, zarówno życie Mazona, który został wtajemniczony w nią, jak i pomyślność grodów słowiańskich, szczególnie zaś Wołynia. Jeżeli plan się nie uda, Mazon będzie za to odpowiedzialny nie tylko przed Broniszem, ale i przed Sigvaldim, przed Swendem, Olafem szwedzkim i Raciborem rańskim, którzy wałem stoją przy Bolesławie. Kupiec w lot zrozumiał, o co chodzi. Przysięgą najuroczystszą na Trygława stwierdził swą wierność, a ucałowaniem ręki polskiego jarla podziękował mu za zaufanie i wyznaczenie poważnej roli w przedsięwzięciu. Wspomnienie tego, co oglądał w Gnieźnie, utwierdziło go w przekonaniu, że zdradzając Norwega wkroczył na najpewniejszą dla siebie drogę.

Następnego ranka Bronisz pożegnał posłów i pocwałował z powrotem do Poznania. Radość z udanej wycieczki za Mazonem mieszała mu się w sercu z zawziętością przeciwko Sigvaldiemu. Rozmyślał o sposobach zaskoczenia zdrajcy i o takim ukaraniu go, by to nie rozniosło się przedwcześnie i nie wzbudziło podejrzeń w Norwegii.

Jakież było jego zdumienie, gdy po pierwszej wieczerzy za powrotem Sigvaldi zaprosił go na tajemną, a niezwykle ważną rozmowę w cztery oczy. Nie dowierzając drewnianym ścianom zamku, jomsborczyk wyraził chęć przejażdżki konnej za miasto. Bronisz przystał na to, głowiąc się niespokojnie nad celem rozmowy. Czyżby Sigvaldi spostrzegł, że go śledzą? A może Mazon zdołał już uprzedzić go o tym, co zaszło w Santoku?

Księżyc z bezchmurnego nieba tak ostro świecił, że na odległość większą, niż sięgał krzyk człowieka, widać było kształt wału i łamane dachy budowli zamkowych. Niezmącona cisza potęgowała najlżejszy odgłos, a łopot skrzydeł spłoszonego ptaka szarpał lękiem stąpające ostrożnie konie i rycerzy nastrajał do przesądnej czujności. Bronisz jechał po prawej. Obojętnymi uwagami o ludziach i otoczeniu starał się udać, że nie spodziewa się usłyszeć od towarzysza nic osobliwego. Sigvaldi był zamyślony i małomówny. Dopiero gdy wyjechali na pustkowie za gajem, powstrzymał konia, rozejrzał się i oświadczył ważko, że pragnie Broniszowi wyznać tajemnicę, której nie śmiał dotychczas przedłożyć królowi, by nie mącić mu pogody w czasie uroczystości zjazdowych. Dłużej już tajemnicy zachowywać nie może, a ponieważ wie, że Broniszowi byłyby polecone te sprawy, jego pierwszego dopuszcza do spisku, który przygotował na rzecz króla Bolesława.

— Spisku na rzecz naszego króla? — zdumiał się Bronisz.

— Tak jest! — Sigvaldi mówi odpowiedzialnie. Przygotował spisek, być może szalony, ale dziś większym szaleństwem byłoby nieskorzystanie z niego. Póki nie był pewien powodzenia, działał sam, lecz nadszedł już czas, by działać wspólnie. Tym bardziej że w razie odsłonięcia jakiejś nitki knowań, on, najofiarniejszy i najprzebieglejszy z sojuszników swego króla, mógłby być posądzony o zdradę.

Bronisz nie umiał powstrzymać nerwowego śmiechu. Pochylił się i jął palcami rozczesywać grzywę swego konia, byle zająć czymś dłonie i zmóc pokusę okazania towarzyszowi pogardy. Sigvaldi jakby tego nie zauważył. Z wymuszoną śmiałością podniesionym głosem wyznał:

— Skusiłem Olafa Tryggvasona do napaści na Wołyń i Jomsborg, by go chwycić w pułapkę i rozgromić wspólnymi siłami.

— A ja skusiłem go do napaści na okręty powracających ze zjazdu królów! — tym samym tonem dopowiedział Bronisz.

Zapadła cisza złowroga, zaczajona niepewnością. Skrzyp siodeł i brzęk uprzęży głuszył stłumiony oddech jeźdźców. Myśleli zażarcie. Bronisz czuł, że Sigvaldiego nie stać na przerwanie milczenia. Gra była ostateczna. Albo, albo! Szalę przeważyło przypomnienie, że jomsborczyk miał żonę Piastównę. Astrydzie, jakąkolwiek by była, to się należało, by Sigvaldiego raczej wyzyskać niż zgubić. Bronisz odwrócił się na siodle i, jakby nie pomnąc tego, co groziło, spytał rzeczowo:

— Dlaczego chcesz zniszczyć Norwega?

Sigvaldi odprężył się, chwytając skwapliwie rzuconą mu na ratunek przynętę:

— Poznałem, że posiada też potężną flotę bojową, jakiej nasze morza jeszcze nie widziały. Dowiedziałem się, że zadzierzgnął sojusze z Anglią i Waregami. Przeciwko komu?

— To prawda! — westchnął Bronisz. — Prócz dwunastu, ze swoim Długim Wężem, które mu Skaffting wykańcza, zgromadził już i ćwiczy załogę na sześćdziesiąt przednich okrętów.

— Już wiesz o tym?

— Wiem i o tym.

— Ale nie wiesz, gdzie i kiedy przypłynie, a to najważniejsze.

— I to wiem. Jeżeli pragnie ująć Sigrydę i Swenda, przypłynie tam i wtedy, na kiedy go zaprosiłeś: więc na koniec sierpnia pod Zwłódź i Strzałów!

Sigvaldi żachnął się. Chwytając rękojeść miecza, krzyknął:

— To zdrada!

— Czyja zdrada? — syknął Bronisz. Nie słysząc odpowiedzi, mówił spokojniej: — Jeżeli ty i ja jedno przygotowujemy, gdzie może być zdrada?

— Może być! Ale gore zdrajcy! — głos jomsborczyka zadudnił złowrogo.

— Sigvaldi! Nie podnoś rogów przedwcześnie. Nie zmarnuj tego, że masz żonę Piastównę. Znasz mnie chyba. Jeżeli za swoją własną krzywdę umiałem w sercu Anglii wytropić i zgładzić Rogera, gdzie by ukrył się przed nami ten, kto by śmiał zdradzić Bolesława, choćby nim był i zięć jego? Cóż Olaf Tryggvason? Najwyżej może wygrać jedną morską bitwę. Głupi on i głupich ma doradców. Oceniłeś chyba na zjeździe gnieźnieńskim, czy norweski komediant może się mierzyć z nami. Nawet gdyby zaskarbił sobie twoją wierność, cóż podoła przeciwko trzem królom: Bolesławowi, Swendowi i Skottkonungowi, nadto mając przeciwko sobie Bronisza, Gudmunda, Dzika, Racibora i kupiectwo wołyńskie z oddanym mi Mazonem na czele. Gorszy dla niego rachunek, gdy i Sigvaldi naszą trzyma stronę. A trzyma, prawda?

— Czy możesz wątpić?

— Nie wątpię, że Sigvaldi ma i chce mieć głowę na karku!

— Pamiętaj, że to ja zaprosiłem cię dziś na zwierzenie.

— Gdybyś nie uczynił tego, inaczej byśmy jutro rozmawiali. Dlatego dziś podaję ci rękę na sojusz.

Sigvaldi wyciągnął ramię. Bronisz czuł w uścisku, jak mu drżą palce.

Rzekł pojednawczo:

— Ty będziesz nam najpotrzebniejszy, byłeś umiał zwodzić go do końca.

— Czy Mazon ci powiedział? — spytał lękliwie jarl.

— Wiedziałem już, zanim zdobyłem Mazona. Nie pytaj o to, co było, gdyż to, co jest, stokroć ważniejsze. I jednego bądź pewny: już ja cię nie zdradzę! Ale gdy Olaf Tryggvason umknie nam z zasadzki, przed Bolesławem odpowiesz za to ty!

— Dlaczego tylko ja?

— Bo dzisiaj tobie zawierzyłem. Wracajmy!

XIV

Gdy do okrętów norweskich gromadzących się w Lange-sundsfiordach szpiedzy przerzucili wieść, że Swend duński już wyrusza ku Windlandii, dla Olafa Tryggvasona nastały wielkie dni. Przygotowywał się do nich od dawna, oczekiwał ich z gwałtowną niecierpliwością. Gotowy, przystąpił natychmiast do działania.

Chyży wiatr od północy pędził stado żółtych żagli Norwegów wzdłuż hallandzkiego wybrzeża. Dopiero gdy wpływali do Oresundu, chwycono się wioseł i wtedy na czoło floty wysunął się długaśny Wąż królewski z łopoczącą dumnie chorągwią Syna Tryggvy. Przed Elsinore okręty się zatrzymały, a z nich najpotężniejszy podpłynął do samego grodu, niemało przerażając zamkniętą tam załogę. Jarl warowni bardziej zalękniony niż wrogi wyszedł na spotkanie czółna, z którego poseł władcy norweskiego Kolbjörn przedłożył mu parę pytań, niczego prócz odpowiedzi na nie nie żądając.

Pierwsze pytanie, zadane głosem śmiałym, lecz bez tonu groźby, brzmiało:

— Czy wiecie, gdzie podziewa się ninie król Danów?

— Wiemy — odpowiedział głośno jarl Elsinore. — Odpłynął ku Windlandii w towarzystwie jarlów Eryka i Swenda, synów Haakona.

— Czy wiecie, po co tam podążyli?

— Owszem, wiemy, że podążyli tam na spotkanie królowej Sigrydy i jej synów, by odprowadzić ich do nas.

— Jesteście tego pewni?

— Najpewniejsi, czekamy bowiem tu, by ich powitać wracających, a naszemu grodowi przypadł zaszczyt sprawienia uczty pożegnalnej dla króla Szwecji Olafa, stąd bowiem wprost ma on się udać do swego kraju.

— Zali poznajecie, czyj tu okręt leży? — Kolbjörn wskazał z dumą na Długiego Węża, niby lśniącą, olbrzymią stonogę o trzydziestu czterech ławach wioślarskich, kołyszącą się na fali.

Jarl milczał przezornie.

— To Long Orm Olafa Tryggvasona, dziś króla Norwegów, jutro władcy Danów i Szwedów, więc i waszego pana. Bądźcie gotowi za naszym powrotem jego najgodniej przyjąć w Elsinore!

Po wysłuchaniu sprawozdania Kolbjörna Norweg utwierdził się, że słusznie działa. Ani myślał czaić się nadal, ani kryć swej potęgi. Wierzył, że nikt nie zdoła go prześcignąć, by uprzedzić Swenda o ciągnącym za nim niebezpieczeństwie. Niech Danowie widzą go i poznają — niezwyciężonego, to bowiem najlepiej osłabi ich i zniechęci do oporu, gdy wkrótce sięgnie po władzę nad nimi, głosząc, że flotę duńską rozgromił, a króla ma w niewoli. A królowę poddał swej woli. Królowę Sigryd… Pewny był swego Olaf Tryggvason. Tym razem tak był siebie pewny, jak nigdy dotychczas. Nie dziwota! Nigdy bowiem żaden władca Norwegii nie wpływał na windlandzkie wody na czele tak potężnej i nowoczesnej floty, mając nadto do wykonania istotnie chytry i skuteczny plan zaskoczenia wrogów. Już sam widok Long Orma mógł przerazić orszak statków duńskich, a cóż dopiero gdyby wszystkie Długie Węże rozpoczęły walkę, a cóż dopiero gdyby reszta okrętów wystąpiła do boju?

Sto sześćdziesiąt muskularnych ramion ciągnęło czterdzieści par wioseł Long Orma. W szyku bojowym, po każdym jego boku sunęło po pięć podobnych mu wężów. Za nimi trzy dwudziestki pod wodzą znakomitych jarlów: Ulfa, Vagne i Jaranda, z załogą nieustraszonych wilków, najsłynniejszych wikingów Norwegii, Islandii, Grenlandii, Wysp Brytyjskich i Rusi. By przeważyć zły urok służących mu pogan, wiódł Olaf ze sobą na osobnym statku czterdziestu nabożnych mnichów z księdzem Thanbrandem na czele. Otrzymali oni nakaz modłami i śpiewem psalmów upraszać niebo o dobrą pogodę i spokojne morze. Tego tylko Olaf wymagał od nieba, resztę poruczając swemu rozumowi i męstwu załogi. Tak ubezpieczony, sięgał po zwycięstwo, które miało mu zapewnić sławę, jakiej nie zdobył dotąd żaden bohater normańskich sag.

Zaiste, wielkie plany rozpalają niezwykłe marzenia, ale bez wielkich marzeń człowiek się nie zdobywa, człowiek się nie porywa na wielkie dzieła. Tryggvason nigdy nie lubił hamować swych marzeń i bolało go każde powstrzymanie śmiałego rozmachu. Tym różnił się od takich jak synowie pokonanego przez siebie Haakona, od takich jak Sigvaldi, których nie stać na własną potęgę, więc żerują przy bohaterach, by się pożywić ochłapami ich zwycięstw. Jednego tylko znał Olaf męża, który go przejął poczuciem prawdziwej mocy: Burisleif! Ten gotów był sięgać najwyżej, zagarniać najszerzej. Wielkość swą opierał na cierpliwej chytrości, a karmił ją niepomierną dumą. On to żartem przy uczcie posiał w sercu Norwega śmiałość pożądania tronu, on przekonał go, że dziś już późno — nawet wśród Norrnanów — budować swoją wielkość na piasku pogaństwa. Z tym potężnym Burisleifem zmierzyć się płynął, by wydrzeć mu klucze jego potęgi na morzu: Sigrydę i Jomsborg! Swend lub Olaf szwedzki, każdy z osobna nie byli zbyt groźni. Swenda przecież i Sigvaldi, pies Burisleifa, miewał w swojej niewoli, Olaf Skottkonung zaś bez matczynej opieki Sigrydy nie był zgoła ważny. To Sigryda łączyła Danię ze Szwecją przeciwko Norwegowi. Sigryda, wierna siostra Burisleifa... A Burisleif bez Jomsborga i Rany cóż znaczy na morzu? Gdy utraci Jomsborg, pierwsi Ranowie skorzystają z tego, by się wyzbyć jego zwierzchnictwa. Więc traci Jomsborg przez to, że nie umiał nakarmić dostatecznie swego psa Sigvaldiego. Dał mu na przynętę córkę z nieprawego łoża, a córka zaraziła jarla piastowską żądzą władzy, którą właśnie Tryggvason, tym razem chytrzejszy od Burisleifa, przedsięwziął zaspokoić. Sigvaldi otrzyma swą nagrodę. Dla tak bezcennego sojusznika warto być dość hojnym. Otrzyma Skanię, a może zarząd nad Szwecją, byle dalej od windlandzkich brzegów. W Jomsborgu musi osiąść ktoś bardziej pewny. Gdyby Jarand nie miał Helgi w Polsce, ten by się nadał, boć zna dobrze Wendów. A z nimi grać trzeba rozważnie. Ranowie i Wołynianie nienawidzą chrześcijaństwa polskiego. Byle pogodzić ich z Lutykami i poszczuć, wspomagając Jomsborgiem, na Szczecin, wnet Piastowie stracą oddech morski. Burisleif bez Jomsborga i Szczecina przestanie istnieć na morzu, a pyszne miasta nadodrzańskie żywić będą całe pokolenia wikingów. Mądry władca Normanów, wyzyskując wendyjską nienawiść do chrześcijaństwa, zawsze zdoła wycisnąć korzyść z tych bogatych krain. Norweg już ich skusił. Obodryci obiecali mu przysłać pomoc kilkunastu okrętów do Zwłodzia na nów wrześniowy, w zamian za przyrzeczenie pozwoleństwa uczestniczenia w rabunku polskich grodów.

Nie umiał Olaf o niczym innym myśleć, jeno o tej wielkości prawdziwej, ku której parły go tysiące par łakomych zwycięstwa oczu wiernych wojów, ku którym gnał go przyjazny wiatr — na spotkanie z sojusznikiem Sigvaldim.

Kupiec wołyński Mazon wyraźnie objaśnił, że polski dwór pilnie przestrzega niezmienności swych planów. Po święceniu morza w Kołobrzegu miała Sigryda wraz z synami udać się wprost do siostrzenicy swej Astrydy Sigvaldowej i u niej, w Wołyniu, spotkać się z mężem, by odpłynąć wraz ze Szwedami umówioną drogą przez Zwłódź do Elsinore. W niedawnym posłaniu Sigvaldi potwierdził donos Mazona i zażądał, aby Norweg z całą swą flotą ukrył się na zachodnim wybrzeżu Chyciny i tam czekał na jego osobiste przybycie dla ostatecznej narady. Wyspę Chycinę zalecił jako święte dla Wendów pustkowie, gdzie można bezpiecznie obozować, bacząc jeno, aby na Strzałów nie przemknął się z zachodu jaki statek czy bodaj czółno z żywym człowiekiem. Wszystko więc było dokładnie przewidziane. Zasadzka na tym polegała, że gdy flota duńsko-szwedzka wpłynie przez Strzałów do zatoki, mając za sobą zmówione okręty jomsborskie, Olaf Tryggvason, wypadając zza Chyciny, rzuci się na nią od przodu, zagrodzi jedyne ujście na morze i osaczonych rozgromi lub zniewoli. Zważywszy potęgę Norwegów, plan był niezawodny i łatwy do wykonania, byle się dochować cierpliwie do odpowiedniej chwili, a chwilę tę wybierze najlepiej sam Sigvaldi, przodujący okrętom Swenda i Skottkonunga.

Tryggvason dobrze znał umówione okolice i plan zatwierdził, wszakże podczas ostatniej narady wojennej, w przytomności łącznika Sigvaldowego, jarl Rogalandu, Jarand, wyraził wątpliwość, czy obrane na zasadzkę miejsce przy płytkim brzegu Chyciny jest najodpowiedniejsze. Sądził, że po przeciwnej stronie, u brzegu windlandzkiego znaleźliby doskonalszy schron dla całej floty w zaciszu zatoki poza wyspą Zwłódź i Sianożęty. Wystąpienie Jaranda wszystkim zdało się słuszne, jednak łącznik Sigvaldiego rozchwiał je mocnym oświadczeniem, iż pojawienie się obcych okrętów u Zwłodzia mogłoby zniweczyć całą pułapkę, gdyż wyspa Sianożęty i okoliczna Ziemia Borska roją się od szpiegów Burisleifa, pilnującego rańskiego ostrowu. Ci o swych spostrzeżeniach nie omieszkaliby natychmiast zawiadomić załogi polskiej w Strzałowie. Oczywiście, wszyscy zostali tym wytłumaczeniem przekonani, dziwiąc się, że też Jarand, mąż doświadczony, mógł podobnie niebezpieczne pomysły podsuwać. Choćby oczekiwanie u płaskich brzegów Chyciny okazało się najtrudniejsze, należy je wytrzymać, wyzyskać wszystkie okoliczności sprzyjające zaskoczeniu wrogów. Zaskoczenie — to połowa zwycięstwa, a oszczędzenie połowy wysiłku w tak poważnej rozprawie to być może zdobycie środków do najszybszego i ostatecznego dokończenia dzieła: budowy Wielkiej Norwegii…

Gdy podpływano pod Chycinę, wiatr zupełnie ustał. Morze było tak spokojne, że okręty ustawione gęsto przy piaskach nieruchomiały bez zarzucania kotwic. Stu łuczników wysłano w głąb wysp dla sprawdzenia, czy rzeczywiście poganie przestrzegają świętości pustkowia. Powrócili z zapewnieniem, że przebiegłszy wszerz i wzdłuż ostrów nie spotkali nawet śladu ludzkiej stopy; natomiast roi się tam od ptactwa, rogacizny i dzikich owiec. Wszystko układało się jak najpomyślniej. Tryggvason dumny był z siebie, a chwilowe naloty niepokoju tłumaczył zwykłym wzruszeniem przed rozprawą. Inni też byli przecież wzruszeni, prości wioślarze nawet, w nakazanym milczeniu szepcząc ze sobą tajemniczo. Na wyspę wolno było wyjść jedynie mnichom. Ksiądz Thanbrand ustawił pod sosnami ołtarz i odprawiał nabożeństwa. Psalmy śpiewano półgłosem. Widok ponurych mnichów nie podobał się wikingom. I Olaf nie był nimi zachwycony, pocieszał się jednak myślą, że może oni właśnie, zastrachani morskim żywiołem, tak gorliwie się modlili w czasie podróży, że wybłagali pożądany spokój i pogodę. Jarand zaś niepotrzebnie się chmurzył i krakał, zwierzając się ze złych przeczuć. Cóż się może stać złego? Że Obodryci jeszcze nie przypłynęli? Obejdzie się bez ich pomocy, mniej zaś będzie łakomych do podziału łupów. Najgorsza — gdyby królowie wymknęli się z zasadzki. Mogliby tylko zawrócić do Poznania. Jomsborga Burisleif już nie odzyszcze, a ninie niewyszczerbiona potęga norweska wystarczy do zdobycia Szczecina i obłowienia się nieprzebranymi bogactwami słowiańskich miast. Zwycięzcy — opanują Szwecję, zdobędą Skanię dla Thyry, a wtedy Dania nie ostoi się przeciwko sojuszowi norwesko-szwedzko-angielskiemu. W najgorszym więc razie Sigryda, Swend i szczeniak Skottkonung będą spędzać dożywocie jako goście Burisleifa w Poznaniu. Czemu jednak myśleć o najgorszym? Jarand i nudna Thyra sądzą, że Olafem powoduje jedynie nienawiść. Nie doceniają jego wielkości. Zapewne, i nienawiść uskrzydla marzenia. Gdy głowa zmęczy się rozmyślaniami o wojennych planach, w bezsenne noce roją się marzenia o tryumfach, męczą tęsknoty i zawstydzenia, dopieka żądza cielesnej przemocy nad tą dumną, niedostępną, piękną... Swend najpewniej zginie w czasie walki i to najlepsze dla niego. Olaf Skottkonung? Zamarznie gdzieś na wygnaniu w Grenlandii. A Sigryda? Powoli będzie zdzierał z jej płomiennej głowy koronę królewską. Odda ją na pastwę Thyrze. O! Ta ją urządzi. Do czasu, do czasu. Dumna musi widzieć go królem na trzech tronach, musi błagać o litość dla synów, musi znosić od Thyry upokorzenia. Ale wara, by kto spróbował zniszczyć jej krasę. Dumna — jakże głęboko będzie umiała cierpieć. Thyra umie tylko nienawidzić. Sigryda cierpiąca! Wielka Sigryda! Pocieszyć takie cierpienie, uszczęśliwić tak poniżoną potrafi jedynie Olaf Tryggvason. Niechaj nie łudzi się bezpłodna Thyra... Z cierpienia Sigrydy i z miłości Olafa urodzi się ten jedyny, ten wymarzony, najgodniejszy dziedzictwa największego Normana i Piastówny... I będą kiedyś starzy, i będą razem. W Nidaros czy Jomsborgu, w Uppsali czy Roskilde — wszystko jedno... Sigryda powie: Olafie, nasz syn... czy pamiętasz?... Odpowie jej: Sigrydo, powiedz skaldom, by się nauczyli śpiewać i nie o nas...

Sigryda dopiero w Kołobrzegu dowiedziała się o zbliżającej się wojnie z Tryggvasonem. Wtajemniczył ją w to sam Bolesław. Podczas uroczystości poświęcenia morza, gdy biskup Reinbern, namaściwszy olejami świętymi granitowe głazy, rozrzucał je własnoręcznie z łodzi w cztery strony świata, Bolesław, patrząc na koliska fal rozbiegających się w krąg pocisków, rzekł jakby od niechcenia:

— Węże Olafa potkną się o święconą falę.

— Dlaczego by właśnie one miały się potknąć? — zdziwiła się Sigryda.

— Spytasz go o to sama, gdy go pojmamy.

Ta błaha pogwarka naprowadziła ją na ślad najważniejszej sprawy: wojna, do której skusiła Norwega jej osoba, a poza nią w tajemnicy uknuli: mąż własny, brat i syn, Bronisz i Dzik, najbliżsi ludzie, przeciwko najdalszemu, a tak nienawistnie cennemu wrogowi. Teraz dopiero pojęła znaczenie wszystkich posunięć wojskowych, narad i półsłówek, poselstw i zwłok, które często dziwiły ją, a ostatnimi czasy i drażniły nawet.

Gdy w drodze do Wołynia Bronisz nawinął się jej na oczy, zawezwała go i ostro nagabnęła, czemu tyle spiskował w tajemnicy przed nią. Bronisz stropił się i nie wiedział, jak się wytłumaczyć. Przymuszony badaniem przyznał się, że najsamprzód, gdy dowiedzieli się w Roskilde o knowaniach Olafa, chcieli jej zaoszczędzić złej wieści ze względu na ciążę. W Polsce bano się mącić jej odpoczynek na łonie rodziny. Także się obawiano, by zdrada Sigvaldiego nie nabawiła jej takiego wstrętu, że mogłaby go okazać przedwcześnie.

Bronisz ani siebie nie usprawiedliwił, ani nie uspokoił królowej. Nie ukrywała swego oburzenia:

— Takimi powodami mógł się względem mnie kierować mąż lub brat, lecz nie ty, Broniszu! Czyli raz spiskowałeś ze mną? Nie wiesz, jak umiem milczeć i ile znosić od Tryggvasona?

— Właśnie dlatego, że wiem, myślałem, że lepiej będzie…

Chwyciła go za rękawicę i ścisnęła kurczowo. Ośmielony tym dopowiedział:

— Władcy zmagają się o królestwa, a ja z Dzikiem pragnęlibyśmy osłonić serce królowej.

Źle trafił, gdyż spojrzała na niego chmurnie i, prychając wargami, rzekła z zawziętością:

— Moje serce nie potrzebuje ochrony waszych tarcz. Jest tak twarde, że gdybym mogła uzbroić nim proce, przebiłoby na wskroś pierś Tryggvasona.

W Zatoce Szczecińskiej roiło się od cudzoziemskich okrętów. Kupcy nadbrzeżnych miast początkowo cieszyli się z napływu gości, wkrótce jednak obliczyli z trwogą, że przewaga okrętów wojennych nie tłumaczy się potrzebami towarzyskimi królewskich dworów. Trwoga ich zamieniła się w popłoch, gdy dnia pewnego strażnicy ogłosili, że aż do odwołania nie wolno statkom ni czółnom wypływać na morze i to pod grozą nie tylko zaboru mienia, ale i śmierci schwytanej załogi. Zakaz był surowy, lecz i niemożliwy do przekroczenia, gdyż jednocześnie zbrojne statki jomsborskie obsadziły Dziwno- Świno- i Pianoujście, czyhając na łup nieposłusznych. Przeróżne a najgroźniejsze domysły tłukły się po głowach przerażonych mieszczan wołyńskich. Z kim będzie wojna? Na kogo rzuci Bolesław zbójców jomsborskich? Niepokój syciła szeptana wieść, iż władca Polski odwołał w ostatniej chwili uroczystość wprowadzenia na Pomorze brata przyrodniego Światopełka. Niektórzy podejrzewali, że tak jak w Kołobrzegu i w Szczecinie poburzono bałwany pogańskie, teraz przyjdzie kolej na Wołyń i miasta zatoki — a może i na Arkonę — które Bolesław chce złupić i zniszczyć pod pozorem krzewienia chrześcijaństwa. Pierwsi kapłani wołyńscy dali posłuch obawom i szczerozłoty posąg swego Trygława zatopili tajemnie w sadzawce przy świątyni. Bogaci kupcy w przewidywaniu pożarów chowali skrzynie z cenniejszym towarem w piasek i glinę, a najchytrzejsi powywozili swe skarby na niepozornych łodziach, pod sianem czy w beczkach ze śledziami, w górę Odry, na polską ziemię. Jeden Mazon, choć także podniecony, nie okazywał niepokoju o swój dobytek.

Napięcie doszło do szczytu, gdy przez Świnoujście wpłynęło do zatoki trzydzieści bojowych okrętów szwedzkich, pod wodzą jarlów: Björna i Harbara, a jednocześnie tyleż zbrojnych okrętów jomskich opuściło swą przystań i w wojennym szyku stanęło w zatoce. Jomsborczykom przewodził Gudmund i Thorkill, brat jarla Sigvaldiego. Trzeciego ranka zdumieni mieszczanie spostrzegli, że zarówno chorągwie szwedzkie, jak i jomsborskie zniknęły z widnokręgu i nikt nie umiał powiedzieć, co się z nimi stało. Woda była spokojna, bez śladu walki, wraków, a brzeg niezaśmiecony. Tymczasem do warowni jomsborskiej przybywały od polskiego brzegu łodzie pełne zbrojnych po zęby wojów Bolesława, ze dwa tysiące luda; ktoś też rozpuścił wieść, że sam Bolesław, Astryda Sigvaldowa i królowa Sigryda z córą Holmfridą zamknęli się w warowni.

Południowym brzegiem zatoki, czego już Wołynianie nie widzieli, ciągnęła od Szczecina na Strzałów pełna legia ciężkozbrojnych piechurów poznańskich i przyboczna drużyna kiryśników królewskich. Część z nich obsadziła gród Wołogoszcz, reszta wraz z obozem doszła do Strzałowa, obstawiła wybrzeże, a na najwyższym wzniesieniu zbudowała obszerny namiot.

Drugiej nocy, którą Olaf Tryggvason spędzał u piasków chycińskich, Bronisz, morski namiestnik króla Bolesława, wysłał swych ostatnich łączników do floty duńskiej i szwedzkiej. Jeden z nich, Wromot, przy brzegu rańskim płynąc, dostał się do cieśniny za Omańcem, gdzie młody król Olaf Skottkonung objął osobiste dowództwo nad trzydziestu okrętami szwedzkimi. Opodal, w zatoce Udrożyc, kołysało się na fali dwadzieścia osiem płaskich łodzi rańskich, a wśród nich olbrzym prawdziwy, najnowszy i największy z rodzaju smoków okręt Dzika, nazwany Storradą. Łodzie rańskie, nie kryjące się przed widokiem z Chyciny, boć miały prawo z samej ciekawości towarzyszenia królom pływać po swych wodach, otrzymały zadanie grodzenia przesmyku, ale bez zaczynania walki, chyba żeby ich napadnięto. Szwedzi tylko w wypadku, gdyby Tryggvason zaczepił Ranów, mieli ich wspomóc, uniemożliwiając Norwegom umknięcie przez Jelenin.

Drugi łącznik Bronisza, Gniewomir, popędził konno przez Ziemię Borską pod Czarnocin, by dostać się lądem do zatoki, gdzie chronione od morza wyspami Zwłodzia czaiły się okręty Swenda Widłobrodego. W ćmie księżycowej, na martwej wodzie, leżąc burta przy burcie, czterdzieści masztów tak znieruchomiało, że można było obok przepływając wziąć je za ląd najeżony spalonymi pniami drzew, nie domyśliwszy się tuż setek bijących męstwem lub trwogą serc męskich. Zanim Gniewomir zdążył, zeskakując z konia, opowiedzieć się, kim jest, już go przychwyciły ramiona czujki duńskiej. Za chwilę bezszelestne czółno wiozło go do królewskiego okrętu. Pod szczelnym namiotem, oświetlonym ogarkiem oliwnej lampki, Swend w towarzystwie jarłów: Eryka i Swenda Haakonsonów niecierpliwił się, oczekując na wieści od Bronisza.

Powitały Gniewomira stłumione okrzyki radości. Wiedziano tu już wszystko o Tryggvasonie, zliczono jego okręty, a z najwyższego, przybrzeżnego drzewa wyspy można było oglądać blask ogniska na piasku chycińskim.

Swend bynajmniej nie lekceważył Norwegów i pilnie wypytywał Gniewomira o szczegóły i gotowość na jutrzejszy dzień. O małżonkę uspokoił się dopiero, gdy łącznik zapewnił go, że Sigryda i jej synek bezpieczni są w Jomsborgu pod opieką piechoty gnieźnieńskiej. Ciekawości, gdzie przebywa Bolesław, nie zdołał zaspokoić, gdyż i łącznik nie wiedział nic o tym. Jeszcze raz obliczali siły. Przy Swendzie stało trzydzieści jego własnych łodzi i dziesięć gorszych — zbieraniny laplandzkiej i fińskiej pod dowództwem Eryka Haakonsona. Razem z trzydziestu staroświeckimi nieco, ale obsadzonymi dzielnym rycerstwem statkami Szwedów było siedemdziesiąt okrętów przeznaczonych do uderzenia od tyłu i uniemożliwienia Norwegom wymknięcia się z zasadzki. Tyle właśnie posiadał i Tryggvason, z tą różnicą, że jego jedenaście Długich Wężów starczy, jak ludzie powiadają, na parokrotną przewagę. Tę mniej lub więcej groźną przewagę muszą wytrącić mu okręty jomsborskie, a o zwycięstwie winno przede wszystkim rozstrzygnąć zaskoczenie. Wprawdzie Gniewomir zapewniał, że i Ranowie mogą przyczynić się do zwycięstwa, Swend jednak nie dowierzał, by chcieli się narażać, mając i tak zapewnione łupy z pobojowiska. Nie przewidywał łatwego zwycięstwa. Na morzu nigdy nic nie wiadomo: woda się wzburzy, wiatr zadmie dla nieprzyjaciela, popłoch powstanie na którymś okręcie i najniespodziewaniej zarazi całe stado, zginie wódz — i często nawet mający przewagę może stracić i bitwę, i życie. Ustaliwszy, że od północy staną w pogotowiu, by na znak rogów oznajmiających rozpoczęcie bitwy na Strzałowie wypaść zza Zwłodzia i uderzyć na walczących już z jomsborczykami Norwegów, jarlowie rozeszli się na swe pokłady. Gniewomir został przy Swendzie. Gdy król zaprosił go do spoczynku, natychmiast rzucił się na posłanie, nakrył po brodę skórą i wnet zasnął. Swend nie pozwolił sobie nawet na legnięcie. Czuwał i nadsłuchiwał, jakby tym mógł zapewnić ciszę zaczajonej flocie albo spodziewał się, że lada chwila zahuczą rogi bojowe. Nie łudził się dobrymi przeczuciami. Tyle już razy przegrywał bitwy i królestwo, wpadał w niewolę, na jego oczach pewne zwycięstwa zmieniały się w klęskę, że dziś, w przededniu może najważniejszej rozprawy, nie usypiał się złudną nadzieją. Bo też i dzisiaj inny był niż dawniej, o co innego walczył. A musiał walczyć! Gdyby Tryggvason zwyciężył tutaj Bolesława, nie obronią się przed nim z osobna Dania i Szwecja. Zaś Dania ninie dla Swenda to nie tylko on sam, jak bywało, król-wiking, co dziś goły i samotny, a jutro na czele stada orłów płynie na podboje. Dania to tron i dom, w którym rosną synowie i rządzi się żona. Im to zagraża Norweg. Gdy jego rozgromi, tym swoich zabezpieczy przed wiecznym niepokojem. Ale gdyby sam przegrał? Nie daj Bóg! Przecież różnie bywa. Gdyby Bolesław, chroniąc w Jomsborgu Sigrydę, zapragnął zguby Danów? Normanowie skrwawią się na jego wodach, a on dość mając siły, by zabezpieczyć swe miasta, będzie drwił z nich i narzucał warunki osłabionym królom. Nie! To podła, diabelska pokusa strachu! Bolesław nazbyt jest wielki, by karmił się padliną tych, co mu zaufali. Bolesław nie zdradzi, lecz czy Bóg wspomoże? Komu sprzyja Chrystus? Nie Ten cierpiący, nie Ten, który swych wybrańców uciemięża złym losem, ale tryumfujący, Król królów. Swend czuje potrzebę zjednania sobie Chrystusa jakimś ślubem. Więc jeżeli zwycięży Tryggvasona, będzie miał możność do końca życia stawiać w Danii kościoły i wspierać biskupów. Będzie dbał o swych synów lepiej, niż dbał o siebie. Zaprzestanie wypraw do Anglii, o ile oczywiście Anglicy pierwsi go nie zaczepią. Przebaczy siostrze Thyrze, o ile oczywiście ona zacznie go błagać o przebaczenie. A tę dziewkę fiońską, z którą żył w czasie nieobecności Sigrydy ku zgorszeniu domowych mnichów, precz wygoni, albo jeszcze skuteczniej, dla zmazania śladu grzechów, sprzeda ja ludokupcom do Hamburga…

U schyłku dnia Bronisz wraz z Bolesławem na Mewie, w otoczeniu okrętów jomsborskich, podpłynęli do wylotu cieśniny strzałeńskiej, by na miejscu zbadać ostatecznie warunki jutrzejszych działań. Przed powrotem na brzeg, do namiotu, gdzie się już samowolnie wprowadziła Sigryda, Bolesław uścisnął swego namiestnika, a widząc jego powagę przyznał z westchnieniem:

— Ciężki będziesz miał dzień!

— Tak! Chciałbym go przeżyć.

— Nie widziałeś jeszcze swego syna?

— Nie miałem czasu.

— To nic! Gdybyś miał go nie ujrzeć, ja go przyjmę za swego i dopilnuję przyszłości. A jak ma na imię?

— Jeszcze nie wiem.

— To nic! — Bolesław roześmiał się wymuszenie. — Tak, Broniszu! Najmilsze słowa nie odmienią ani wyświetlą nam losu czającego się w chwili nadchodzącej. Bądź więc zdrowy! Do jutra. Z góry będziemy cię śledzili i zazdrościli. Bóg z tobą i król z tobą.

Bronisz pozostał na Mewie w pierwszym szeregu okrętów jomsborskich, pilnujących słupów i lin zagradzających przelot cieśniny strzałeńskiej w najwęższym miejscu.

Morze było nad podziw spokojne. Lekka fala bujała okręty niby ręka matczyna kołyskę śpiącego niemowlęcia. Może Helga w tym samym czasie podobnie… Bronisz otrząsnął się z zadumy. Rozejrzał się po swoich. Prócz sternika wszyscy spali. Wilki morskie wiedziały, ile wart sen przed walką. Na Mewie, po odejściu Chociana, który przed wieczorem srodze się pochorował na brzuch i był niezdolny do wytężonej pracy, pozostało Broniszowi jeno dwóch swojaków. Resztę załogi i sternika, chłopów na schwał, dobrał mu Thorkill spośród jomsborskich Słowian. Wybrańcy dumni byli niesłychanie, że ich wiosłom powierzono statek namiestnika królewskiego. Snadź duma ta sprzyjała spokojowi, gdyż pierwsi posnęli, zachęcając innych do chrapania.

Bronisz nie zmrużył oka. Mocował się z myślami osaczającymi go wciąż nową ciekawością. Dlaczego Bolesław dopytywał się o imię ich synka? Nie pozwoliłby chyba nazwać go swoim, rodu Przemyślidów imieniem? Po zwycięskiej bitwie wiele można się będzie spodziewać. Tryggvason też się spodziewa zwycięstwa. A Helga oczekuje. Wtajemniczył ją przy pożegnaniu, że gotuje się walka z Norwegiem. Jak to dawno! Zdążyła już urodzić syna. I znowu oczekuje — tym razem męża. Co przyniesie im jutro? Czy sposób walki, jaki obmyślił na Węże Olafa, okaże się właściwy? Obmyślają, wszyscy coś obmyślają dla siebie... Noc ciemna. Rogal miesięczny zaszedł w opary lądowej mgły. Zapach słonego morza ustępuje woni kwitnących wrzosów i igliwia. Ziemne opary spływają na wodę. Słychać chrapanie wioślarzy i lekki syk fali liżącej piasek nadbrzeżny. I własne myśli słychać. Bronisz klęka na deskach, odkrywa głowę, składa ręce i chce się modlić. Powtarzanie wyuczonych słów „Ojcze nasz" i „Kyrie elejson" nie zaspokaja pragnienia porozumienia się jakowegoś z Bogiem. Nie śmie mówić do Niego własnymi słowami o własnych potrzebach, a chciałby jakoś dotrzeć sercem do świętości. Smutno mu, tęskno i lękliwie. Tyle odpowiedzialności złożono na jego barki. Spodziewają się po nim tak wiele. I króle, i najprostsi wioślarze, i Sigryda, i Helga. A on jest przecież samotny, ani wie co pewnego o sobie samym i o każdym z tych tysięcy ludzi, których ma jutro pchnąć w krwawy pląs. Od niego zależy chwila i sposób rozpoczęcia boju. Zaczną więc ludzie, oto jeszcze żywi, pędzić na oślep w blask śmierci jako te ćmy miękkoskrzydłe i będą skakać jak pchły w mrok przeznaczenia. Zapragnęli tego królowie, zlecili Broniszowi rozkazywać. Niech Bóg rozsądzi skłóconych królów, niech przebaczy zaślepionym ludziom. Bóg, do którego tęskni w ciemnościach zalęknione serce. Bóg, który jeden jest jasnością i mocą. O co prosić, jeżeli On wszystko wie i wszystkim rządzi? A przecież modlić się przykazał. I żyć kazał w rozognionym świecie. Bóg pragnie, aby go człowiek prosił. O co? O życie, które samowolnie naraża na stratę? O szczęście, które plugawi samolubstwem i złością? Nie! Prośba winna być prosta i prawdziwa. Dlatego jest taka trudna. Niech Bóg sam rozsądzi. Niech będzie Jego, tylko Jego wola. A człowiek, czy powie „nic", czy powie „wszystko", alboż odmieni nastawienie losu?... Niech będzie Twoja wola! I trzymaj straż nade mną, byś się nie powstydził swego stworzenia, byś nie żałował za bardzo, Panie Jezu, iżeś i za mnie cierpiał mękę krzyża, iżeś i dla mnie głosił słowo o Królestwie Bożym...

Stuknięciem wiosła w sąsiednią burtę Bronisz dał znać Sigvaldiemu, że chce z nim mówić. Nagle przyszło nań postanowienie, by odmienić porę rozpoczęcia działań. Już o północy tak gęsty opar spłynął na zatokę, że nie tylko gwiazd, ale i śladu miesiąca nie było widać na niebie. To skłoniło go do nowego planu. Zamiast, jak przygotowano, dopuścić Norwegów aż do Strzałowa i tam zmusić do walki, postanowił zaskoczyć ich na środku zatoki, we mgle. Walka w cieśninie, jeśli nie wszyscy Norwegowie tam wpłyną, toczyłaby się może zaledwie z kilkoma czołowymi okrętami i nie pozwoliłaby na zupełne wyzyskanie zaskoczenia i przewagi liczebnej floty sprzymierzonych. Dziesięć okrętów Tryggvasona starczyłoby na powstrzymanie w cieśninie naporu jomsborczyków choć przez pół dnia, a przez ten czas sam Olaf, z mgły korzystając, mógłby łatwo się przebić przez Zwłódź z powrotem na morze. We mgle zaś, w zatoce, gdy sprzymierzeni uderzą wraz ze wszystkich stron na nieświadomego rozmiarów zasadzki wroga, popsują mu szyki, wzbudzą zamęt i, zanim słońce mgłę rozproszy, mogą się stać panami położenia. Sigvaldi, bez podawania przekonujących wyjaśnień, nie pochwalał zmiany ustalonego porządku, ale Bronisz nie pytał go o zgodę. Nie troszczył się też o duńskich sprzymierzeńców, ci bowiem otrzymali wyraźny nakaz, by się ruszyć na głos bojowych rogów i dążyć najprostszą drogą do starcia z tyłami nieprzyjaciela.

Pozostawiając Broniszowi trud budzenia Jomsborga, Sigvaldi odbił natychmiast od gromady i wypłynął na zatokę. Nie krył się ani ściszał, przeciwnie, polecił łucznikom śpiewać ulubioną piosenkę o latającym mieczu. A kogóż by się miał lękać w tysiącznym roku i pod bokiem królewskich dworów jomski jarl na swych wodach? Głośna pieśń w ciszy wilgotnej nocy daleko niosła zapowiedź zbliżających się wojów. Gdy mijali cypel wyspy Chyciny, usłyszano ich zarówno u Norwegów, jak i u Ranów za Omańcem, i w kryjówce Swenda za Zwłodziem.

Beztroskie słowa piosenki ileż serc nastroszyły jednocześnie groźną czujnością...

Sigvaldi śpieszył się. Był niespokojny i podrażniony, nie miał bowiem innego wyjścia, jeno mus czynić to, co o nim inni uradzili. Musiał, ale przeczucie mówiło mu, że choćby nie wiem jak się starał teraz, nigdy już nie odrobi błędu swej pierwszej pokusy. Bronisz znał całą jego prawdę, a inni — udawali pewnie, że mu wierzą. O zwycięstwie Tryggvasona nie było co marzyć. Choćby nawet pogromił Danów i Szwedów, do Zatoki Szczecińskiej nie wpłynie i Jomsborga, gdzie Bolesław pod strażą Poznańczyków trzyma Astrydę, nie zdobędzie. Gdyby go ostrzec, by się ratował wycofując, to dla Sigvaldiego obustronna zguba. Pozostało więc tylko wciągnięcie Norwega w pułapkę, a gdy w niej zginie, przypodchlebianie się zwycięzcom dla odzyskania dawnych łask i ufności. Marny los! Nie do tego zmierzał, biorąc w niewolę króla duńskiego i otrzymując w zamian zań Piastównę za żoną. A kto go skusił, jak nie ona właśnie? Mało jej było wołyńskiego przepychu! Pragnęła dorównać ciotkom: Sigrydzie i Adelajdzie, zazdrościła przygód Heldze Jarandównie. Żądała, by skaldowie już układali o niej pieśni i bodła męża podejrzeniem, że starzeje się i lęka nawet marzenia o sławie. Ot i wymarzył sobie sławę — arcyzdrajcy!

Olaf Tryggvason powitał go z gorączkową radością. Nareszcie! Czy już wyruszyli? Kiedy uderzyć?

— Wypłynęli przedwczoraj z Wołynia: Swend, Olaf, Sigryda i Bolesław z Broniszem i jomsborczykami.

— Bolesław? Prawdę mówisz? — poderwał się Olaf.

— Prawdę mówię, że wypłynęli ci przedwczoraj z Wołynia i są już w Strzałowie.

— Więc czas na nas! Najwyższy czas! Nic, że Obodryci i Warnowie zawiedli. Kolbjörn! Wciągaj królewską chorągiew na maszt!

Na Long Ormie zawrzało. Zbełtana ruchem kadłubów i wioseł woda plusnęła falą o piach.

— Zatrzymali się w Strzałowie na noc i dziś ze wschodem słońca mają ruszyć w dalszą drogę — objaśniał Sigvaldi. W taką mgłę spotkacie się na głosy nos w nos, nim kto rozpozna wroga.

Jomsborczyk podziwiał niebywałą sprawność Norwegów, jak potrafili w mroku na dotknięcie wioseł ustawić się bez zderzeń w szereg bojowy. Olaf chciał Sigvaldiego zabrać ze sobą, lecz ten się oparł, twierdząc, że musi sam przodem płynąć i wskazywać najkrótszą drogę. Bez przewodnika w szerokiej zatoce mogliby się minąć z królami i co wtedy? Sigvaldi byłby winien? Mijając przesmyk jeleniński otarli się niemal o rząd statków rańskich. Olaf zdumiał się, że tak stali, o świcie, spokojnie, a pod bronią i nie dziwili się jego widokowi. Sigvaldi, zapytany o nich, przekrzykiem z pokładu odpowiedział, że czekają, by witać Bolesława. Tyle tu gości przepływało ostatnimi czasy, iż nikt już nikomu się nie dziwi.

Olaf jeszcze chciał o coś zapytać, ale statek jomsborski skręcił i zginął we mgle. Napierane rozpędem następców, Węże norweskie popłynęły naprzód. Sigvaldi, z boku stojąc, zliczał mijające go piątki. Przeszły wszystkie. Sam posterował na Zwłodź. Nie miał obowiązku uprzedzać Swenda, pragnął jednak i przed nim wykazać się pożyteczną gorliwością. Wykańczał zdradę sumiennie i dokładnie. Swend już wiedział o ruchach Olafa. Od cypla Chyciny po Zwłodź wylot na morze wnet został zamknięty. Mimo że wiatru nie było, Swend rozkazał rozpiąć żagle. Czterdzieści czerwonych płacht na luźnych rejach splamiło biel oparu. Żagle potrzebne mu będą do walki. Ileż to strzał i oszczepów, ile kamieni z proc utkwi w nich, tracąc pęd i cel, nadto w zamieszce boju nikt z przyjaciół się nie omyli, że to statki Swenda. Dla Norwegów, pełno ich dokoła, pełno czerwonych chorągwi zwiastować będzie nieubłaganą walkę i śmierć.

Po straceniu z oczu Sigvaldiego, przez chwilę Olaf Tryggvason poczuł się nieswojo. Zębata pierś Long Orma pruła naczelnym lotem nasiąkające brzaskiem dnia opary. Olaf stał sam na dziobie, jego oczy więc, jego czoło pierwsze bodło uroczną mgłę. Obejrzał się wstecz i odzyskał spokój i pewność siebie. Nie był sam, nie był już tylko sam sobą. Zrośnięty na śmierć i życie z potężnym Long Ormem był głową olbrzymiego cielska: siedemdziesięciu okrętów syczących żądłami dwóch tysięcy mieczy, tysiącem toporów i maczug, setką tysięcy strzał. Sprawny tułów bohaterskiej floty pełznął posłusznie za swym wspaniałym łbem, wierząc ślepo, że jego oczy mgłę przebiją, cel wypatrzą, a gdy zagrzmią słowa rozkazu, flota się rzuci w bój i pożre wrogów.

Ostatnia dwudziestka to okręty Jaranda, jarla Rogalandu. Jarand wszystko swe złoto wydał na ich budowę, dlatego też on jeden z norweskich wodzów i thanów nie ma na sobie nawet złotego guza, jeno srebrną misiurę, srebrną tarczę, srebrną rękojeść miecza i hełm srebrny na srebrnosiwej głowie. Gdy łeb wspaniałej floty lśni złotem odwagi, śmiało w przód godząc, jej ogon, srebrny doświadczeniem, wolniej sunie, na boki patrzy, węszy, czuwa... Jarand, od chwili gdy zobaczył Sigvaldiego, spokojny jest o zwycięstwo Norwegii, niemniej ufa, że Bronisz zrozumiał ostrzeżenie i uchroni Sigrydę od nieszczęścia. Jej hańby nie pragnął nawet za cenę tryumfu Tryggvasona. Musiał ją ostrzec. To czyniąc, narażał na niepowodzenie śmiały plan, by za jednym zamachem podbić dwa królestwa. Cóż po nich Olafowi? W pięć lat już się jednym królestwem przesycił? Sposobność, niebywała sposobność! Sposobność zemsty — ona najważniejsza dla szaleńca. Może się uspokoi, gdy dokona swego. Ostrzeżenie Sigrydy widocznie nie pokrzyżowało Olafowych planów. Jeżeli Sigvaldi wolny i dalej działa, to albo chytrzejszy jest od Bronisza, albo Polaków nie stać na przeciwdziałanie. Albo, albo, a jednak Jarand wiedział, że nie tylko dwie możliwości potykają się w życiu. Trzeciej nie umiał się domyślić, lecz ją przewidywał. Być może, iż Bolesław ze Swendem coś uknuli, nie znając jednak prawdziwej potęgi Norwega, przegrać muszą. Niech przegrają, byle nie kosztem upokorzenia Sigrydy.

Jakże okrutny był dla jego serca ten, któremu bez reszty zaprzedał swą duszę. Gdyby nie uosabiał wielkości Norwegii, nigdy by mu nie wybaczył cierpień, które zniósł dla Helgi i królowej. Niechaj Olaf zwycięża, ale Jarand nie pragnie dla siebie nic lepszego od śmierci. On jeden, pewnie on jeden ze wszystkich, którzy się w tej mgle czają, nie pożąda już życia.

Postęk krótkich rogów usłyszany od przodu zahamował ciąg wioseł. Czyżby Long Orm natknął się na królewskie okręty? Do tego parto przecież. Gotuj oręż! Najprzód łuki i proce, pod ręką wiązki strzał, w sakwach kamienie, przy nogach oszczepy, na kolanach tarcze, za pasem miecz lub topór do ostatecznej rozprawy.

Olaf Tryggvason w pozłocistej zbroi, pod hełmem z piórami, lewą garść wsparł na tarczy, a prawą wzniósł przed siebie, powstrzymując władczym ruchem pęd własnego statku i wynurzające się z przeciwnej mgły dzioby jomsborskie. Wstecz pchnięte wiosła spruły wodę, wzdymającą się już na przedpolu falami od hamowania floty nieprzyjaciół. Przed Long Ormem kołysał się rząd ośmiu pozbawionych masztów najcięższych łodzi słowiańskich. Były widocznie pełne ładunku, pośrodku bowiem każdej pod przykryciem wybrzuszał się płacht niby namiot olbrzymi. Tego wszakże nie było we mgle widać, że osiem łodzi wiązała luźno zwisająca w wodzie gruba lina. Za łodziami, na wprost wylotu, przed dziobem Long Orma majaczyła osobliwym kształtem i użaglaniem Mewa. Na niej zgarbieni przy długaśnych wiosłach czaili się do zrywu barczyści Wendowie. Czterech łuczników klęczało w krąg masztu, a przed nim, na podwyższeniu, niby posąg zakuty w złotą łuskę, w spiczastym hełmie, gronostajowym płaszczu na ramionach stał Bronisz. Serce Olafa drgnęło, gdyż mu się zwidziało, że to sam Bolesław. Niestety! Głos nienawistny, huczący głos poznał od razu.

— Czyje statki wojenne włóczą się bez zaprosin po wodach Bolesława?

— Miecz Olafa nie czeka zaproszenia, by zwyciężał — zagrzmiała odpowiedź.

— Opamiętaj się, synu Tryggvy. Czemu mącisz pokój tysiącznego roku?

— Tchórze chronią się za płaszczem pokoju. Nie pamiętam, byś dawniej tchórzył, sługo Burisleifa. Gdzie twój pan?

— Mój król, jak zwykle orły, z góry pogląda na węża. Jaką masz prośbę do niego? Wysłucha cię łaskawie jego namiestnik.

— Prośbę mam, by mi się poddał wraz ze swą siostrą, szwagrem i siostrzeńcem. Chcę uniknąć próżnego rozlewu krwi. Bolesława uwolnię z honorem, ale w moim Jomsborgu!

— Oszalałeś, Olafie! Norwegią obłąkany król rządzi! Nie szukaj swej zguby!

— Wy jesteście zgubieni! Otoczyłem was siedmioma dziesiątkami okrętów. Za wami jomsborczycy na mojej służbie. Prócz mojej łaski nic nie macie!

— Mamy miecze!

— Mój miecz dla ciebie śmierć, zuchwały psie!

— Toś ty się z psem na miecze mieniał i wierność psu ślubował? Spojrzyj, Olafie! Ja ten, ongiś twój miecz, dziś odpinam i topię go w morzu, by snadź żelazo Mściciela Tryggvy nie zbrukało się krwią jego syna.

— Ja twego plugawego miecza już dawno nie noszę!

— Ja nosiłem, chociażeś mnie krzywdził. Niechaj nas Bóg rozsądzi. Przebaczam ci, a walczę z tobą na rozkaz mego króla.

— Ze mną chcesz walczyć, Wendzie? Z królem normańskich królów? Niech więc krew wasza spadnie na wasze głupie łby!

Tryggvason machnął ramieniem ku trębaczom. Za przewodem Long Orma rozegrzmiały rogi. Siedemdziesiąt gardzieli zadęło w mosiądze i po omglonych wodach, na piaski i lasy rozniosło zew wojenny, skowyt chciwości krwi, łupów i zwycięstwa.

Łodzie jomsborskie stały nieporuszone, tylko biała Mewa, jakby ją dech trębaczy zwiał z powierzchni fal, zniknęła w oparach. Gdy cztery Długie Węże, mijając Olafa susami wioseł puściły się w przód, łodzie jomsborskie oddaliły się nieco sterami, liny łączące je naprężyły się na powierzchni, a spod zrzuconych płacht wynurzyli się, głowa przy głowie, ciężko zbrojni w topory i oszczepy piechury poznańskie. Węże wparły się w środek, a gdy dziobami naciągnęły linę, łodzie jomsborskie drgnęły i natężonym wysiłkiem wioślarzy norweskich zbiegły się burta w burtę z unieruchomionymi Wężami. Trzask druzgotanych wioseł zmieszał się z rykiem rębajłów i okrzykiem zgrozy napadniętych. Nim Olaf dostrzegł, co się stało, nie było co ratować. Nie było jak ratować czterech Wężów. Łodzie jomsborskie puste, a na Wężach rojno, topory z góry walą, maczugi młócą, obrona idzie na pięści, na zęby, trupy zwalają się w wodę, pryskają strzępy i drzazgi, spływa z burt pierwsza krew, krew Norwegów... Olaf zarządza pomoc. Cztery najbliższe Snekkars pcha w środek zamętu, a resztę rozprasza, by okrążyć jądro, w którym się spodziewa uchwycić królów. Nowe Węże zaplątują się w liny i unieruchomione, nie mając możności wykazania swej przewagi w skręcie i bystrości, padają pastwą abordażu niezliczonych łodzi jomsborczyków, przeładowanych poznańskimi mieczobójcami.

Za późno Olaf rozpoznał podstęp wendyjski. Kosztowało go to osiem przednich statków i załóg. Złość i zemsta parzą go. Lecz co to? Czyżby echo tak długo czekało na odzew? Czyje rogi wojenne huczą na tyłach Norwegów? Kto zgiełk wznieca, z kim walczą?

Z burty na burtę podają sobie wieść-groźbę:

— Czerwone żagle Swenda napadły na nas z tyłu!

Olaf nic nie pojmuje. Ostatnie Węże i okręty Vagne pchnął na okrążenie. Lecz gdzie Sigvaldi z Jomsborgiem?

Naprzeciwko Long Orma wynurza się z mgły drakars Gudmunda. Olaf poznaje i raduje mu się. Czemu doń mierzą z łuków?

Powstrzymuje swoich.

— Toć sojusznicy! Podpływają.

Wtem grad strzał i kamieni spada na Norwegów. Olaf potrząsa pięścią:

— Gudmundzie! Toż ja, twój król!

— Moim królem był i jest Burislcif! — chrypi stary zbój w odpowiedzi.

— Sigvaldi? Gdzie Sigvaldi?

— Pije piwo z Burisleifem i szydzą z ciebie!

— Zdrada! Zdrada!

Olaf nie panuje nad wściekłością. Rzuca i zmienia rozkazy. W cieniu masztu pięknowłosy Einar napina srebrny łuk, uważnie mierzy i w martwym punkcie chybotu śle strzałę. Gudmund wypuszcza oszczep i chwyta się za krtań. Szyja mu krwawi. Nie zdoła wyrwać zahacznego grotu. Zachłystuje się krwią. Jomsborczycy, widząc zgubę wodza, chcą się cofnąć. Za późno! Long Orm już sunie ku nim. Potwór żłobi dziobem nurt, rozpędza się i wali żelaznymi zębami w sterburtę drakarsa. Pękło drewno, przez połamane węgi chlusnęła woda, tonących dobijają uderzenia wioseł. Gudmund nie zdążył wypluć pogańskiej klątwy. Słona fala zalała mu skrwawione gardło.

Olaf opamiętuje się, lecz bez tryumfu. Cóż mu ten jeden drakars jomski? Pamięta, ale nie chce wierzyć temu, co usłyszał. Może parę spóźnionych okrętów duńskich wpadło na tył floty, lecz stary Jarand wnet się z nimi upora. Sigvaldi nie mógł oszukać. To by było zbyt okrutne. Nie! To Gudmund zdradził Sigvaldiego, wszak się nienawidzili, oszalał, skłamał i — zginął.

Mgła się przerzedza, kłębami wschodzi w górę, ale jeszcze niedaleko widać. Słychać za to — dokoła wre zażarta walka. Olaf czuje się bezpieczny na potężnym, sto pięćdziesiąt stóp długim Long Ormie. Spogląda na przybocznych. Smukły Einar pieści swój srebrny łuk. Urodziwy, lśniący purpurą i złotem Kolbjörn nie odstępuje na krok swego króla. Tharand, kosmaty olbrzym, bawi się łatwo mieczem, który inni oburącz ledwo dźwigną. Rudy Ulf białe jak u wilka zęby szczerzy do wodza w ufnym uśmiechu. Kochają go, podziwiają, oczekują tryumfu. Olaf wyciąga prawicę ku morzu, wskazuje na wywrócony kadłub jomskiego drakarsa i głosem pełnym żałości woła:

— Gudmandzie, druhu stary! Niejedno zwycięstwo poznałeś u mego boku. Po toś mi się sprzeniewierzył, by zginąć! Niechaj łza Olafa rozświetli ciemność, w której tonie twa dusza!

— Bacz w prawo! Ster na burtę!

To Kolbjörn wola. Olaf już zapomniał o Gudmundzie. We mgle kotłuje się, zbliżają się jakieś łodzie. Long Orm gotów w ich stronę, czeka. Olaf pewny, że to jego statki pędzą uciekających, może królów? Widać już. Pierwsza piątka to Vagne, a na ich karkach — Ranowie. Nie czas myśleć, skąd ci tu się wzięli. „Bierz rozpęd!" Long Orm czterdziestką par wioseł ruszony już pędzi, siecze fale, skręca, wywraca zaczepionego Rana, dwie inne płaskie łodzie pękają jak łupiny, reszta pierzcha, wiosła Norwegów dobijają rozbitków. Vagne wolny. Stoi na pokładzie swego Żurawia, chwieje się, a z brzucha ścieka mu krew i broczy na kolana.

— Vagne! — Głos króla brzmi rozpaczą. Obciera w połę płaszcza miecz skrwawiony mózgiem dobitego Wenda i skacze na rufę, by się zbliżyć ku wiernemu jarlowi. Widzi jego załogę: niedobitki wikingów. Vagne, by ustać, chwyta się za linę. Stąpa, pozostawiając na deskach ślady stóp własną krwią nasiąkłych. Wargami jak wapno białymi już nie śpiewa, nie klnie, jeno skarży się swemu królowi:

— Swend i synowie Haakona na czele kilkudziesięciu czerwonych żagli napadli na nas od Svolden. Te pięć statków i parę rozproszonych to wszystko, co zostało z mojej dwudziestki.

— A Jarand? Co z Jarandem?

— Jarand zmaga się ze Szwedami.

— Skąd znów Szwedzi? Co mówisz?

— Szwedów wiedzie ich król, Olaf Skottkonung! Ranowie im pomagają.

— A Sigvaldi? Gdzie Jomsborg?

— Sigvaldi? — Vagne się zachwiał, puścił linę i padł na deski. Kurcząc twarz w bolesnym wysiłku, podczołgał się do burty. Nie skarży się już, ale jęczy, błagając:

— Jeśli ty nie wiesz, gdzie Sigvaldi, królu, to już wszystko przepadło. Ratuj się sam. Ratuj Norwegię! By nasza krew nie szła na marne. Long Orm przebije się na pełne morze. Ratuj się...

— Hugstyggr sonr Tryggva nie opuści swoich! — Olaf wyciągnął zaciśnięte pięści. — A gdy mam zginąć w boju z Burisleifem, zasłużę sobie na sławę Vindha myrdhir! (Zabijacza Wendów).

— Hugstyggr sonr Tryggva! (mający wstręt do ucieczki syn Tryggvy!) — Kolbjörn przypadł do króla, a oczy mu pałają. — Nie wszystko przepadło, królu. Na Long Ormie zawsze będziesz władcą północnych mórz! Przepadło wszystko dla tych, co zginęli Lecz my żyjemy. Spełń groźbę! Bądź Zabijaczem Wendów! Patrz, mgła schodzi. W świetle na morzu nikt nas nie zaskoczy ani doścignie. Ciebie nikt nie zwycięży!

— Vagne, ilu ci ludzi brak? — spytał Olaf gwałtownie. Vagne uniósł głowę.

— Nie widzisz, że moi wikingowie tracą wodza! — Głowa jarla opadła, stukając szczęką o deskę. Już nie otworzył oczu.

Od zachodu powiało. Reszta mgły znikła i prawie nagle rozbłysło czyste słońce. Olaf omiótł spojrzeniem zatokę od brzegu do brzegu. Las ruchomych masztów, plamy żagli to skupiają się, to rozstępują, zjeżają podnoszonymi wiosłami, błyskają rozmachem oręża, a ponad nimi zgiełk, klekot, wrzask tysiąca gardzieli. Tuż obok jeden z pokonanych Węży wywrócony lśni mokrym kilem i bokami jak wzdęty trup. Drobne fale podrzucają złomki wioseł, drzazgi strzał, deski, odzież, drewniane tarcze wendyjskie.

— Ster w lewo! Gotuj łuk! — poderwał się Olaf. Złocista paszcza Long Orma już mknie po nową ofiarę. Tym razem dopadł Danów. Jeden kadłub w pół rozdarł, ledwo wiosła zdążyli unieść, gdy przepływał po nich. W drugiego wczepił się zębatym dziobem. Dwa pozostałe, widząc, że Wąż unieruchomiony, dopadły go z boku, obsypując pociskami. Kamienie zadudniły o tarcze jak grad. Norwegowie natychmiast zamienili wiosła na łuki i za jednym miotem odpowiedzieli setką dębowych strzał. To Danom wystarczyło, by z resztą żywych zbiegli.

Po rańskiej stronie rozpoznał Olaf Mewę, jak śmigała wzdłuż piasku. Nie znać było na niej śladu walki. Długie wiosła zamiatały wodę niby nogi spłoszonego pająka. Bronisz śpieszył na Jelenin, tam się spodziewając najcięższych zadań. Jomsborczycy już swoje zrobili, wytrzymując czołowe natarcie okrętów Ulfa na Strzałów. Przetrzebione załogi łodzi Thorkilla dopełniły się przy brzegu borskim nowymi wojami i zaopatrzone w świeży oręż i wiosła wracały na wodę. Widok Long Orma gromiącego zaczepiających go Danów zdziwił polskiego namiestnika i wsparł obawę, że Olaf, zgromadziwszy rozproszone siły, ruszy na Zwłodź, by wyrwać się z matni.

W istocie, pod Jeleninem wrzał bój najgorętszy. Jarl Jarand, rozbiwszy szwedzką dziesiątkę Björna, która go zaskoczyła we mgle od północy, ściągnął ku sobie niedobitków Vagne i w trzydzieści okrętów zwartym szykiem part na Zwłodź. Drogę przeciął mu Swend, rozporządzający po walce z Vagne już tylko dwudziestoma statkami. Eryk Haakonson ze swą dziesiątką pognał w poszukiwaniu Tryggvasona na zatokę. Gdyby nie śmiałość szwedzkiego króla Olafa, który widząc zamiary Jaranda, rzucił się na czele przybocznych siedmiu okrętów na prawe skrzydło Norwegii, Swend nie zdołałby utrzymać zamknięcia pod Svolden. Dzięki Szwedom jednolitość i szybkość norweskich działań przepadła, dzieląc się na atak w przód i obronę z boku. Jarand, poznawszy słabość napastnika, który mu szyki zmącił, by skończyć z nim, czym prędzej sam zarządził walkę, umiejscawiając ją na skrzydle. Położenie Szwedów zdało się beznadziejne. Tak je ocenił Bronisz, zbliżając się do Jelenina. Wspiął się na maszt, by lepiej widzieć i rozważyć, czy warto resztę Szwedów i Ranów z Omańca pchnąć na pomoc, osłabiając tym bezpieczeństwo Jelenina przed mogącym wnet przybyć tu Tryggvasonem. W rozbłysku słońca rozpoznał na najbliższym z osaczonych statków Olafa Skottkonunga. Mewa aż się zatrzęsła, gdy skoczył na deski. Nie było chwili do stracenia. Rzucił Wromota wpław do najbliższej łodzi Ranów z rozkazem, by natychmiast nadesłali pomoc, a sam, porwawszy tarczę, z mieczem w ręku stanął na dziobie i tupaniem przynaglał wioślarzy do pośpiechu. O tym, by Mewa mogła walczyć z Norwegami, nie było mowy. Nie było także wątpliwości, że młodego Olafa należy za wszelkę cenę ratować.

— Wprost jak strzelił, na okręt królewski! Dziobem w środek Norwegów! — Nie trzeba było im wiele tłumaczyć, szczęśliwym, że nareszcie wezmą udział w boju.

Norwegowie dostrzegli Mewę, lecz mało ich obszedł jej widok. Jeszcze raz, jeszcze jedno zamachnięcie wioseł i dwanaście żylastych par ramion chwyta tarcze, topory; trzask druzgotanych piór, skrzyp ścieranych desek i Mewa wtłacza się między walczących, między okręt młodego Olafa i Jaranda. Oba wstrząśnięte, odrzucone, naparły na sąsiadów. Ludzie się przewracają, gubią oręż, klną, nie wiedząc w zamęcie, kto z kim przeciw komu. Jedwabny żagiel Mewy przesłonił Jarandowi widok szwedzkiego masztu. A przy maszcie — gęsto od nowego luda. Miedziane tarcze złączyły się murem, w kosmatych garściach drgają ciężkie topory. Nad wszystkimi góruje Bronisz w pozłocistej zbroi. Blask złota parzy żądzą łupu liczniejszych Norwegów. Niespodziana przeszkoda przy wykańczaniu Szwedów rozdrażnia Jaranda. Rozkazuje abordaż. Klnie swego sternika, sam chwyta bosak i pomaga odepchnąć na bok pustą Mewę. Najeżona drzazgami wioseł spływa niechętnie, niczyja, niezakrwawiona nawet. Ktoś w ostatnim sięgnięciu ściąga z okrętu gronostajowy płaszcz namiestnika.

Z przeciwnej strony już walą do Szwedów. Strzały i kamienie przenoszą i ranią wojów Jaranda. Jarl wścieka się. Pcha do zwarcia, każe ciąć i kłuć z bliska. Rozkazów nie słychać, taki wrzask, ale nad nim wybija się huczący głos męża w złotych łuskach:

— Olafa Skottkonunga bronimy! Szwedzi i jomsborczycy, nie żałujcie krwi! Pomoc nadpływa!

Ramię srebrnego jarla wzniesione z mieczem do rozkazu — opadło. Widzi, jak pierwszego śmiałka, który skacze na szwedzką burtę, ostrze Bronisza kłuje i strąca w nurt. Następny pada z rozpłataną głową, ale trzeci już macha toporem, za nim skaczą inni, osaczają, gęstnieją, pięciu na jednego. Bronisz z trudem utrzymuje przed sobą tyle wolnej przestrzeni, by móc rąbać mieczem. Cofa się do masztu.

Młody król zniknął za potężnymi barami toporników z Mewy. Pragnie sam walczyć, lecz zbyt słaby, by umiał się wyrwać z kręgu obrońców. Pod ich stopami rośnie wał trupów. Co który jomsborczyk padnie, wnet na jego miejscu wyrasta Szwed. Już nie ryczą. Słychać tylko razy i jęki. Bronisz nie ma czasu i miejsca, by się rozejrzeć, zali pomoc zdąża. Każde mgnienie kosztuje życie człowieka. Złote łuski zbryzgane krwią, miecz czerwony, szczerbata tarcza ledwo kułak chroni.

Czyj to głos wdziera się w szczęk żelaza i jęki? Czemu Norwegowie rozstępują się przed srebrnym wikingiem? Bronisz z trudem widzi. Spod hełmu spływa pot, ścieka po czole nie chronionym brwiami na powieki, zalewa źrenice, a oczy muszą baczyć, muszą — na śmierć i życie! Srebrny woj odwraca się do masztu plecami i woła. Na Norwegów krzyczy. Wzywa ich, by precz zeszli. Nie rozumieją. Drobna chwila wystarczy, by westchnąć głębiej, przetrzeć oczy i podeprzeć się nadzieją, że może odsiecz zdąży, może...

Na krótko starcza głosu Srebrnemu. Nie okiełzna wściekłości naporu, nie ugasi krwawej żądzy łupów. Tharand z rozciętą wargą zachichotał jak opętany, wrzasnął: „Jarand zdrajca!" — i rzucił się na Srebrnego. Jakby ukrop zlał ciało Bronisza. Wypadł z kręgu obrońców i, nim młot uderzył, świst miecza ściął ramię Tharanda wraz z młotem. Jarand, walcząc oburącz, cofnął się i zajął miejsce powalonego Szweda. Już są ostatnią obręczą królewskiego masztu. Ciśnięty celnie topór wgniótł Broniszowi hełm na skroni. Wraz z potem i krew ścieka na powieki, czerwienią mgli spojrzenie. Jarand nie widzi włóczni sunącej od dołu. Bronisz ją tnie, za daleko, miecz więźnie w kościach trupa, szarpnąć trzeba. Jarand ratuje go od niechybnego ciosu z góry w kark. Znów stoją gotowi, ramię w ramię, Srebrny i Złocisty.

— Ojcze! — woła Bronisz z rozpaczliwym wysiłkiem i tęsknotą.

— Trwaj, synu! Widziałem Ranów. Są blisko!

Norwegowie byli wiele bliżej. Jeden nadział na oszczep płachtę i cisnął pod maszt. Miecz Jaranda zaplątał się. Bronisz odrzucił szczątki tarczy, wystąpił krok naprzód i oburącz młynkuje mieczem. Skrzy się, trzaska, tnie, rwie ciała, lecz nie chroni dołu. A dołem czterej, na klęczkach dopadli Jaranda. Stary nie ma już sił walczyć na pięści. Kłębią się. Nożem rozpruli mu bok. Młody król broni go. Wali na oślep w kłąb wrogów. W krąg Bronisza puścieje. Padłych nie zastępują nowi, a którzy pozostali — cofają się, zeskakują w wodę, bo ich statek odbija. Grzmi słowiańska mowa. Nowe maszty! Statek się kołysze, trzeszczy od naporu, mrowie Ranów doskakuje go, depce pobojowisko, rozdrapuje trupy.

Bronisz, rozkraczony na śliskich od krwi deskach, opuszcza miecz. Nie miałby sił wznieść go powtórnie. Rozgląda się. Młody król przy pomocy Wromota wyciąga spod zwału ciał srebrnego wikinga. Zdejmują mu hełm z głowy. Jarand łopoce powiekami. Bronisz opada przy nim na kolana. Opuchłą, drżącą dłonią dotyka siwych włosów. Jarand porusza wargami. Prosi pić! Nie ma wody! Na morzu nie ma wody! Jest wiele słonej krwi, strugami ścieka. Pragną wszyscy.

— Cicho! Cicho! Jarand chce mówić!

Pochylają się nad nim. Bronisz zawisł ustami nad twarzą teścia, jakby mógł wetchnąć w siebie jego ostatni szept. Słyszy:

— Dziś Heldze spłacam wiano… Oddaję jej ciebie… żywego. A królowej Sigrydzie obroniłem syna. Powiedz jej. Nie zdradziłem Norwegii. To Olaf…

— Ojcze! Helga urodziła syna.
— Niech modli się za moją duszę…
— Ojcze. Będzie nosił twoje imię — Jarand!
— Bóg jest dobry… Broniszu? Ale kto…
— Powiedz, wszystko uczynię!
— Kto uratuje Olafa Tryggvasona?…

Tuzin okrętów szwedzkich Harbara z posiłkiem rańskich łodzi tak wspomógł Danów, że po paru godzinach
uporczywej rzezi ostatni wysiłek floty zgasłego Jaranda,
by wyrwać się z matni pod Svolden, zakończył się jej pogromem.

Z zachodu, od Utynia i Warny nadpływały statki obo-
dryckie. Jedyni wendyjscy sojusznicy Norwegów spóź-
nili się o dzień, o godzinę, by uratować resztkę wspaniałej floty Tryggvasona. Nie przystąpili już nawet do walki.
Stwierdziwszy, że pod Zwłodziem panoszą się zwycięsko
czerwone żagle Swenda, Obodryci zawrócili śpiesznie do
macierzystych portów, pierwsi rozgłaszając światu wieść
o klęsce Norwega.

Poza obręcz Zwłodzia i Chyciny nie przedostał się ni
jeden żywy. Kto, porzuciwszy zbroję i oręż, chciał się ratować wpław, jeżeli dobrnął do nadbrzeżnych piasków,
wpadał w niewolę. Rannych tam dobijano, a obdarte
trupy spychano z powrotem na wodę.

Bronisz, przeniósłszy zwłoki Jaranda na opróżnioną
łódź, kazał holować się ku Jeleninowi. W zatoce bitwa
jeszcze trwała. Namiestnik nie miał czasu na żałobę. Wromota z ciałem Jaranda skierował ku Chycinie, a sam, prze-
siadłszy się na statek szwedzki, pośpieszył pod Omaniec
w poszukiwaniu Storrady.

Dzik, wysławszy pomoc dla osaczonych Szwedów i Bronisza, sam jeden ostał na ważnym stanowisku pilnowania rańskich przesmyków. Tak mu przykazał namiestnik i tego słuchał. Podwładne łodzie pod najróżniejszymi pozorami opuszczały go, by samopas brać udział w walecznych zawodach, łup jeno, bez rozeznania wrogów czy sojuszników, mając na oku. Od południa Storrada nie ruszyła się z miejsca, zagradzając swym olbrzymim kształtem cieśninę omaniecką.

Rozpoznawszy Bronisza na obcym statku, Dzik w pierwszej chwili się ucieszył, ale przy zbliżeniu przeraził go stan namiestnika. Łuski zbroi bardziej były krwawe niż złociste, hełm wklęśnięty, twarz czerwona, ręce po łokcie zbryzgane posoką.

Po drabince w trzech skokach Bronisz już był przy nim. Mówił szybko, rozglądając się jednocześnie po zatoce:

— Jarand zginął w obronie Olafa szwedzkiego. Mnie życie uratował. Straciłem Mewę i wszystkich swoich ludzi. Łeb mi pęka. Daj pić. Patrz! Patrz! To już chyba koniec! To Long Orm!

Dzik prowadzi go pod beczkę słodkiej wody. Bronisz się pochyla, czerpie zakrwawionymi garściami i pije z dłoni. Dzik próbuje zdjąć mu hełm, ale namiestnik syczy z bólu, ogląda więc uważnie, podważa palcami przy skroniach i nagłym ruchem, od tyłu ściąga blachę. Obmacuje ranę i stwierdza z ulgą, że to nie groźna puchlina, jeno wiór przeciął skórę. Mokrą szmatą przemywa mu czoło, lecz plam krwi na zbroi nie tyka, nie wolno, boć bitwa jeszcze trwa, a krew może być święta.

— Daj mi jaki statek, muszę tam śpieszyć — gorączkuje się Bronisz.

— Bierz sobie! — Dzik panuje nad głosem, ale jest widocznie wzburzony.

— Który?

— Masz tylko Storradę. Ostatni czas na nią. Gdzie królowa?

— Z Bolesławem, na borskim brzegu. Z góry wszystko widzą. — Dzik wpatruje się przez chwilę w daleki, oświetlony skośnymi promieniami brzeg z przeciwka, po czym mówi:

— To jest okręt królowej. Tyś też jej namiestnikiem! Kieruj więc Storradą. A więcej posłuszeństwa nie wymagaj ode mnie. — Wolnym ruchem wciąga na maszt chorągiew z białym znakiem Piastów. Nagle odwraca się i wybucha:

— Kazałeś mi dzień cały pilnować tej kałuży. Umiałem słuchać, lecz nie sądź, że łatwo przebaczę ci tę bezczynność.

— Gdyby Tryggvason był mądry, miałbyś najcięższą służbę — rzekł Bronisz z powagą. — Przecież tędy Long Orm mógł znaleźć najbliższe i najłatwiejsze ujście.

— Najbliższe do swej śmierci, a najtrudniejsze do przebycia — przygadał Dzik ponuro.

— Zapewne! Zapewne! Patrz! To on!

— Od dawna go widzę. Na moich oczach zatopił już dwa tuziny okrętów, a ja patrzyłem tylko...

Za późno było na bojowe popisy Storrady. Natomiast miejsca wolnego nie brakło dla niej w zatoce. Z dwustu dwu okrętów, które o świcie rozpoczęły bój, przed zachodem słońca nie więcej jak sześć dziesiątków utrzymywało się żywo na fali. Zbijały się w gromady, osaczając norweskich niedobitków, ale ruchy ich były już ospałe. Brakło wioseł, ranni przeszkadzali walczącym, a pragnienie i głód osłabiały mięśnie. Eryk Haakonson na Żelaznej Brodzie srożył się najzawzięciej. Uporał się z Rudym Ulfem, a dobiwszy mu wszystkich rannych, strącając po drodze rozbitków zaczepionych o szczątki desek i wraków, zmierzał ku środkowi zatoki, gdzie niby tur osaczony przez sforę psów, szalał Olaf Tryggvason. Norweg wciąż jeszcze był najpotężniejszy, chociaż wśród wrogów nie mniej wyczerpanych od siebie. Z siedemdziesięciu wioseł już tylko połowa dźwigała szybkość Long Orma. Białozęby Ulf z wybitym okiem, Bork ze zgruchotanym ramieniem, okulawiony Hyrning, dziesięciu najdzielniejszych, pokłuci, połamani, skrwawieni, jedynie wyciem i klątwą wspomagali swego króla w boju. Pięknowłosy Einar, sam niedraśnięty jeszcze, zmieniając łuk za łukiem, słał śmiercionośne strzały każdemu, kogo posądził o zły zamiar względem swego pana. Kolbjörn w złotej zbroi, sobowtór Tryggvasona, nie odstępował władcy na krok, bystrymi rzutami tarczy parując każdą strzałę, każdy groźny kamień. Mimo takiej osłony Olaf, wciąż walcząc, już zdobył chrzest własnej krwi. W chwili gdy się odwrócił, grot duński przeciął mu policzek, a z tonącego statku wendyjskiego ciśnięta maczuga stłukła mu lewy łokieć. Kubek wina podany przez Kolbjörna znieczulił ból i pobudził krew do większej zapalczywości. Olaf wiedział już, że przegra bitwę, lecz nie miał czasu biadać ani ocenić ogromu klęski. Zbyt silnie czuł samego siebie, nieustraszonego, niedościgłego wikinga.

Danowie, Szwedzi, Ranowie strzegli się, nie podpływając bliżej, jedynie jomsborczycy, mszcząc śmierć Gudmunda, śmieli się zwierać z nim bezpośrednio i — ginęli pod ciosami zajadłego Węża. Pod tarczą Zabijacza

Wendów szalała śmierć. Kolbjörn liczył ofiary, nie ludzi, tych było zbyt wielu, lecz rozbijane łodzie. Gdzieś przy dwudziestej szóstej podpłynął do Long Orma Eryk Haakonson na Żelaznej Brodzie. Choć pałał żądzą natychmiastowej zemsty, nie odważył się napaść olbrzyma.

Tryggvasona otaczało jeszcze sześćdziesiąt zdolnych do rąbania mieczy. Na Żelaznej Brodzie było ich trzydziestu, z tego połowa rozbitkowie z niezdatnych już do boju łodzi. Na szczęście przyłączyła się doń Unboi, szybsza, z pełną załogą, kierowana przez Swenda Haakonsona. Bracia porozumieli się, jak walczyć mają. Swend podjudzał jomsborczyków, by napastowali, a sam drażnił dziób Long Orma; gdy zaś Wąż zaplątał się w utarczkę, Eryk najeżdżał go z boku i raził pociskami. Hamowana ostrożnością zemsta dawała mu moc rozwagi. Sam wskazywał łucznikom, w kogo mierzyć, podawał strzały, wiązał cięciwy, pilnował sternika, jak ma skręcić, kiedy się wycofać. Posiew celowej chytrości okazał się zabójczy dla Norwegów. Od pierwszego miotu strzał pięciu wioślarzy zwaliło się na dno. Z gromady ciałochrońców króla wnet dwóch odpadło, jęcząc. Einar zwrócił uwagę Olafa na to niebezpieczeństwo:

— Bacz, królu! Eryk wybije ci wszystkich wioślarzy. Mieczem go nie dosiężesz, bo umyka, a jest szybszy od nas.

— Więc ty go zabij swoim srebrnym łukiem — warknął Tryggvason.

— Spróbuję, lecz ty przytrzymaj go słowem na oku.

Olaf stanął za masztem twarzą do Żelaznej Brody i zawołał chryple:

— Eryku! Czy ojciec nie uczył cię władać normańskim mieczem? Przecz się mnie boisz?

Jarl wyprostował się i wsparty o poręcz odkrzyknął dumnie:

— Śmierć ojca nauczyła mnie strzec się Tryggvasona, który kupuje niewolników, by mordowali swych panów, a potem najemników morduje, by zniszczyć świadków zbrodni.

— Łżesz! — Z tym okrzykiem spod brwi Einara świsnął grot i wbił się w drewno poręczy.

Skald Eyvind szarpnął jarla w sam czas, by go uchylić przed drugą, celniejszą strzałą. Spoza osłony lin Eryk wrzeszczał:

— Hej, Olafie! Spójrz w prawo, na brzeg. Tam pod namiotem stoi królowa Sigryda i próżno cię wypatruje. Pokaż jej choć rękawicę, bohaterze, który umiesz bić słabe niewiasty, ale przed mężami kryjesz się za masztem.

Słowa dobrze trafiły. Nie w pychę, ale w serce trafiły jak cios. Olaf spojrzał. Niepomny, że się odkrywa, postąpił krok ku sterom i patrzy, i widzi... Hen! na piaszczystej skarpie, na tle róży zachodu, przed namiotem ktoś stoi, ktoś mały, w płaszczu do ziemi, ktoś patrzy i czuwa. Obok na czarnym koniu wielki mąż — Burisleif. Za nimi gromada kiryśników. Niedostępni, groźni, jak los wiszą nad zatoką.

— Sigryda! Sigryda!

Laplandzkie strzały z Unboi świszczą nad głową. Kolbjörn zasłania tarczą, zrozpaczony Einar błaga, pokazuje pęknięty łuk, swój srebrny łuk...

Olaf ich nie widzi. Mocuje się, by nie wyciągnąć rąk i z najgorętszym przekleństwem miłości nie wołać ku niej... Ona! Mrok jego życia! Bliska, a tak niedosiężna, nienawistna, a tak upragniona, nie jego — jego Sigryda. Nędznym brzękiem komarów te strzały, skamleniem szczeniąt pieśni skaldów, które słyszał. Norwegia — już wypadła mu z rąk. A ona jest tam, nieubłagana jak śmierć, która idzie. Sigryda Storrada! Jej uroczne oczy pochłaniają zatokę. Uśmiecha się ku morzu głodnymi wciąż wargami, nienasytna, choć on rzucił jej dziś do stóp na piaszczyste dno zielonej wody cztery tysiące bohaterskich serc!

Podnosi ku niej prawe ramię, z mieczem je wznosi; myślą, że to groźba, bo który skald się domyśli, że to błaganie, by chciała z nim dziś umrzeć!

Bystre ma oczy Laplandczyk z Unboi, a strzała szydzi z miłości.

Olaf skręcił się nagle, lecz nie padł, tylko miecz puścił z garści. Skurcz łokcia jeszcze głębiej wcisnął żelazny grot w pachę. Lewą ręką rozgania tłoczących się doń z pomocą. Pobladłymi wargami rzuca rozkazy:

— Bakburta, uwaga. Kryj wiosła!

Eryk pewny, że król już umiera, zamierzył się do ataku.

Long Orm powoli skręca, by spotkać go dziobem. Za wolno! Za wolno!

Żelazna Broda zdążyła się cofnąć. Eryk woła:

— Hej! Eyvind! Śpiewaj o śmierci jarla Haakona!

Cóż dla Norwegów dawna śmierć Haakona wobec ich własnej śmierci.

Otóż widzą ją! Nadpływa od północy, ogromna, przeraźliwa mara; sunie wolno, miarowo, nad piętrową burtą niesie wysoko łeb smoczy: paszczę z wyszczerzonymi kłami o okrągłych, zielonych ślepiach. Przy maszcie — olbrzym w skrwawionej, złotej zbroi, bez hełmu, z gołymi rękami, obok drugi, krępy, w czarnym żelazie, a przodem oparty łapami o nadburtnice niedźwiedź, kudłacz drapieżny oczy na Long Orma.

Jasnowłosy Einar, śmiertelnie postrzelony w pierś, wodzi zamglonym wzrokiem za okrętem i wierzy, że to sam Odyn przypływa nareszcie po nich…

— Storrada! Okręt królowej!

Dla Olafa, cień Sigrydy — cień śmierci! Nie boi się, nie, już prawie tęskni do niej.

Eryk podaje hasło. Lęka się, aby Bronisz nie ukradł mu łupu. Zagapieni na Storradę Norwegowie dopuścili do zwarcia. Eryk pierwszy skoczył na ich pokład. Za nim dwudziestu najśmielszych. Zbliża się i Unboi, i z niej skaczą. Walczy przeciw nim dwudziestka Norwegów. Reszta pilnuje króla zwróconego ku straszniejszej Storradzie. Okręt królowej przecież im nie grozi. Bronisz z rękami założonymi na piersi ani drgnie, także i Dzik, i niedźwiedź tylko patrzą. Stu dwudziestu wioślarzy wendyjskich jakby skamieniało i okręt stoi spokojnie. Łucznik Einar przymyka oczy, wzdycha do Odyna i ginie zmiażdżony ciosem duńskiej maczugi.

Long Orm długim jest Wężem, na sto pięćdziesiąt stóp, a Eryk pokonał go dopiero w połowie: od steru po maszt. Do Olafa jeszcze daleko. Ale już szał zemsty i tryumfu opętał mu zmysły. Musi niszczyć, musi władać. Wyrywa pachołkowi topór i rzuca się na maszt, bo na nim powiewa królewska chorągiew. Wysoki, z najpiękniejszej sosny lasów Orkadale maszt stęka pod ciosami, podając przedśmiertne drżenie drewnu całego kadłuba, wzdłuż kilu aż po dziób, gdzie Kolbjörn okrywa płaszczem dygocącego z zimna króla Olafa. Ci dwaj szepczą coś sobie. W płaszczach tak są podobni jak bracia. Pod płaszczami ściągają ze siebie zbroje i rzucają za burtę. Już ich teraz nie rozpoznasz, i nie wiedzieć, który z pogardą wykrzykuje imię Eryka.

Maszt się chwieje, pochyla, trzeszczą wiązania. Norwegowie uciekają ku przodowi, by w chwili, gdy z przeraźliwym łoskotem, wzdymając żagiel, maszt padał, widzieć, jak z dziobu Long Orma zeskoczyli w nurt razem dwaj, w jednakich płaszczach z bratnimi tarczami: Kolbjörn i Olaf Tryggvason.

Eryk pędzi tam, potyka się o liny, plącze w strzępach żagla, by poznać, że wśród stłoczonych Norwegów króla nie ma. Patrzy wraz z nimi na wodę: rozbełtana, huśta dwie podobne tarcze, obie królewskie, dwa płaszcze, jeszcze nie nasiąkłe wodą, wzdęte powietrzem... Lecz co to? Sześciu kosmatych chłopów skacze ze Storrady i płyną jak ryby do bliższego płaszcza, nurkują, wynurzają się, zawracają, ale?... Sześciu skoczyło, a siedem głów widać. Z królewskiego okrętu zrzucają drabinkę. Bronisz zstępuje po niej, jedną ręką podejmuje ciężar i dźwiga go na pokład.

Eryk zaciska pięści i woła do polskiego namiestnika. W swoim i Swenda duńskiego imieniu woła. Bronisz nie obejrzał się nawet. Walka już zgasła. Pozostali przy życiu Norwegowie nie bronią się. Po co, gdy ich król zniknął? Obok stojąc, wrogowie gapią się na Storradę. Doczekali, gdy złotozbrojny witeź wyszedł spod namiotu i pochylony nad burtą, bez słowa, ruchem pyta, czego chcą od niego.

— Oddaj mi Olafa Tryggvasona! On mój! On mój! — pieni się Eryk.

— Alboż ci go wydarłem? — brzmi spokojna odpowiedź.

— Wyłowiłeś go!

— Czemuś ty nie zdołał?

— Bo zbiegł do ciebie!

— Nie do mnie! Jestem namiestnikiem pana tych wód, króla Bolesława. O co prosisz go, jarlu Eryku?

— Żądam Olafa Tryggvasona żywego lub martwego. On zabił mego ojca i tylko ja mam do niego święte prawo zemsty.

— Jarlu Eryku! Na tym okręcie rządzi prawo chrześcijan. Olaf był królem, a ty jesteś tylko jarlem na służbie u Danów. Olaf nie z tobą walczył i nie ty pokonałeś norweskiego króla.

— Ja go zwyciężyłem. Ja! — wydziera się Eryk.

— Nie umiałeś go nawet po królewsku dobić! Płyń dzielny jarlu, na zasłużony odpoczynek, po nagrodę do Swenda i Bolesława. Król należy do Boga i królów.

— Long Orm jest mój!

— Weź go sobie. Tyle on wart bez Olafa, co pusta beczka po złocie — krzywi się Bronisz w ostatniej odpowiedzi. Storrada podniosła wiosła i odpłynęła ku brzegom Windlandii. Spod namiotu wyszedł Dzik. Twarz miał zmienioną wzruszeniem.

— Czy żyje? — spytał Bronisz.

— Skonał! Ale mówił rozumnie przed śmiercią. I to ci powiem — Dzik spojrzał twardo w oczy druha — ciało Olafa należy nie do królów, tylko do mnie. Prosił mnie o to, czy wierzysz?

— Nie masz dlań w sercu zemsty?

— Nie! Na Boga! Ten nieszczęśnik naprawdę miłował Sigrydę!

Okręty spływały do lądu, holując zdobycz. W cieśninie Strzałowa utworzył się tak gęsty zator, że można było suchą nogą przejść po deskach od brzegu do brzegu. Kupcy wołyńscy sprzedawali żywność i napoje, skupując wraz za bezcen łupy od zwycięzców. Królowie zastrzegli sobie tylko jeńców norweskich. By uniknąć zwad między załogami, zarządzono gromadzenie się okrętów przy wodzach. Thorkill zwoływał swoich przy rzeczce Bysz na lądzie rańskim, Harbar — Szwedów pod Jelenin, Eryk — Danów u Boru pod Zwłodziem. Rańskie czółna wyławiały pływające szczątki, czyszcząc zatokę. Towarzyszyły im mewy, krążąc i krzycząc żałośnie nad masztami. Na płachtach nadbrzeżnego piachu czerniały stada kruków, oczekujących na swój udział w zwycięstwie.

Gdy Storrada podpływała pod skarpę, gdzie stał namiot królów, słoneczna tarcza zetknęła się z wałem chmur, ciążących nad poszarzałą zielenią borskiej ziemi. Stały tam już okręty: Swenda duńskiego i Olafa Skottkonunga, oba zrąbane, z poszarpanymi żaglami, w strzępach lin i wioseł. W oddali Eryk na Żelaznej Brodzie holował z trudem Long Orma.

Bolesław witał lądujących, ściskał ich i wiódł pod namiot. Swend mówił głośno, podniecony, szczęśliwy, Olaf Skottkonung nieśmiały czekał, kiedy pozwolą mu pochwalić się opowieścią o jego pierwszym czynie walecznym. Surowy zakaz wzbraniał komukolwiek wkraczać bez wezwania do namiotu, gdzie radzili trzej zwycięscy królowie.

Sigryda została na wybrzeżu. Nie ciekawiło ją, co tam uradzą: jej brat, syn i mąż. Nie mogła oczu oderwać od morza. Urzekło ją niechęcią, obojętnością do żywych ludzi. Milcząc, wysłuchiwała, co do niej mówiono. Tacy byli szczęśliwi. Chwalą się, żartują z ran otrzymanych, nawet żal po poległych towarzyszach brzmi zwycięsko. Sivard wita okrzykiem:

— Oto, jak pomściliśmy zniewagę królowej Sigrydy!

Dag, miecznik, woła, by go słyszała: — Tym razem Thyra uschnie z wściekłości.

Sądzą, że tym się raduje, bo taka jest wedle nich dumna, taka mściwa. Podchodzi do niej Bronisz. Czerwona łuna nieba mieni się w łuskach jego zbroi, jakby się we krwi wykąpał. Twarz ma okropną, opuchłą, z sinym guzem na czole. Przystanął i milczy. Sigryda lęka się go. On na pewno wszystko wie! Lepiej, że milczy. Bronisz wzdycha, ogląda swe ręce i cicho mówi:

— Już wszystko skończone... — Prosto powiedział i szczerze. Wdzięczna mu jest, że smutny, choć nie zgaduje dlaczego. Może tylko zmęczony?

— Widziałeś go?

— Tak! — Czemu więcej nic nie dopowiada! Ta małomówność napawa ją trwogą. Cóż on wie tak smutnego?

— Mówiono mi, że Jarand też zginął? — zagaduje.

— Jarand poległ w obronie twego syna, królowo, ratując go dla ciebie. Moje życie uratował dla Helgi. Prosił, byś wiedziała, że nigdy nie było w jego sercu zdrady.

— A on? — Bała się wymówić imienia.

— Cóż ci po nim?

— Nie żyje na pewno?

— Walczył do ostatka jak bohater. I myślał o tobie.

— Z nienawiścią?

— Z rozpaczą!

— Utonął?

Bronisz zapatrzył się w jej oczy. Przeraziła się. Takie ostre te oczy, bez rzęs, przezroczyste, bezlitosne prawie. A jednak w tej chwili on był najbliższy jej zmąconemu sercu... Niech już wyzna, cokolwiek się stało. Cóż może być gorszego od śmierci?

— Powiedz! — prosi, opuszczając powieki.

— Dla świata utonął. Dla ciebie skonał na rękach przyjaciół. Jeżeli chcesz, możesz mu przebaczyć.

— Umarłemu? Alboż to potrzebne?

Bronisz się waha, ogląda na morze, wreszcie mówi:

— Żywej może potrzebne. Jeżeli masz siły, możesz go pożegnać... — Cofnęła się, jakby ją lęk ogarnął. Bronisz już pożałował zaprosin, gdy wtem wyciągnęła doń rękę i głosem opanowanym rzekła:

— Ja na wszystko muszę mieć dość siły. Prowadź!

Od lądu, nad zatoką szerzył się cień, ale wysokie maszty płonęły jeszcze różowością zorzy. Storrada stała na najgłębszej wodzie. Sigryda zdziwiła się, że przy drabince czeka na nią Dzik. Nie zamienili ze sobą ani słowa. Pomógł jej wejść na pokład i w milczeniu czekał na Bronisza. Dla wioślarzy królowa była obca. Nie znali jej. Bardziej ciekawił ich widok Żelaznej Brody, podpływającej mozolnie z Długim Wężem na linach. Przed wejściem do namiotu stał brunatny niedźwiedź. Sigryda, krocząc z gwałtowną pewnością siebie, zawahała się na widok zwierza. Miś patrzał na nią ciekawie, lecz nie wrogo. Przestępował na miejscu z łapy na łapę, a ustąpił dopiero zepchnięty przez Dzika. Gdy weszła do namiotu, objęła ją ciemność. Dzik rozsunął górną płachtę i wycofał się na pokład. Oswajała oczy z otoczeniem. Na środku, okryty szarym płótnem, leżał podłużny kształt. Obejrzała się na wyjście. Zasłonięte! Była sama! Tylko on — pod jej stopami, a nad nią — szczelina purpurowego nieba. Postąpiła bliżej i pochyliła tam, gdzie domyślała się głowy. Wąska plama na płótnie poruszyła się nagle, zwiększyła i wielki, spóźniony motyl, żółty jak kaczeniec, sfrunął tuż pod jej rzęsami. Drgnęła, lecz nie cofnęła się. Obiema rękami ujęła brzeg płótna i wolno, wolno poczęła je ściągać. Głowa Olafa leżała na okrągłej tarczy, bokiem, jakby niewygodnie. Włosy mokre, rozrzucone w strąkach, lecz sama twarz sucha. Na czole pręga odciśnięta hełmem, na policzku zakrzepnięta blizna, wargi sine lekko rozchylone, raczej skrzywione boleśnie, oczy na wpół otwarte, szkliste, obojętne…

Najpewniej niewygodnie leżał, więc poprawiła mu głowę, układając we wgłębieniu tarczy. Pod włosami kark był jeszcze ciepły. Wyprostowała się. Uderzyło ją przypomnienie, że przecież póki krew nie ostygła, dusza pozostaje w ciele. Dusza Olafa Tryggvasona...

Opanowanie i spokój opuściły Sigrydę. Poczuła się obco, niepewnie. Myślała zawsze o cielesnym Olafie. Jego ciało przyszła tu pożegnać, martwemu ciału przebaczyć i okazać serce. Ale dusza?... Czy znała jego duszę? Czy on znał jej duszę? Jakie są dusze królów? Może ten motyl?... Już dwukrotnie odpędzała go niecierpliwym ruchem dłoni. Kołuje nad nią tuż, błąka się, przeszkadza.

Ciało Olafa Tryggvasona! Widzi je, służy mu litościwie, ale ono bezwładne, obojętne, jakby jej znać nie chciał. Nie! Nie! To jeszcze nie koniec. On jeszcze jest! — Pochyla się, chwyta za płótno i ściąga je całe, do stóp. Wielki wysiłek, ale konieczny, by wobec trupa nie przestać być sobą.

Mokry, skórzany żupan, na brzuchu obie ręce, luźne, niesplecione, nogi — jak kłody, a pod prawą pachą na desce — ciemna kałuża krwi.

W tym, co widzi, już nie ma Olafa. To, co leży u jej stóp, nie może być całym Olafem. Gdzież on jest? Przecież musi być, musi o niej pamiętać, musi wiedzieć, że przyszła do niego. Musi usłyszeć, czego nigdy nie słyszał:

— Olafie! Olafie! Gdyby nie nasze dusze, albo... gdyby nie nasze ciała, może byś jeszcze żył... Może byśmy byli naprawdę razem i szczęśliwi?... Olafie! Kto z nas temu winien?

Złoty motyl kołuje, łopocze wielkimi skrzydłami. Koniecznie chce siąść, może spocząć do snu zimowego na płomiennych włosach Sigrydy? Olaf jej włosy wielbił... Twarz ma suchą. Półotwarte usta.

— Już nic mi nie powiesz? Nie przeklniesz nawet? Bezsilne ręce nie uderzą... nie obejmą w łakomym uścisku...

Nie drgnęły pod dotknięciem jej warg...

Miś na pokładzie drepce zaniepokojony. Bronisz nadstawił ucha. Dzik trąca go i ze zgrozą w oczach szepce:

— Oni tam rozmawiają ze sobą!

W cieniu żagla już mroczno. Twarzy Sigrydy nie widać, lecz zaraz spostrzegli, że wychodząc z namiotu, włosy miała rozpuszczone. Pyta spokojnym głosem, zwracając się do Dzika:

— Gdzie go pochowacie?

— Na Chycinie mam dwór w skale ukryty. Będzie stamtąd poglądał na morze. A kiedyś, gdy fale kredę zgryzą, Olaf do morza wróci.

— Ty jemu dwór oddajesz? Dlaczego?

— Abyś ty o mnie pamiętała, królowo.

— Alboż cię zapomniałam?

— Póki on żył, wiele myśli ciągnęło za nim do Trondheim. Teraz, gdy zamieszka u mnie, będzie pamiętać o Chycinie i twoje serce.

— Dziwaczny jesteś, Dziku! — Słowa zadrżały śmiechem. Wyciągnęła rękę, a gdy pochylił się ku niej, poczuł, jak ramię Sigrydy objęło jego głowę, na krótko, króciuteńko przycisnęło do piersi, a dźwięk śmiechu załamał się łkaniem.

Na wybrzeżu wszyscy szukali królowej. Gniewomir biegał, rozpytywał, skarbnik Swan nawoływał głośno. W mroku wyskoczyła z czółna na piach i, unikając pomocy Bronisza, pewną stopą wdrapała się na skarpę. Gdy weszła do królewskiego namiotu, Bolesław odetchnął z ulgą.

— Gdzie byłaś, Świętosławo? Baliśmy się, że porwał cię duch Tryggvasona.

Roześmiała się dźwięcznie:

— Jeżeli nie zdołał tego za życia, po śmierci tym bardziej nie oderwie mnie od trzech synów i córki.

— I od męża — zarechotał rubasznie Swend Widłobrody.

Przy odsłoniętym wejściu do namiotu stali bracia: Eryk i Swend, synowie Haakona.

— Potrzebna byłaś — odezwał się Bolesław poważnie — Swend chciałby całą Norwegię zagarnąć dla siebie, dla waszego Kanuta, zaś Olaf, syn twój trzeci, żąda połowy dla Szwedów. A tu oto synowie jarla Haakona wkroczyli. Nie moja to już sprawa. Sami rozsądźcie. Ja wam pomogłem jeno powalić Norwegię i dotrzymałem groźby na tych, co nie uczcili pokoju Bożego w tysiącznym roku. Myślę jednak poradzić, że prócz synów masz i córkę Holmfridę. Godziłoby się o niej pamiętać przy rozsądzaniu zdobyczy. Sama tego dopilnuj.

— Swend, syn Haakona, żeni się z królewną szwedzką Holmfridą, więc niechaj w wianie za nią weźmie zarząd nad częścią Norwegii, tą właśnie, której pragnął dla Szwecji jej brat Olaf — oświadczyła królowa głosem tak pewnym, jakby już dawno to postanowiła.

— Ja będę jej opiekunem! — porwał się Olaf Skottkonung.

— Ty jako brat, a ja jako ojczym! — Widłobrody uderzył się dłonią w uda, aż klasnęło.

— Przeciwko komu tak ciężka opieka? — burknął Eryk Haakonson.

— A z tobą cóż ja pocznę? — miast odpowiedzi zapytał król Danów.

— Daj mu zarząd nad drugą połową, która nam przypada — podsunęła Sigryda. — Trondheim i Bohusland dla Holmfridy, a południe dla Eryka. Będziesz go miał pod ręką.

Bolesław wstał, ziewając. Miał jeszcze jedną trudną sprawę, ale nie chciał jej przedkładać królom bez porady z Broniszem. Stanął przed wejściem do namiotu i zapatrzył się w dal na zatokę. Ostatnie blaski zorzy dogasały w chmurach. Woda, niby szara ciecz roztopionego ołowiu, płaszczyła się spodem nieruchomo. Rdzawy blask ognia, płonącego w żelaznym koszu nad łbem Storrady, oświetlał pusty tułów leżącego obok niej Long Orma. Bolesław zatrzymał zadumany wzrok na Długim Wężu.

— Tak oto dnia jednego wzrasta i ginie potęga normańskich wikingów — mruknął, cofając się pod namiot.

Eryk Haakonson podrażnionym głosem opowiadał przebieg swej ostatniej walki z Norwegiem.

— Co chcesz w zamian za ten martwy statek? — przerwał mu niespodziewanie Bolesław.

— Ciało Olafa Tryggvasona! — wybuchnął Eryk.

— Takiej ceny zapłacić nie mogę — wzruszył ramionami władca Polski.

— Możesz, królu!

— Jakże to?

— Twój namiestnik ukrył go na Storradzie.

— Przed kim ukrył?

— Przede mną!

Swend się roześmiał, lecz wnet zamilkł i spoważniał, widząc wzburzenie Sigrydy.

— Królowie nie handlują trupami władców — zawołała szyderczo.

— Więc ile chcesz za ten statek, jarlu Eryku? — upierał się Polak.

— Synowie jarla Haakona nie handlują trupami okrętów. Weź go, królu Burisleifie, gdy zależy ci tak bardzo na nim.

— Dziękuję ci, jarlu Eryku. — Bolesław uśmiechnął się.
— Niełatwo jest umieć darować, ale i sztuką jest przyjmowanie darów. Przyjmij więc w zamian ode mnie wszystkich jeńców Norwegów, pojmanych dzisiaj na wodach mej zatoki. Oni są żywi i toć to twoi rodacy, których nasz miecz oszczędził!

Eryk zmieszał się, nie wiedząc, jak dziękować i czy nie ma się za co obrazić. Swend zagryzł wargi niezadowolony. Bolesław wyszedł przed namiot i spytał głośno stojących tam w grupie rycerzy.

— Gdzie Sigvaldi?

— Poszedł z Broniszem i Thorkillem w stronę lasu — odpowiedzieli dwaj naraz.

— Zawrócić ich! — Do zbliżającego się Eryka król zagadał tak, by go inni słyszeli:

— Bronisz mówił, że ciało Tryggvasona pochowało morze. A szkoda! Norweg był chrześcijaninem i zważ, jarlu: mimo że wiódł ze sobą cały okręt mnichów, zabrakło mu na koniec chrześcijańskiego pogrzebu. Godziłoby się nam uczcić tak wielkiego wroga. Może troskałeś się o to właśnie, poszukując ciała?

— Nie drwij, królu. Wiesz, że szukałem zemsty, a nie uczczenia zbójcy, którego ty zwiesz wielkim.

— Gdyby nie był wielki, czy byłby powód do naszej dumy, żeśmy go pokonali? Sigvaldi! — zwrócił się do zbliżającego się jarla.

— Słucham, królu.

— Zajmij się pogrzebem! Tryggvason był przed tobą jarlem Jomsborga. Tyś zaczął z nim, ty skończ.

Sigvaldi wybałuszył zdumione oczy. Nalana twarz nabiegła mu krwią. Nie rozumiał, lecz czuł, że władca szydzi zeń okrutnie.

— Uczcij pamięć Olafa Tryggvasona — kazał Bolesław. — Odciągnij jego statek w głąb zatoki i nakarm ogniem. Niech spłonie to, co zostało po nim najdroższego.

Podczas wieczerzy Bolesław zwierzył się Swendowi, że nie wie, co dać Sigvaldiemu. Dana rozbawiła podobna troska. Jął targać rozwidloną brodę, uśmiechać się i przygadywać:

— Dobryś, szwagrze! Umiałeś zatkać gardło samemu cesarzowi, a biednyś dla własnego jarla? Więc uczyń po germańsku: jak nie wiesz, co dać, to odbieraj! Zabierz mu żonę i Jomsborg, a stanie się tym, czym jest naprawdę: malutki! Zgłosi się do mnie, a ja i takich będę potrzebował. Daruję mu wysepkę, ożeni się z niewolnicą i będzie się zajadał pierogami na baranim łoju.

Królowie wstali od mis na krzyk Gniewomira, że Long Orm płonie.

Olbrzymi okręt od rufy do dziobu został naładowany pakułami, pośrodku zaś, na miejscu ściętego masztu, zwalono na nim stos wioseł, strzał, łuków, tarcz i cokolwiek pozostało po nieszczęsnej załodze Norwegii. Sigvaldi własnoręcznie rzucił na to rozdmuchaną głownię. Po chwili błysnął w mroku, rozrósł się i wzbił ku gwiazdom słup żywego ognia, wyższy od sosny masztowej, szerszy od purpurowego żagla. Dołem rozpleniły się i wspięły nad burtę dziesiątki płomienistych języków niby ostrza pokrwawionych mieczy. Szamotały się, dźgały, zrywały snopami skier, ustokrotnione w odbiciach zbełtanej fali.

Podsycany strzałami ogników stołb płomienisty plwał w niebo pióropuszem dymu i gasił gwiazdy nad sobą. Aż zawrotna zdawała się myśl, że gdyby żywioł, ludzką roznieciony ręką, nie został powstrzymany, cały świat by rozgorzał i niebo przepadło. Kopuła nocy ściemniała nad płomienistym ostrowiem. Mrok ciążył, gniótł od góry, zacieśniał go z boków. Gdy piekące języki przygasły, dym jął opadać i rozwlókł się chmurami stygnącego czadu nad poziomem wód. Gwiazdy odżyły. I znów ćmiły się wieczne nad tonią zatoki, na której długo, długo żarzyła się krwawa blizna dogorywającego okrętu.

Nozdrza królów skaziła woń spalenizny, w chwili gdy zwęglone deski Long Orma rozstąpiły się i wielkie morze z sykiem pośpiechu połknęło najwspanialszego Węża wód północy...

Pisane w Grabkowie, w latach 1941—1943

PRZYPISY

W dotychczasowych wydaniach „Sagi" pod koniec „Roku tysiącznego" zamieszczone było „Zakończenie, czyli usprawiedliwienie historyczne postaci występujących i wzmiankowanych w »Sadze o jarlu Broniszua«. W niniejszym wydaniu pomijamy całość osiemdziesięciu sześciu haseł tego słownika, pozostawiając zeń tylko parę artykułów wyjaśniających tło historyczne powieści.

Niniejszy komentarz bynajmniej nie pretenduje do rangi słownika biograficznego. Powziąłem ten pomysł dla czytelników, aby im podręcznie ułatwić zaznajomienie się z historycznym tłem „Sagi", czyli powieści-legendy. Powieściopisarz, upośledzony koniecznością wyboru jedynej z wielu różnie prawdopodobnych możliwości, ma nad historykiem tę przewagę, że nie jest tak jak on odpowiedzialny za ścisłość naukową swego utworu. Byle działał w ramach zdrowego rozsądku, uwzględniając stan wiedzy obowiązującej w okresie tworzenia dzieła, a nie gardził twórczą intuicją...

BITWA SWOLDEŃSKA jest tak sławna, że ma nawet swój osobny artykuł w „Encyclopaedia Britannica", gdzie w tomie XXVI (wyd. XI, s. 269) David Hannay, autor słynnej „History of the Royal Navy", opierając się na poemacie pt.

„Heimskringla" i innych, pisze m. in., co następuje: „Swold, albo Swöld, najsłynniejsza z bitew morskich dawnych Normanów.

Odbyła się 9 września 1000 roku. Miejsce jej nie może być dziś zidentyfikowane, ponieważ brzegi Bałtyku w następnych wiekach znacznie się przekształcały. Swold było wysepką blisko Rugii".

Z polskich autorów przytaczamy dla przykładu dwóch, ale najważniejszych. Profesor Stanisław Zakrzewski w swym wspaniałym dziele „Bolesław Chrobry Wielki", wydanym w 1925 roku, najsilniej podkreślił znaczenie stosunków polsko-skandynawskich dla Polski pierwszych Piastów. Pisze tam, co następuje: „Dnia 9 września 1000 roku miała miejsce wielka bitwa morska, znana w podaniach jako »pugna Svoldrensis«. Geneza tej słynnej bitwy, stoczonej niedaleko Rugii, nie jest jasna, w szczególności nie jest wyraźny cel wyprawy Olafa Tryggvasona. (Po tej bitwie)... Bolesław Wielki długi szereg lat miał na Pomorzu ręce wolne od Duńczyków" (s. 162–3).

Docent Leon Koczy w dziele „Polska i Skandynawia za pierwszych Piastów", wydanym w 1934 roku, w rozdziale zatytułowanym „Svolder" pisze tak (s. 86):

„Mało jest wydarzeń w dziejach staronordyjskich, które by tak pociągały pisarzy, jak bitwa pod Svolder..., nie ma zdarzenia w dziejach Ultima Thule, które by tak było spowite przędziwem baśni, jak ostatni bój Olafa Tryggvasona". I dalej (s. 83): „Historycy skandynawscy łączyli (bitwę pod Svolder) z dziejami Pomorza i przypisywali udział w niej księciu Bolesławowi Chrobremu. Najpełniejszy wyraz dał tym poglądom historyk norweski Aleksander Bugge...". Tenże Koczy charakteryzuje przekaz Adama z Bremy następującymi słowami: „Ten przekaz kroniki bremeńskiej nie budzi zaufania, mimo że stoi najbliżej zdarzeń roku 1000" (s. 89). Chodzi o wyprawę Olafa.

Według kroniki mnicha Teodoryka (Norwegia) i „Olaf's Saga" Odda Snarrasona: „Do spotkania między królami nie dochodzi koło Helsingborgu, w Oresundzie, lecz »iuxta insulam, quae dicitur Svold et iacet prope Slaviam«". (Koczy, op. cit. s. 92). „Głównym atoli świadectwem jest pieśń skjalda nadwornego Olafa, znanego nam już Hallfreda Ottarsona... możemy przeto jego »Erfidrapa« uważać za źródło tej wagi, co świadectwo skjaldów, uczestników wyprawy Tryggvasona ku ujściom Odry i bitwy pod Svolder" (op. cit. s. 95). Leon Koczy nigdzie nie nazywa inaczej tej bitwy, jak bitwa pod Svolder, a na stronie 105 cytowanego dzieła pisze dosłownie i wyraźnie: „Tylko L. Weibull stoi na stanowisku, że bitwa odbyła się w Oresundzie. Wszyscy poza tym historycy idą za tradycją i uważają, że wojna królów rozegrała się pod Svolder koło brzegów pomorskich. Za F. Jonssonem, który za tym ostatnim miejscem (Svolder) przeprowadził obszerny dowód rzeczowy (Hvor faldt Olav Tryggvason. Hist. Tidskr.), idzie J. Schreiner, Magnus Olsen".

Stwierdzamy, że najpoważniejsi historycy polscy, zgodnie z najpoważniejszymi uczonymi duńskimi, norweskimi, szwedzkimi i anglosaskimi, zgodnie ze świadectwem skaldów i najstarszą tradycją lokują bitwę swoldeńską pod Svold, u słowiańskiego brzegu, a nie pod Oresund. (Już po skomponowaniu „Sagi o jarlu Broniszu", uczony Moberg opowiedział się za nieprzyjętą przez naukę wersją L. Weibulla).

Przechodzimy do drugiej sprawy dla polskiego pisarza i historyka prawdziwie ważnej, a mianowicie do roli Słowian w bitwie swoldeńskiej.

Leon Koczy w pracy „Polska i Skandynawia za pierwszych Piastów" wyklucza udział Sigvaldiego w bitwie pod Svolden. „Nie mógł on przewodzić Słowianom i jomsborczykom, gdyż ci stali wszak u boku Olafa Tryggvasona".

Sprawdźmy Koczego, są to bowiem jego osobliwe, oryginalne poglądy, którymi usiłuje, jak mówi we wstępie do swego dzieła, „zetrzeć łeb hydrze" polskiego skandynawizmu, owej „megalomanii narodowej", wedle której Polacy za pierwszych Piastów odgrywali poważną rolę w świecie normańskim. Streśćmy jego własnymi słowami podstawowe dowody przeciwko udziałowi Słowian w bitwie swoldeńskiej we wrogim Tryggvasonowi obozie. W wymienionej powyżej pracy Koczy pisze, że najgłówniejszym świadectwem współczesnym do dziejów ostatniej bitwy Olafa Tryggvasona jest „pieśń skjalda Hallfreda Ottarsona, zwana »Olaf's Drapa, Erfidrapa«" (s. 96). Dalej dosłownie: „Dowiadujemy się z niej, że w pewnej chwili zaczynało być gorąco na statkach Winidów, czyli Słowian, którym z pomocą przybył sam Olaf Tryggvason. Tej ostatniej rzeczy można się tylko domyślać", pisze Koczy. Zaznaczamy, że „Olaf's Drapa" zna Koczy i cytuje z wydania Finnur Jonssona. Z niego to cytuje na tejże stronie tekst norski, którego najważniejsze zdanie, jako kluczowe dla całej sprawy, przytaczamy, jak je podaje Koczy: „Vard of Vinda myrdi vigskys" etc., co Koczy tłumaczy słowami: „Koło statków Winidów powstał nagle wielki zgiełk". Zapamiętajmy to sobie.

Koczy podaje (s. 97), że jeszcze więcej niż Hallfredhr wie o udziale Słowian w bitwie pod Svolden jej naoczny świadek, skald Haldorr (Norweg, nadworny pieśniarz jarla Eryka Haakonsona). Ten dwukrotnie wymienia Winidów-Słowian. Koczy konkluduje: „W bitwie pod Svolder brali udział Słowianie-Winidowie i walczyli przeciwko Erykowi jarlowi, a zatem po stronie Olafa Tryggvasona". I dalej (s. 100—102) Koczy pisze: „Do zrozumienia udziału Słowian w bitwie pod Svolder konieczne jest wyznaczenie roli jarla Sigvaldiego, o którym się zwykle mówi, że w roku 1000 przewodził jomskiej siczy z ramienia Bolesława Chrobrego i że na jej czele zdradził Olafa w chwili krytycznej". „Przypuszcza się powszechnie— pisze Koczy — jakoby jarl (Sigvaldi) w przeddzień bitwy pod Svolder był naczelnikiem

Jomsborga i razem z załogą tego grodu przeszedł na stronę wrogów Olafa Tryggvasona. Jest wykluczone... Sigvaldi stał więc w spotkaniu królów na Bałtyku we wrogim Tryggvasonowi obozie i nie prowadził do boju ani jomswikingów, ani Słowian, gdyż ci ostatni walczyli przy boku Olafa".

Koczy dowodzi, że Sigvaldi nie był jarlem Jomsborga w 1000 roku z tego powodu, ponieważ skald Haldorr (jedyny) nazywa go jarlem Skanów, a nie jarlem Jomsborga. Dowód to niezmiernie naciągnięty, gdy zważymy, że tytuł „jarl Skanów" tak samo może odnosić się do przeszłości Sigvaldiego, jak i do jego późniejszej funkcji, z której znany był w Norwegii. Współcześni Haldorrowi skaldowie zgodnie nazywają Sigvaldiego właśnie jarlem Jomsborga.

Koczy pisze: „O ile wspomaganie Olafa Tryggvasona przez Słowian-Winidów w bitwie pod Svolder uważać możemy za fakt stwierdzony najlepszymi źródłami, o tyle wszystkie inne wiadomości o rzekomym sojuszu Norwegów z Polską odrzucić musimy z całą stanowczością jako nieprawdziwe. O Bolesławie Chrobrym, rzekomo posiłkującym Tryggvasona w wojnie królów na Bałtyku, nie ma w ogóle co mówić. Przecież w roku 1000 książę polski był spokrewniony z obu królami walczącymi przeciw Olafowi, Olaf Skottkonung był jego siostrzeńcem, Swend Widłobrody jego szwagrem. Czyż jest do pomyślenia, aby Bolesław łączył się z Tryggvasonem, który był mu zupełnie obcy, przeciw swym krewniakom, których potrzebować mógł w przyszłej wojnie z Niemcami i Połabianami? ...Jeżeli już Bolesław Chrobry miał się wiązać z którymkolwiek z królów nordyjskich, to w pierwszym rzędzie ze Swendem i Olafem Skottkonungiem, a nie z Tryggvasonem" (s. 105).

Taki oto materiał historyczny, takie hipotezy i możliwości znalazł w dziele Koczego polski pisarz, przystępujący do konstruowania pierwszej w literaturze słowiańskiej wersji bitwy swoldeńskiej. Uporządkujmy ten materiał w sposób przejrzysty.

318

Cały dowód Koczego, przesądzający charakter udziału Słowian w bitwie królów, to ów tekst norski, zacytowany przez nas powyżej. To punkt kluczowy. Na nim tylko opiera się pewność Koczego, iż wobec tego, że Tryggvason, „jak się tego można domyślać", przyszedł na pomoc Słowianom-Winidom, więc Słowianie walczyli po jego stronie, bo inaczej nie szedłby im na pomoc, ale wobec tego Sigvaldi nie mógł na czele tych Słowian walczyć przeciw niemu, że jednak walczył, więc nie na czele Słowian. Ale jednocześnie Polacy nie mogli wspomagać Tryggvasona, gdyż Bolesław Chrobry raczej mógł wspomagać Duńczyków i Szwedów, swych krewnych, przeciw Tryggvasonowi. Jednak Bolesław nie walczył i przeciw Tryggvasonowi, bo był księciem Słowian, a Słowianie byli przecież sojusznikami Tryggvasona. Wobec tego Polaków nie było wcale pod Svolden i mrzonką jest jakiś ich udział w tej rozprawie.

Mętny to wywód. Koczy bowiem wywiódł go z bardzo mętnego źródła, w gruncie rzeczy wyłącznie „lingwistycznego", więc z własnego tłumaczenia na polski pewnego wersetu norskiej pieśni i swoistej interpretacji tego tłumaczenia, które zacytowaliśmy dokładnie powyżej.

Słuszną przeto jest rzeczą, że dowodem Koczego zajęła się lingwistyka. Bodaj że najwybitniejszy nasz skandynawista--germanista, nieżyjący już obecnie docent dr Stanisław Sawicki poświęcił dziełu Koczego pilną uwagę i opublikował o nim przed wojną w „Kwartalniku Historycznym" referat pod tytułem „O źródłach staronordyjskich". Sawicki kontroluje sumiennie źródła staronordyjskie i literaturę naukową, na którą powołuje się Koczy i udowadnia mu fachowo mnóstwo błędów, nieścisłości, pochopności przy wyciąganiu wniosków, jednostronność w ocenie źródeł, a nawet wyraźne fałsze przy cytowaniu obcych autorów.

Pomijając prawdziwie sensacyjne, choć nie mniej ważne ciekawostki, skupmy uwagę na zagadnieniu nas dotyczącym, więc na źródłach o bitwie swoldeńskiej.

Sawicki, po omówieniu licznych błędów Koczego, popełnionych przy cytowaniu „Olaf's Drapa", pisze dosłownie: „Następny rozdział omawia bitwę królów pod Svöldh. Także i tu wiersz skaldów odgrywa ważną rolę. Szósta zwrotka Hallfreda Ottarsona, na którą autor (Koczy) kieruje naszą uwagę, jako na najważniejszą, nie mówi nic ciekawego. Autor (Koczy) ma bez wątpienia na myśli zwrotkę siódmą, którą jednak tłumaczy fałszywie, fałszywe wskutek tego czerpiąc z niej wnioski: nie ma w niej mowy: »koło statków Winidów powstał nagle wielki zgiełk«, jest natomiast: »Powstał mocny zgiełk pod tarczą Zabijacza Wendów« (Vindha myrdhir). Także u skalda Haldorra Okristni łączy autor (skald) ten sam epitet z obecnością okrętów wendyjskich". Dalej pisze Sawicki: „Tekst brzmi: »Powstała walka koło Zabijacza Wendów«, tj. Olafa Tryggvasona…" Snorre Sturlason w opisie bitwy pod Svöldh, w swojej „Olaf Tryggvasonarsaga" (cap. 112) mówi o zdrajcy Sigvaldim z Jomsborga, który przybył z dziesięcioma statkami, i o jedenastym statku Astrydy, córki Burisleifa: „I na ten statek, umykający z powrotem ku brzegom Vindlandii, wedle plotek miał schronić się Olaf, wskoczywszy do morza, widząc swoją przegraną". „Także i w oczach Snorrego — ciągnie Sawicki — widać jomskie okręty były statkami »Wendów«, podobnie jak i źródła współczesne uważają Jomsborg za miasto słowiańskie, wendyjskie. Skald Haldorr, zamykając 6 strofę epitetem Zabijacza Wendów odniesionym do Olafa, zaczyna strofę 7 od opisu zbliżających się do bitwy statków Wendów. Przy tym w całym wierszu mowa jest o wrogach Olafa w bitwie, należałoby więc przypuszczać, że gdyby Wendowie byli walczyli po stronie Olafa, jako jedyni sprzymierzeńcy, skald nie byłby tego faktu przemilczał".

Przypominamy, że ten Haldorr, o którym Koczy wspomina, iż był naocznym świadkiem bitwy swoldeńskiej, brał udział w bitwie na statku jarla Eryka, który, jako Norweg w służbie Danii, walcząc przeciwko Norwegowi Tryggvasonowi, z przegranej Tryggvasona nie osiągnął zamierzonych czy wymarzonych celów, gdyż nie został królem Norwegii, lecz jedynie zarządcą jej części z ramienia Swenda duńskiego, męża Sigrydy-Piastówny.

Zacytowane przez nas teksty Sawickiego aż nadto wystarczają, by zburzyć fundament tezy Koczego o rzekomym sojuszu Wendów-Słowian z Olafem Tryggvasonem w bitwie swoldeńskiej. Trudno o bardziej sugestywny dowód na to, że Słowianie walczyli przeciwko Tryggvasonowı, ze byłı jego głównymi wrogami, sprawcami jego klęski i poważnymi aktorami bitwy swoldeńskiej, jak właśnie epitet Zabijacza Słowian, którym nieszczęsnego Olafa, wodza Norwegii pod Svöldh, obdarzyli opłakujący go skaldowie norwescy... W związku z obaleniem tezy Koczego utrwala się moc prawdopodobieństwa powszechnej opinii współczesnych zgodnej z tradycją, tekstami legend i sag, w myśl opinii badaczy skandynawskich i polskich, że Sigvaldi-zdrajca wiódł polski Jomsborg przeciwko Tryggvasonowi, że klęska Olafa była tryumfem Sigrydy Storrady, że Bolesław-Burisleif, zgodnie z sugestią profesora Zakrzewskiego i z przeciwstawnymi supozycjami Koczego, wspomagał w tej bitwie swego szwagra Swenda duńskiego i swego siostrzeńca Olafa szwedzkiego.

BOLESŁAW WIELKI, Chrobrym w Polsce zwany, a w normandzkich sagach wymieniany jako „Burislafr lub Burisleif, potężny konung Windlandii". Urodził się w 966 roku jako pierwszy syn władcy Polski, Mieszka I i jego żony chrześcijanki Dąbrówki, córki księcia czeskiego, Bolesława Srogiego.

W roku 984 Bolesław został pod wpływem swej macochy Ody, dawnej mniszki, córki margrafa Dytryka, ożeniony z Niemką, córką Rygdaga, margrabiego Miśni, którą porzucił po roku. W roku 986 poślubił, może pod wpływem starszej przyrodniej siostry, księżnej węgierskiej Adelajdy, nieznanego imienia i niepewnego rodu księżniczkę węgierską,

321

która mu urodziła pierworodnego syna Bezpryma. Z nieznanych powodów Bolesław porzucił i tę drugą żonę, by w 987 roku poślubić trzecią, Emnildę, córkę Dobromira, księcia zachodniosłowiańskiego, może milczańskiego. Emnilda urodziła mu dwóch synów: w 990 roku, Mieszka-Lamberta, który po ojcu był królem polskim, i Ottona, urodzonego przed 1000 rokiem, a ochrzczonego tym imieniem na cześć Ottona III cesarza, oraz córki: Regelindę, żonę margrabiego Miśni Hermana, syna Ekkeharda; nieznanego imienia, żonę księcia kijowskiego Światopełka, syna Włodzimierza Wielkiego oraz nieznanego imienia ksienię.

Z której żony miał córką Astrydę, wydaną za Sigvaldiego, jarla Jomsborga — nie wiadomo.

W trzy lata po śmierci Emnildy, z którą współżył szczęśliwie dwadzieścia osiem lat, Bolesław, pięćdziesięciodwuletni, ożenił się po raz czwarty z Odą, córką margrabiego Miśni Ekkeharda, siostrą więc swego zięcia Hermana.

Po śmierci swego ojca Mieszka I w 992 roku Bolesław jako mąż dojrzały i doświadczony wojownik, władający zapewne na wydzielonym księstwie, zagarnął pod swą władzę całe dziedzictwo piastowskie, wyganiając z kraju macochę Odę, Niemkę, jej małoletnich synów, więc swych braci przyrodnich: Mieszka, Światopełka i Lamberta, a ich niektórych stronników oślepił. Wyzyskując mądrze swą przyjaźń z cesarzem rzymskim i królem Niemiec Ottonem III oraz liczne związki rodzinne z margrafami niemieckimi, umacnia granice swego państwa na północy, wschodzie i południu i udoskonala wojskową organizację swych sił, które mu w dobrym stanie pozostawił ojciec — mądry Mieszko. Przez siostrę swą Świętosławę-Sigrydę, królowę szwedzką i duńską, ugruntował silne oparcie nad Bałtykiem.

Za pomocą świętego Wojciecha i cesarza Ottona zakłada samodzielną organizację Kościoła polskiego, z arcybiskupstwem gnieźnieńskim na czele.

Zjazd gnieźnieński w 1000 roku był szczytem tryumfu pokojowej działalności Bolesława. Nienawidzący Bolesława biskup merseburski Thietmar tak opisuje ten zjazd w swej kronice: „Żaden dotąd z cesarzów na występie ani na odjeździe z Rzymu (jak Otto III, wyjeżdżając w 1000 roku na pielgrzymkę do grobu świętego Wojciecha w Gnieźnie) większego blasku wokoło siebie nie rozwinął... Z jaką też wspaniałością cesarz podejmowany był przez niego (Bolesława) i przez kraj swój aż do Gniezna prowadzony, nie jest to do wysłowienia ani do uwierzenia prawie. Gdy cesarz spostrzegł z daleka miasto, cel pielgrzymki swojej, z pokorą, pieszo i boso jął ku niemu postępować, i z całą godnością przyjęty od biskupa miejscowego Ungera i wprowadzony do kościoła, przy wylaniu łez rzęsistych błagał męczennika Chrystusowego o wyjednanie sobie łaski Zbawiciela Pana" etc.

Po śmierci cesarza Ottona III w 1002 roku Bolesław, korzystając z zamieszek w Niemczech, przekracza granice zachodnie swych ziem i stawia czaty granicznego swego państwa nad Elsterą i Saalą, zajmując kolejno zbrojnie: Słowację, Morawy, Łużyce, Milsko, Miśnię, Serbię, wreszcie Czechy, gdzie ogłasza się królem Czech.

Następca Ottona III, książę bawarski Henryk, jako król Niemiec rozpoczyna z Bolesławem wojnę, którą prowadzi dalej, gdy zostaje cesarzem rzymskim. W wyniku tej piętnaście lat trwającej wojny Bolesława z cesarstwem ostał się król Polski przy trwałej zdobyczy Łużyc i Milska, włączając te ziemie mocą układu zawartego z cesarstwem w Budziszynie w 1018 roku do swego państwa i dziedzictwa Piastów.

Ugruntowawszy swe zachodnie granice przez zepchnięcie Niemców ze słowiańskich ziem, Bolesław, nie wyczerpany bynajmniej, rzuca się na wschód, rozbija państwo spadkobierców Włodzimierza Wielkiego, osadza na tronie kijowskim swego zięcia Światopełka i odbiera z powrotem zagrabione uprzednio Polsce Grody Czerwieńskie. Wychodzi więc zwycięsko z krwawych zapasów, na dwie strony prowadzonych, z Niemcami i Rusią, między cesarstwem rzymskim a cesarstwem bizantyjskim, stwarzając nowe, potężne państwo polskie, niby pierwsze cesarstwo słowiańskie. Po drugiej wyprawie na Ruś z Kijowa Bolesław wysłał do sąsiadujących ze sobą władców: cesarza bizantyjskiego, Bazylego Wielkiego Bułgarobójcy, i Konrada niemieckiego — poselstwa, które współczesny tym wypadkom kronikarz niemiecki Thietmar tak opisuje na końcu swej kroniki: „Pomyślnością swoją wbity w dumę Bolesław... ulubieńca swego opata Tuni ze wspaniałymi do cesarza naszego wyprawił darami dla zaskarbienia sobie i nadal jeszcze względów jego i pomocy (posiłkowało Bolesława w jego wyprawie na Kijów trzystu rycerzy niemieckich, pięciuset Węgrów i tysiąc Pieczyngów), a zaświadczenia gotowości ze swej strony do czynienia wszystkiego, czego by żądał od niego. Nie zaniechał też do sąsiadującej już natenczas ze sobą Grecji wyprawić posłów, którzy cesarzowi jej oznajmić byli powinni wielką życzliwość z jego strony, gdyby przyjacielem jego wiernym chciał pozostać, lub w przeciwnym razie dać poznać wroga niezachwianego, który dotąd nie był zwyciężony". „Niechaj w tym wszystkim pośredniczyć zechce Bóg wszechmogący, a zarazem objawiać, co dziać się może z wolą jego i upodobaniem" — wzdycha przygnębiony tryumfem Bolesława Thietmar.

Bolesław, próżno ćwierć wieku zabiegając o koronę papieską, wreszcie u schyłku życia, w 1025 roku kazał się koronować polską koroną przez polskich biskupów.

Geniusz wojskowy i organizacyjny nie wyczerpują bynajmniej charakterystyki Bolesława Wielkiego. Był on także przyjacielem świętych, co jest bardzo znamienne. Najwięksi z nich, jak Wojciech-Adalbert i Bruno z Kwerfurtu służyli mu sercem całym, widząc w nim chyba męża opatrznościowego, któremu godziło się wybaczać ludzkie ułomności, byle wypełniał swą misję dziejową dla chrześcijaństwa i rozrostu

Kościoła katolickiego w Słowiańszczyźnie. Święty Bruno, krewny dynastii Ludolfingów, w czasie drugiej wojny cesarza Henryka II (po śmierci ogłoszonego świętym) przeciw Bolesławowi, nazywanemu przez biskupa Thietmara „starym wszetecznikiem" lub „lwem ryczącym", w słynnym liście wystąpił przeciwko cesarzowi Henrykowi, zarzucając mu niegodny chrześcijanina sojusz z poganami Lutykami i przeciwko prawym chrześcijanom Polakom, a o Bolesławie tak się wyraża dosłownie: „kocham go jak duszę własną i więcej niż moje życie". W ustach świętego i cudzoziemca, a nadto Niemca, słowa te nabierają szczególnej wagi

Na polskiej ziemi w czasie panowania Bolesława Wielkiego żyło i znalazło śmierć męczeńską aż siedmiu świętych. Oto ich lista: św. Wojciech-Adalbert, Czecho-Polak, † 997 r., św. Benedykt z Benewentu, Italczyk, † 1003 r., św. Jan Wenecjanin, Italczyk, † 1003 r., św. Izaak, Polak, † 1003, św. Mateusz, Polak, † 1003 r., św. Krystyn, Polak, † 1003 r., św. Bruno z Kwerfurtu, Niemiec, † 1009 r. Polakiem był też współcześnie żyjący na Węgrzech św. Jędrzej Żórawek.

Na chwalebnych, bo krwią aż siedmiu świętych męczenników spojonych fundamentach stanęła Polska, najdalej na wschód położone państwo katolickie, korona Bolesława jednak nie umocniła się błogosławieństwem tej krwi świętej. Jeżeli Bolesław zasłużył sobie rzetelnie na tytuł Wielkiego i Chrobrego, także i na tytuł przyjaciela świętych, to badającemu dzieje jego potomstwa mimo woli nasuwa się zgrozę budzący przydomek: ojca Kainów. Jak gdyby zaciążyła na jego rodzie jakaś okropna klątwa, aż do piątego pokolenia, mordów bratobójczych. Z synów jego: Mieszko II, Bezprym i Otto, walcząc o polski tron, wymordowali się wzajem i zaprzepaścili królewskie dziedzictwo. Z synów Mieszka II — Bolesław Zapomniany został zamordowany w 1037 roku. W trzecim pokoleniu, Bolesław Śmiały-Szczodry, morderca świętego biskupa Stanisława, zginął na wygnaniu nie bez współudziału w tym zapewne brata swego Władysława Hermana, który obciążony jest nadto winą otrucia swego bratanka Mieszka, syna Bolesława Śmiałego.

Z synów Władysława Hermana, Zbigniew oślepiony i przyprawiony o śmierć przez brata swego, Bolesława Krzywoustego. I to jeszcze nie koniec...

W tym samym okresie ród królewski Węgier wydał trzech Świętych: świętego Stefana, świętego Emeryka i świętego Władysława.

Zachowała się tradycja polska jakiejś klątwy, którą na Bolesława Wielkiego miał rzucić arcybiskup gnieźnieński, brat świętego Wojciecha, Radzim-Gaudenty. Niemniej znamienna jest odpowiedź papieża Sylwestra II posłom polskim, dopraszającym się o koronę, którą zabrał Bolesławowi jego siostrzeniec, Stefan węgierski: „Czyńcie pokutę za wasze grzechy. Jakkolwiek Chrystus obecnie jest na was zagniewany, w przyszłości zwróci was łasce wraz z koroną doczesną i wieczną". Także zachowanie się biskupa poznańskiego Ungera, przez wiele lat najwierniejszego współpracownika Mieszka I i Bolesława Wielkiego, w czasie jego uwięzienia w Magdeburgu przez Niemców przed 1005 rokiem, może być wytłumaczone jako podstęp do odzyskania wolności, ale może też być wyrazem nieufności do Bolesława.

Niewyjaśniona też jest sprawa Męczenników Międzyrzeckich. Czy tragedia ich nie nastąpiła pośrednio jako wynik niechęci do nich Bolesława, który wymagał od świątobliwych misjonarzy i pustelników przysług politycznych i Benedykta nie chciał bez zobowiązania wypuścić do Rzymu. Wygnanie macochy Ody, wydziedziczenie przyrodnich braci, rozwody, oślepienie Bolesława Ryżego czeskiego, te i inne okruchy historyczne pozwalają się domyślać, że mimo przyjaźni ze świętymi mógł Bolesław zasłużyć sobie na klątwę z powodu jakiegoś ważnego, może osobistego przestępstwa przeciwko prawu Bożemu czy kościelnemu.

Opatrzność wspomagała go w dziełach, których miał dokonać dla spraw narodów o wartości wiekowej, wszakże w sprawach osobistych i rodzinnych grzechy obciążały go tak jak każdego chrześcijanina. A Bolesław Wielki był pierwszym władcą polskim, który urodził się z rodziców chrześcijan...

BRONISZ, bohater „Sagi", jarl, czyli namiestnik królewski, postać niehistoryczna, ale prawdopodobna i zbudowana na oryginalnych przesłankach rodowych, terytorialnych i historycznych. Jeden z domniemanych dwunastu wojewodów- -radców Bolesława Wielkiego, za których pomocą król Polski rządził tak sprawnie swym olbrzymim i wciąż rozrastającym się państwem. Radcy ci musieli być ludźmi wybitnymi, pewnymi i wiernymi dynastii piastowskiej, a wielu z nich zapewne spokrewnionych było z rodem królewskim. W Broniszu upatrujemy tego, który przez wiele lat prowadził dla Bolesława całokształt spraw pomorskich i był pośrednikiem między królem Bolesławem a jego siostrą Sigrydą, królową Szwecji, później Danii, jego namiestnikiem w Jomsborgu i autorytetem w sprawach świata normandzkiego, z którymi pierwsi Piastowie wiele mieli do czynienia. Jak nieprzeciętnej miary byli królowie sąsiedzi, współcześni Bolesława Wielkiego, nieprzeciętnymi musieli być jego współpracownicy, z których pomocą dokonywał wielkich rzeczy, wygrywając dla swej potęgi rozgrywki międzynarodowe.

Świat normański w epoce Eryka Zwycięskiego, Sigrydy Storrady, Olafa Tryggvasona, Swenda duńskiego, jomsborczyków z Palnatokem, Styrbiornem, Sigvaldim na czele, wymagał bohaterskich partnerów, by mogli ze współzawodnictwa z nimi wyjść zwycięsko.

Polska bezsprzecznie w latach 985—1000, w okresie gdy Normanowie podbijali dla siebie inne lądy, wyszła ze współzawodnictwa z nimi zwycięsko, nie tylko bowiem nie do-

327

puściła ich na swoje ziemie, lecz przeciwnie, rozszerzyła ich kosztem swoje władztwo nad morzem, podporządkowała swoim celom Jomsborg, a przez sojusz ze Szwecją zyskała pozycję, pozwalającą wpływać na bieg spraw normańskich w myśl swych interesów dynastycznych.

Bitwa królów pod Svolden-Zwłodziem, na granicy wód terytorialnych państwa polskiego, która, jak to podają sagi skandynawskie, miała na celu rewindykacje pretensji norweskich do ziem Burisleifa, władcy Windlandii, tj. Polski, jest ciekawym dowodem sprawności polityki morskiej Bolesława, któremu wiernie pomagała siostra Sigryda, naonczas królowa Danii. Gdybyśmy nawet nie mieli historycznych dowodów o rozstrzygającej w tej bitwie roli Polaków, to wynik bitwy, zakończonej całkowitym pogromem Olafa Tryggvasona i zagwarantowanie Bolesławowi Wielkiemu pokoju na Pomorzu w następnym okresie jego walki piętnastoletniej z Niemcami świadczy, że ta bitwa, określana w sagach jako tryumf zemsty Polki Sigrydy na Olafie Tryggvasonie, jeśli nie była zaaranżowana przez Polaków, była na pewno przez Bolesława w pełni dla Polski wyzyskana i może przewidziana. Wszakże przy rzetelnej interpretacji tekstów sag znajdujemy w nich dowody, że okręty i wojska Winidów, tj. Polaków, odegrały w bitwie decydującą rolę, a okręt królowej Sigrydy (pomylonej w sagach z Astrydą), rozstrzygnął o losie nieszczęsnego Olafa Tryggvasona.

Że skaldowie najwięcej rozpisywali się o bohaterstwach Normanów w tej bitwie, nic w tym dziwnego, gdyż byli to osobiści znajomi pieśniarzy, ich protektorzy, chlebodawcy, sąsiedzi, współplemieńcy i — zależało im na tym szczególnie, by w pieśniach zająć najszczytniejsze miejsce.

Historia założenia przez Danów twierdzy jomsborskiej i wysiłków późniejszych Danów i Norwegów, by opanować Zatokę Szczecińską, w krąg której kwitły legendarnie bogate miasta słowiańskie, świadczy, ile wysiłku włożyli Normanowie w walkę ze Słowianami. Mimo to nie udało im się — tym samym zdobywcom, którzy tryumfowali w Normandii, Rosji, Anglii, Irlandii, Sycylii — posiąść słowiańskich ziem w okresie formowania się państwa polskiego. Piastowie nie tylko Normanów odrzucili, ale nadto wtrącali się w ich sprawy wewnętrzne i spowodowali być może skierowanie się zaborczej ekspansji Normanów na zachód.

Bronisz — to imię jest skrótem słowiańskiego imienia Bronisław, które fonetycznie przypomina imię Burisleif, jakim przezwali Normanowie Bolesława Wielkiego.

To, że Burisleif, potężny konung Windlandii jest Bolesławem polskim, nie ulega przecież wątpliwości, mimo wysiłków pewnego odłamu nauki niemieckiej, która w dążeniu swym, by wymazać z przeszłości i teraźniejszości imię Polski, usiłuje przemycić przypuszczenie, że istniało na przełomie X i XI wieku jakieś potężne państwo pomorskie Windlandia, którym rządził jakiś Burysław. Historycznych śladów takiego państwa nie mamy, natomiast Thietmar, Saxo Grammaticus i Adam z Bremy, najstarsi kronikarze, tudzież sagi wyraźnie dowodzą, że Burisleif, władca Windlandii, był szwagrem Eryka Zwycięskiego, a następnie Swenda Widłobrodego, duńskiego, że był wujem Kanuta Wielkiego i Olafa Skottkonunga, że wspomagał cesarza Ottona w jego walce z Obodrytami (Obodrzycami) i Weletami, że w latach 988—991 wysługiwał mu się Olaf Tryggvason. Te i inne dane stwierdzają, iż Burisleif winlandzki to Bolesław polski. Co innego, że sagi przypisują Bolesławowi czyny jego ojca, Mieszka, mieszając w nieścisłości chronologicznej obie te postacie.

Polska nazywa się u Normanów Windlandią, podobnie jak Ruś — Ghardarik, inne kraje jeszcze inaczej, nie mniej dziwacznie, a władcy, jak np. Włodzimierz ruski — Waldemarem etc. Przecież Rzym i Niemcy nazywali wówczas państwo polskie Sclavonią, Rusini zwali Polaków — Lachami, Węgrzy — Leszkami etc. Imię Polski u obcych nie było wówczas jeszcze ustalone. Normanowie musieli jakoś Polskę nazywać, boć znali ją aż nadto dobrze, jeżeli więc nie nazywali jej Windlandią, jakżeż inaczej ją zwali? Jak zwali państwo, z którym Eryk Zwycięski wszedł w sojusz, żeniąc się z królewną polską? Jak zwali państwo, które w 1000 roku zakładało swoje biskupstwo w Kołobrzegu, obok legendarnie wspaniałego Wołynia i Jomsborga? Jak zwali państwo, u którego brzegów odbyła się olbrzymia bitwa pod Svolden--Zwłodziem?

Jasną jest rzeczą, że normańska Windlandia jest synonimem łacińskiej Slavonii, a słowiańskiej Polski.

DZIK, po normańsku Diksin, syn Bysza z Chyciny, z królewskiego rodu władców wyspy Rany, wychowany jako zakładnik, następnie jako dworak w drużynie Bolesława Wielkiego, przyjaciel Bronisza. Od 987 roku, przyjąwszy chrzest, przeszedł na dwór szwedzki, gdzie pełniąc funkcję łowczego był radcą i wiernym dworakiem Sigrydy Piastówny. Po ojcu swym Byszu odziedziczył szczególne zamiłowanie do łowów i zwierząt.

Postać na poły historyczna, bowiem w sagach skandynawskich spotykamy się z niejakim Diksinem, wiernym doradcą królowej Geiry, córki Burisleifa Windlandzkiego.

Przekazy sag o Diksinie brzmią następująco: „Geira (Sigryda) córka króla (Mieszka) wyszła była za mąż (za Eryka szwedzkiego), męża swego utraciła (w 995)... Po śmierci męża rządziła tam (w Szwecji) królestwem pod imieniem królowej (Sigrydy-Storrady, królowej-wdowy). Jej doradca nazywał się Diksin, był dostojnikiem wielkiej powagi, rozumu i wpływów (opierał się o Rugię i Polskę).

Główny gród, gdzie Geira (Sigryda) stale przebywała, był wysoko położony niedaleko brzegu, gdzie zatrzymywały się korsarskie okręty Olafa Tryggvasona (Stara Uppsala)... Olaf Tryggvason zakochał się w królowej i wojował dla niej, zdobywając zamki i poskramiając jej wrogów (jako z ramienia Polski jarl Jomsborga w latach 988—991). Diksin sprzyjał Olafowi i radził królowej wyjść za niego za mąż... Kiedy Olaf przebył w Windlandii trzy zimy (w Polsce, w Jomsborgu) królowa zmarła śmiercią nagłą (wyszła za Swenda duńskiego). Złamanemu tym nieszczęściem Olafowi sprzykrzyło się zarządzanie jej królestwem... etc.".

W baśni tej, porównując ją z innymi, możemy się doszukać większości wątków chronologicznie jednak pomieszanych, które posłużyły nam za kanwę do powieści o jarlu Broniszu.

ERYK Zwycięski (Segersäll), po 970 roku król Szwecji, syn Björna, króla, który rządził Szwecją około pięćdziesięciu lat, potomek legendarnej dynastii szwedzkiej, wywodzącej się z bożka Freya. Po śmierci ojca Eryk zagarnął władzę w całej Szwecji, wydziedziczając rodzonego brata Olafa. Przydomek Segersäll-Zwycięski zdobył sobie dzięki zwycięstwu w słynnej bitwie pod Uppsala, w Fyrisvellir, w której zginął jego rywal do tronu, syn wydziedziczonego brata Olafa, jarl Jomsborga Styrbiorn Starki, mąż Thyry, więc zięć króla duńskiego Haralda Sinozębego.

Bitwę pod Fyrisvellir poprzedziło małżeństwo Eryka z córką władcy polskiego Mieszka, Światosławą, Sigrydą po szwedzku zwaną, czemu towarzyszyło zawarcie sojuszu szwedzko-polskiego, skierowanego przede wszystkim przeciwko Danom. Prawdopodobnie w bitwie pod Fyrisvellir wspomagały Eryka posiłki polskie, które przybyły do Szwecji jako eskorta Piastówny. Polacy wspomagali Eryka, prawdopodobnie więc odcięli Styrbiornowi pomoc z Danii i korzystając z wyludnienia Jomsborga, zajęli twierdzę dla siebie, osadzając tam uległego sobie jarla. Styrbiorn, nie widząc dla siebie możności odwrotu, spalił, ładując na szwedzkiej ziemi, swe statki i powierzając się opiece bożka Thora, rozpoczął krwawą walkę, w której poległ. Eryk, według legendy, przed tą bitwą polecił swój los bożkowi Odynowi i dzięki niemu odniósł świetne zwycięstwo nad bratankiem, ale w zamian za przyrzeczenie, że po dziesięciu latach odda się sam Odynowi. Obok pewnej daty śmierci Eryka Zwycięskiego w 985 roku, te dziesięć lat warunkowych zwycięstw są dla nas kluczem chronologicznym, pozwalającym nam ustalić z dużą pewnością datę bitwy pod Fyrisvellir na rok 985, a że ta bitwa i po niej następujące zwycięskie walki Eryka z Danami były owocem sojuszu polsko-szwedzkiego, przeto datę zaślubin Eryka i Sigrydy Piastówny ustalamy na rok 985, przed bitwą pod Fyrisvellir.

W jednej z sag islandzkich o Gunlaugu, Żądle Węża, jest wzmianka, że w Szwecji panował król Olaf, syn Eryka Zwycięskiego i Sigrydy Dumnej, córki Skögul-Tostisa. Na tej podstawie niektórzy uczeni budują teorię, że Sigryda nie była Polką i Olaf Skottkonung nie był synem Piastówny. Pogląd ten niewiele ma wartości historycznej, a wzmianka w cytowanej sadze ma tyle samo mocy, co np. kilkakrotne wzmianki w sadze islandzkiej o Gudrun i jej narzeczonym Bolli, że król Olaf Tryggvason miał cudną siostrę Ingebjörgę, którą rad był wydać za Islandczyka Bolli — co jest też próżną fantazją.

O tym, że matką Olafa Skottkonunga była Sigryda, że jako wdowa po Eryku Zwycięskim była narzeczoną Olafa Tryggvasona, że wyszła potem za Swenda duńskiego i urodziła mu synów: Kanuta Wielkiego i Haralda, że była ona wreszcie córką Mieszka polskiego, o tym historia nie wątpi, i fakty te wiążą się dziś z chronologiczną ścisłością, a opierają się one nie tylko na uczciwej analizie przekazów sag skandynawskich, ale przede wszystkim na dawniej niż sagi spisanych dokumentach historycznych, a mianowicie na kronice współczesnego tym wypadkom Thietmara, a po nim na Adamie z Bremy i Saxo Grammaticusie.

Adam z Bremy notuje, że Eryk został nawrócony na chrześcijaństwo przez mnicha Poppona, który pokazał mu cud próby ognia. Tym mnichem był prawdopodobnie kapelan Świętosławy-Sigrydy.

Wszakże nawrócenie Eryka musiało być powierzchowne, może tylko pozorne (byle wypełnić warunek małżeństwa z chrześcijańską księżniczką polską), skoro nie nastąpiło potem ugruntowanie się chrześcijaństwa w Szwecji. Tradycja przekazuje, że Olaf Skottkonung ochrzcił się dopiero po śmierci ojca, co się nam nie wydaje prawdopodobne, raczej świadczy o tym, że dopiero po śmierci Eryka dwór królewski mógł swobodniej i gorliwiej propagować nową świętą wiarę.

Na monetach Eryka (Erikir) z roku około 990 oglądamy obok znaku runicznego także znak wyraźnego krzyża, podobny do tego, którym zdobił swe monety bite w Sigtunie Olaf Skottkonung, jego syn, zdecydowany już chrześcijanin. Chyba że przypuścimy, iż te monety Eryka były bite w latach 995 — 998 przez wdowę po nim Sigrydę Storradę, chrześcijankę.

Sojusz Eryka szwedzkiego z Polską, o którym mamy piękny wspominek kronikarski u Adama z Bremy, przyniósł obu krajom korzyści. Adam z Bremy pisze o tym dowodnie tymi słowy: „Hericus, rex Sueonum cum potentissimo rege Polanorum Bolizlao foedus iniit. Bolizlaus filiam vel sororem Herico dedit. Cuius gratia societatis Dani a Sclavis et Sueonibus iuxta impugnati sunt. Bolizlaus, rex christianissimus"... etc., dalej o świętym Wojciechu męczenniku. Owocem bezpośrednim tego sojuszu było zepchnięcie Swenda duńskiego z Bałtyku, a skutkiem pośrednim, że ten żywiołowy wiking, szukając wyżycia się zaborczości swojej, najeżdżał Anglię, co tak bezwzględnie odbiło się na jej losach. W latach 985 — 994 Eryk panował na wyspach duńskich Zeelandii, Fionii. W roku 994 — 995, korzystając z pobytu Swenda w Anglii, ruszył Eryk na Jutlandię, prawdopodobnie wezwany przez Bolesława polskiego jako sojusznik w zwalczaniu Danów, Obodrytów i Weletów, przeciwko którym wiódł w tym czasie wojny cesarz Otto III, wspomagany przez Bolesława polskiego i czeskiego; Swend Widłobrody śpiesznie powrócił z Anglii, gromadził siły i pod Heideby w południowej Jutlandii spotkał się z Erykiem.

Eryk ponoć wygrał bitwę pod Heideby, ale zaprzepaścił owoce zwycięstwa, wycofując się nagle z pola walki i śpiesznie powracając do Szwecji, gdzie wkrótce w tajemniczych okolicznościach zginął. Sagi przekazują nam tradycję, że równo w dziesięć lat po zwycięstwie Eryka nad Styrbiornem, bratankiem, pod Fyrisvellir, bożek Odyn zgłosił się po niego i porwał go do Walhalli.

Historia nie zna przyczyn dziwnego zachowania się Eryka po bitwie pod Heideby, które po jego nieoczekiwanej śmierci wkrótce uniemożliwiło Swendowi Widłobrodemu odzyskanie władztwa nad królestwem duńskim.

Jest rzeczą prawdopodobną, że w bitwie pod Heideby wspomagali Eryka z ramienia Polski — jomsborczycy.

ETHELRED II (Aethelred II, The Unready), z przydomkiem Bezradny, (nie gotów w porę) król Anglii. Urodził się w 968 roku jako syn króla Edgarda Pacyfikatora z jego drugiej żony Elfrydy. Jako dziesięcioletni chłopiec wstąpił na tron po tragicznej śmierci swego starszego, przyrodniego brata Edwarda męczennika, zamordowanego na rozkaz macochy Elfrydy, matki Ethelreda.

Ethelred odziedziczył po ojcu i bracie Anglię zjednoczoną i obronnie pokojową, ale zabrakło mu wielkiego doradcy, jakim był przez wiele lat dla jego poprzedników arcybiskup Dunstan. Nowe otoczenie królowej matki Elfrydy przez swe defetystyczne nastroje nie odpowiadało potrzebom groźnych czasów, jakie dla Anglii nastały wraz ze wzmożeniem się najazdów normańskich. Od 980 roku wikingowie, przeważnie Danowie, wznowili łupieżcze wyprawy na Wyspę Brytyjską. Gdy po piątym (980, 981, 982, 988) bezkarnym napadzie w 991 roku Ethelred złożył najeźdźcom okup w wysokości dziesięciu tysięcy funtów, wikingowie uznali najazdy na Anglię za najbezpieczniejszy i najkorzystniejszy proceder wojenny. Najważniejszy napad zorganizowali wspólnie w 994 roku Swend Widłobrody duński i Olaf Tryggvason, dawny jarl Jomsborga. Po spustoszeniu okolic rzeki Humber, złupieniu Lindsey, Banbury i całej Northumbrii zbójcy wpłynęli na Tamizę i obiegli Londyn. Londyńczycy odparli oblężenie, a Normanowie zemścili się za to, łupiąc wybrzeże od Essex do Hampshire. Od dalszej klęski Ethelred wykupił się haraczem szesnastu tysięcy funtów mocą układu w Southampton. Nie na długo to wszakże starczyło. W roku 998 nastąpił nowy najazd, który kosztował Ethelreda znów dwadzieścia cztery tysiące funtów okupu. W roku 1002 Ethelred poślubił młodziutką Emmę, inaczej Aelfgitu, córkę Ryszarda Nieustraszonego, księcia Normandii, upatrując w tym małżeństwie korzystny sojusz przeciwko Danom. Drugim jego sojusznikiem od 995 roku był nawrócony już na chrześcijańską wiarę i obsiadły na tronie Norwegii Olaf Tryggvason, lecz po 1000 roku, po jego pogromie w bitwie królów pod Svolden-Zwłodziem, Norwegia nie tylko odpadła jako sojusznik, lecz nadto, będąc łupem Swenda duńskiego, stała się dostarczycielką ludzi do nowych najazdów normańskich na Anglię. Stosunki naprężyły się szczególnie przez to, że w czasie gdy Danowie zajęci byli sprawami bałtyckimi, Ethelred w porozumieniu z Olafem Tryggvasonem, jako jego sojusznik, dokonał napadu na twierdzę duńską w Cumberland. Już w 1001 roku Danowie pomścili się za to, rezygnując z pokojowych nastrojów, które od 998 roku zapanowały w stosunku do Anglii na dworze duńskim pod wpływem małżeństwa Swenda Widłobrodego z Sigrydą-Świętosławą, córką polskiego władcy Mieszka, królową-wdową Szwecji, która na Swenda poczęła wywierać budujący chrześcijański wpływ. Te pokojowe nastroje wyraziły się w tak dobitnym fakcie jak wydanie siostry Swenda Widłobrodego za angielskiego earla Palinga. Napaść Ethelreda na twierdzę Cumberland oziębiła te nastroje, całą nienawiść zaś Swenda do Anglików rozbestwiła okrutna rzeź Normanów, którą w 1002 roku w grudniu (Noc St. Brice) zarządził Ethelred w całej Anglii, polecając wyrżnąć wszystkich Danów i ich potomstwo, kiedy to zginęła zamordowana wraz z mężem i dziećmi Gunhilda, siostra króla duńskiego. W 1003 roku rozpoczął Swend wszystkimi siłami wojnę z Anglią i prowadził ją z uporem i okrucieństwem aż do zwycięskiego końca, czyli podboju Anglii. Mógł to uczynić Swend dzięki temu, że w tym czasie Europa zajęta była własnymi wojnami, wyczerpującymi wszystkie siły przypuszczalnych wrogów Swenda zapasami niemiecko-polskimi. Ethelred bronił się nieudolnie, więcej licząc na pieniądz niż oręż, wszakże płacąc olbrzymie sumy coraz nowych haraczów, zbieranych w kraju ze specjalnego na ten cel podatku (Danageld), wzbogacał tym tylko wojenną kasę Swenda. W roku 1007 zapłacił Danom trzydzieści sześć tysięcy funtów. W roku 1008 Witan uchwalił uzbrojenie Anglii, dzięki czemu już w następnym roku Ethelred zgromadził tak potężną flotę, jakiej Anglia nigdy jeszcze nie widziała. Niestety, nie na wiele się to zdało z powodu niecnych intryg i kłótni dworskich, a przede wszystkim nędznej zdrady Eldrica. W 1010 roku Swend, najeżdżając znów Anglię, znalazł ją słabszą i mniej odporną niż dawniej. I znów haracz, tym razem w wysokości czterdziestu ośmiu tysięcy funtów, zasilił kasę najeźdźcy.

Swend umiał walczyć i przekupywać wrogów. Ethelred, by uniknąć walki, usiłował kupić sobie najemników, ale nie zdołał uratować tym swego państwa, mimo że udało mu się przekupić i przeciągnąć na swoją stronę Thorkilla, brata Sigvaldiego, jarla Jomsborga. Wielu Anglików, tracąc wiarę w swego króla, odstępowało go, wielu zdradzało Anglię, ulegając pokusie złota duńskiego. W 1013 roku Ethelred uszedł z Anglii do swego szwagra do Normandii, gdzie przebywała już bezpiecznie jego żona Emma i jego dwaj mali synowie Alfred i Edward. Anglia broniła się bez króla, pod wodzą jego najstarszego syna z pierwszej żony Edmunda Ironside — Żelazne Ramię. Nagła śmierć Swenda-najeźdźcy w lutym 1014 roku zdawała się zwiastować ratunek dla Anglii. Wezwany przez biskupów i szlachtę Ethelred wraca do swego królestwa, lecz niestety nie wyzyskuje doświadczeń z poprzednich klęsk i prób i nadal rządzi nieudolnie.

Syn Swenda i Sigrydy Piastówny, Kanut, młody chłopak, okazuje się nie mniej groźny niż ojciec, choć znajduje w synu Ethelreda, Edmundzie Żelazne Ramię, godnego przeciwnika. Ethelred nie doczekał się rozstrzygnięcia walki między młodymi, gdyż zmarł w Londynie w 1016 roku, niewiele wyprzedzając śmiercią swego dzielnego syna, który zginął wkrótce pokonany orężem i zdradą przez Kanuta Wielkiego.

OLAF TRYGGVASON, czyli syn Tryggvy, konung południowej Norwegii, księstwa Vik, i matki Astrydy. Był Olaf prawnukiem zjednoczyciela władzy królewskiej w Norwegii, Haralda Pięknowłosego.

Po śmierci ojca Tryggvy, zamordowanego przez krewniaków, synów Gudrôd i Gunhildy, konungów zachodniej Norwegii, Olaf wraz z matką Astrydą tułał się na wygnaniu, był czas jakiś w niewoli u Estów, gdzie go odnalazł i rozpoznał jakiś jego wuj. Wedle najpoważniejszych historyków norweskich (A. Bugge) i polskich, okres dziecięctwa i lat młodzieńczych Olafa jest baśnią doprawioną do potrzeb później powstałych sag. Wyłowić z nich można jeno ziarnka prawdy historycznej, z których rzeczą pewną jest to, że w latach 985—990 przez trzy lata był jarlem Jomsborga w służbie polskiego księcia Mieszka, a raczej wyręczającego wówczas w sprawach pomorskich sędziwego ojca jego syna Bolesława, znanego w sagach skandynawskich jako potężnego władcę Windlandii Burisleifa (Polska nazywa się poprawnie w źródłach północnych Windland, a jest to nazwa sformowana od szczegółowej nazwy i przeniesiona na ogół Słowian).

Wedle polskich historyków, twierdzę, założoną przez Haralda Sinozębego u ujścia Odry w Jomsborgu, by panować nad słowiańskim Pomorzem, opanowali Polacy po klęsce Stryrbiorna Starki, który z częścią jomsborskich wikingów i pomocą duńską ruszył na podbój Szwecji przeciwko swemu stryjowi Brykowi, zięciowi Mieszka polskiego i sojusznikowi Polski. Styrbiorn wraz ze swą drużyną zginął podczas klęski u brzegów rzeki Fyris (Fyrisvellir), a osłabiony Jomsborg, osaczony zapewne przez Bolesława, poddał się Polakom, którzy od tej pory ustanawiali tam sobie podległych i zaufanych jarlów. Jednym z takich jarlów z ramienia Polski był Olaf Tryggvason, a musiały być jakieś przyczyny, dla których cieszył się zaufaniem Piastów. Jest rzeczą bardzo prawdopodobną, że nim został jarlem Jomsborga, przebywał dłuższy czas w Polsce, najpewniej w drużynie Mieszka. Z Polską pozostawał Olaf w dobrych stosunkach i po opuszczeniu Jomsborga, gdy rozpoczął na własną rękę wędrówki po morzach. Dowodem tych dobrych stosunków jest to, że zazwyczaj zimę spędzał w Jomsborgu. Do 995 roku, to jest do chwili zdobycia Norwegii, nie ma śladów jakiegokolwiek zatargu Olafa z Polakami. Sagi, nie chcąc zwać go dworakiem Bolesława, zwą go zięciem Burisleifa, jak się dowiadujemy z przekazu „Vita maxima", gdzie mimo pomieszania ze sobą różnych wypadków i dat, znajdujemy echo istotnych stosunków: „Cesarz Otto miał wojsko z Saksonii i Fryzji, szedł za nim król Wendów Burisleif z wielkim wojskiem. (Burisleif vindha konungr medh mikit lidh)." Po zwycięstwie nad Haraldem duńskim (Sinozębym; Olaf mógł mieć wtedy kilkanaście lat, gdy Mieszko I wspomagał Ottona II) i Haakonem, jarlem Norwegii, cesarz chciał zabrać Olafa do Saksonii i uczynić go księciem w swoim państwie, lecz Olaf podziękował za ten zaszczyt, oświadczając, że „ma pewne królestwo (Jomsborg) w Windlandzie (Polsce), którego obrona jest dlań rzeczą konieczną. Po czym Burisleif wyruszył do Windlandu, a z nim zięć jego Olaf, syn Tryggvy, i spędził czas w królestwie swym w obrębie Windlandu". Od 990 roku Olaf na czele własnej drużyny, przeważnie złożonej z ochotników z Jomsborga i statków najemnych wareskich, laplandzkich i norweskich, żeglował na wyprawy łupieżcze, jedynie zimując w życzliwym mu Jomsborgu, gdzie już inny jarl, zapewne Sigvaldi, rządził na rzecz polsko-szwedzkich interesów. W 991 roku wraz ze Swendem Widłobrodym Olaf po raz pierwszy najechał na Anglią. Chrzest przyjął (według Sturlasona) w 993 roku na wyspach Syllingar (Scilly, na południowy zachód od Kornwalii). Wedle źródeł angielskich Olaf, po wyprawie na Anglię w 994 roku pod wpływem Ethelreda, przyjął sakrament bierzmowania i obiecał zaniechać pustoszenia chrześcijańskiej Anglii, czego dotrzymał. Jest bałamutny przekaz w jednej z sag, że podczas pewnej wyprawy ożenił się w Irlandii z córką konunga Dublina. W 995 roku Olaf, wspomagany najpewniej przez znaczne siły jomsborczyków, najeżdża Norwegię, pokonuje jarla Haakona, wypędza jego synów Eryka i Swenda i ogłasza się królem. Tam osiadłszy czyni starania o rękę owdowiałej w tym czasie królowej szwedzkiej Sigrydy-Storrady, córki Mieszka polskiego. Saxo Grammaticus i inni stwierdzają, że do czasu układów o małżeństwo z Sigrydą szwedzką Olaf Tryggvason był bezżenny. Znając wstrzemięźliwość jomsborczyków co do kobiet, zda się to prawdopodobne. Żonaty nie zostałby jarlem jomsborskich zbójców, a potem, gdyby był żonaty, nie zimowałby w Jomsborgu, gdzie nie wolno było kobietom przebywać. Od roku 997 do 998 jest Olaf zaręczony z Sigrydą szwedzką, ale następnie zrywa z nią i żeni się niespodziewanie z Thyrą, siostrą króla Swenda Widłobrodego, wdową po dawnym jarlu i pretendencie do tronu szwedzkiego, Styrbiornie Starki.

W ciągu pięciu lat panowania w Norwegii Olaf wierny jest przyjaźni z Anglią i przy pomocy angielskiego duchowieństwa i pewnego niemieckiego księdza-zabijaki kładzie podwaliny pod chrześcijańską Norwegię, nawracając Norwegów, Islandczyków, Grenlandczyków i wyspy okoliczne. Jesienią 1000 roku (9 września) Olaf na czele potężnej floty wojennej najechał nagle na słowiańskie wody i pod Svolden -Zwłodziem przy wyspie Ranie (Rugii) wpadł w zasadzkę czyhającej na niego zjednoczonej floty duńsko-szwedzko-polskiej (wendyjskiej). Przeciwko królowi Olafowi wystąpiła koalicja trzech królów, więc króla duńskiego, króla szwedzkiego i króla polskiego, bo któż miał być tym trzecim królem, skoro z innych znanych nam uczestników bitwy ani Eryk, ani Swend, synowie Haakona, nigdy królami nie byli i nigdy w sagach królami nie są nazywani.

Olaf Tryggvason jest jednym z najpopularniejszych bohaterów sag skandynawskich. Zasłużył sobie na to pięknem swej postaci, znakomitą sprawnością sportową, męstwem i bojową dzielnością, uprzejmością i umiłowaniem piękna, także przyjaźnią dla skaldów. Umiał i lubił być popularny wśród swoich. Był jednak typowym wikingiem, Normanem czystej krwi, nieokiełzanym, pozbawionym tych cnót dynastycznych, które takiemu Kanutowi Wielkiemu przekazała z krwią Piastów jego matka — królewna słowiańska. Najistotniejszą zasługą Olafa Tryggvasona dla ojczyzny było to, że był istotnie pierwszym ochrzczonym władcą na tronie Norwegii i wiele uczynił dla nawracania, a raczej uświadomienia swych rodaków w zasadach nowej wiary. Nawrócenie Norwegii nie nastąpiło tak łatwo i prędko. Dla ujarzmionych przez Szwecję i Danię po klęsce swoldeńskiej Norwegów, Olaf stał się symbolem świetnej przeszłości i dumy narodowej. Imię jego identyczne z imieniem późniejszego oswobodziciela Norwegii, świętego Olafa Haraldssöna, z przydomkiem Tłusty (1016—1029), też zjednało Tryggvasonowi, dzięki pomieszaniu zasług, sporo chwały w późniejszych czasach, gdy chrystianizowano sagi. Że takie pomieszanie było łatwe, niech świadczy choćby przykład angielskiego historyka Davida Hume, który w czternastotomowej historii Anglii, płonąc nienawiścią do katolicyzmu, pisze dosłownie takie bzdury o Olafie Tryggvasonie: „Książę ten otrzymał zawołanie świętego Olafa od Kościoła rzymskiego, and notwithstanding the generał presumption which lies either against the understanding or morals of every one who in those ignorant ages was dignified with that title, he seems to have been a man of merit and of virtue" (edit. 1834 r. I. ch. III. p. 105). Kronikarz zaś Adam z Bremy, a więc świadek historyczny najstarszej daty, pisząc o Olafie Tryggvasonie, tak go ostatecznie charakteryzuje: „Niektórzy mają Tryggvasona za chrześcijanina, inni za odszczepieńca, wszyscy natomiast uważają go za kuglarza". Zapewne, jeśli prawdą jest to, że miłość do Sigrydy-Storrady tak go zaślepiła, iż k'woli zemście na niej, a za namową zazdrosnej żony Thyry, podjął się najazdu na słowiańskie ziemie i zgubił przez to Norwegię — zasłużył sobie raczej na charakterystykę Adama z Bremy niż na pochwały Davida Hume.

SIGRYDA Storrada, czyli Dumna, albo Świętosława, córka władcy Polski Mieszka I i Dąbrówki, księżniczki czeskiej, urodzona po 967 roku, młodsza siostra Bolesława Wielkiego. W roku 985 wychodzi Świętosława za mąż za Eryka, króla Szwecji, zyskującego sobie później przydomek Zwycięskiego (Segersäll). Adam z Bremy, mówiąc w swej kronice o sojuszu Eryka z Bolesławem przeciwko Danom, wyraźnie pisze: „Bolizlaus filiam vel sororem Herico dedit". W tym czasie Eryk przyjął chrzest z rąk mnicha Poppona, więc w 985 roku prawdopodobnie kapelana dworu Świętosławy, którą Szweda przezwali Sigrydą. Chrzest ten był może warunkiem małżeństwa Eryka z chrześcijańską księżniczką polską. Sigryda urodziła Erykowi dwoje dzieci, syna Olafa, późniejszego króla Szwecji z przydomkiem Skottkonung, i córkę Holmfridę, żonę Swenda, syna Haakona, namiestnika po 1000 roku części Norwegii, nad którą władała Szwecja. W roku 995 Eryk umarł w tajemniczych okolicznościach. Sigryda ostała się na tronie Szwecji jako królowa-wdowa, a raczej królowa--matka młodocianego następcy, a syna swego Olafa. Był to jej tytuł i prawo do rządzenia osieroconym przez śmierć króla państwem. Około 996—997 roku zaręcza się z Olafem Tryggvasonem, naonczas już królem sąsiedniej Norwegii. Zaręczyny te zostały w 998 roku gwałtownie zerwane po jakiejś awanturze, w czasie której Olaf uderzył Sigrydę rękawiczką w twarz, a Sigryda zaprzysięgła mu zemstę, jak przekazują sagi sprzyjające Olafowi Tryggvasonowi. Wnet po zerwaniu Sigryda wychodzi za mąż za króla Danii Swenda Widłobrodego, niedawno zwolnionego z niewoli polskiej, do której schwytał go jarl Jomsborga Sigvaldi. Olaf równocześnie żeni się z siostrą Swenda Widłobrodego, wdową po Stryrbiornie Starki, pretendencie do tronu szwedzkiego. W latach 999—1003 urodziła Sigryda Swendowi Widłobrodemu troje dzieci: Haralda, króla Danii do 1018 roku, Kanuta, króla Anglii, i córkę Świętosławę, zmarłą w Anglii może jako mniszka.

Po roku 1006 stosunki między Sigrydą a jej mężem Swendem tak się popsuły, że Sigryda opuszcza Danię i oddala się na wygnanie. Znając jej mocny charakter, który zjednał jej przydomek Storrady, czyli Dumnej, możemy się domyślać, że w tym zerwaniu ze Swendem niemałą rolę odgrywała ta jej właśnie duma. Zapewne te osiem albo dziewięć lat swego wygnania spędziła Sigryda w Szwecji u syna Olafa, pomagając mu rządzić państwem; może była w Norwegii u swej córki Holmfridy w Nidaros, ale prawdopodobnie najwięcej czasu spędziła u brata swego w Polsce, gdzie jej szukają w 1014 roku po śmierci Swenda synowie Harald i Kanut, aby ją zabrać do siebie. Fakt ten notują kronikarze i jest to fakt znamienny, świadczący, jak synom zależało na współżyciu z matką, której widocznie wiele zawdzięczali i kochali ją uczciwie, a Swend nie zdołał w nich odmienić tego uczucia, a może nawet nie chciał i sam tęsknił do niej, próżno usiłując uprosić Dumną, by wróciła.

Wróciła, lecz po śmierci męża — do synów. Być może, że do 1018 roku Sigryda przebywała w Danii u starszego syna, ale po tym roku, gdy Harald zmarł, najpewniej przeniosła się do Anglii do Kanuta, gdyż nic jej już wtedy z Danią nie wiązało, a Kanuta musiała miłować, gdyż był tego wart jako piękny i niezwykły człowiek. Jej inicjatywę upatrujemy w fakcie zachowania przy życiu dwóch małoletnich synów Edmunda Ironsida, więc prawych dziedziców tronu angielskiego i wysłanie ich najprzód do Olafa, króla szwedzkiego, a stamtąd do siostrzeńca Sigrydy, króla Węgier świętego Stefana, więc w bezpieczne i pewne ręce. Zmarła Sigryda w Anglii i tam pochowana, bodaj że w Winchester, w grobach królewskich. Słowiańskie imię Sigrydy-Storrady, Świętosława, odkrył uczony duński J. Steenstrup, a właściwie korzystający z niego prof. Zakrzewski na podstawie notatki nekrologowej z „Register and martyrology of New Minster and Hyde Abbey, Winchester" donoszącej, że zmarła: „Sanislaue soror Cnuti regis nostri". Jest rzeczą bardzo prawdopodobną, że córka Swenda i Sigrydy otrzymała swe słowiańskie imię po matce Piastównie, tym bardziej że nie nosi tego imienia inna znana nam w tym czasie Piastówna.

W 1953 roku profesor Józef Widajewicz ogłosił w „Przeglądzie Zachodnim" sensacyjny artykuł „Rodowód Piastówny — Adelajdy", z którego wynika, że matka Mieszka, więc babka Sigrydy, nosiła imię Świętosławy.

W czasie swego burzliwego żywota ta piękna polska księżniczka nosiła tytuły: królowej matki i wdowy Szwecji, królowej Danii i Norwegii, królowej matki Anglii, a oprócz tego zyskała sobie przydomek Storrady-Dumnej, który przyćmił jej największy bodaj tytuł do chwały, że była pierwszą chrześcijanką na tronie szwedzkim, także drugiego swego męża Swenda pojednała z religią i odrodziła chrześcijaństwo w Danii, nadto wpływem swym i doświadczeniem przyczyniła się najpewniej do zmiany nieokiełznanego charakteru swego syna Kanuta, który z dzikiego wikinga przeistoczył się w mądrego władcę i gorliwego chrześcijanina.

Nie dziw, że nie lubili jej skaldowie norwescy, przypisując Sigrydzie sprzężenie koalicji królów przeciwko Olafowi Tryggvasonowi, który w tym pojedynku zemsty z dumną królową postradał życie i tron.

SIGVALDI, syn Strutharalda, jarl Jomsborga, postać udokumentowana przekazami sag, o charakterze chytrego wikinga. W czasie walk między Haraldem Sinozębym a synem Sigvaldi miał trzymać stronę Haralda, ale po jego śmierci uległ ponoć namowom Swenda i przedsięwziął wyprawę jomsborczyków na Norwegię jarla Haakona i poniósł klęskę pod Hjörungayaag, przy czym sam wycofał się z bitwy, porzucając na pastwę zwycięzców swych towarzyszy, przez co w późniejszych sagach dosłużył się epitetu „podłego".

Chronologiczne ustalenie działalności Sigvaldiego na podstawie skąpych wiadomości o nim jest chyba niemożliwością. Sądzimy, że do jomsborczyków należał już za Palnatokego, grał tam pewną rolę i za Olafa Tryggvasona, a jarlem Jomsborga na służbie polskiej został po 990 roku i był nim aż do 1000 roku, do bitwy pod Svolden, w której zapewne odegrał poważną intrygancką rolę przeciwko Olafowi Tryggvasonowi.

W czasie swego jarlostwa w Jomsborgu, przed 998 rokiem walczy z Danami i raz, a może nawet dwa razy w tym czasie bierze w niewolę Swenda Widłobrodego, o czym pozostał wyraźny ślad w kronikach. Za pierwszym razem Duńczycy wykupują swego króla z rąk jomsborczyków na wagę złota (może ciało zmarłego tam Haralda, a nie Swenda?), za drugim zaś razem Sigvaldi przekazuje Swenda-jeńca Bolesławowi i swata go tam, a także i siebie z córkami królewskimi. Jest w tym przekazie ślad rzeczywistości, choć mętnie przedstawionej, o późniejszym małżeństwie Swenda Widłobrodego z Świętosławą-Sigrydą. Sigvaldi ożenił się ponoć z córką Bolesława Astrydą. W historii Polski nie ma śladu takiej Piastówny ani takiego związku, w sagach zaś często pomieszane są imiona Geiry, Sigrydy i Astrydy, które prawdopodobnie odnoszą się do jednej i tej samej postaci królowej Świętosławy-Sigrydy.

Być może jednak, że Sigvaldi był żonaty z Piastówna, jeśli sagi tak uporczywie to stwierdzają, i umiał swoje małżeństwo pogodzić z jarlostwem bezżennych jomsborczyków.

W bitwie pod Svolden-Zwłodziem w 1000 roku Sigvaldi miał odegrać rolę zdrajcy przeciwko Olafowi Tryggvasonowi, wciągając go w zasadzkę, na korzyść królowej duńskiej Sigrydy i jej brata Burisleifa. Pięknie to w wierszu oddaje wierny tłumacz sagi o Olafie Tryggvasonie, poeta angielski Longfellow. Oto ważne dla nas strofki tego poematu:

Do spiskujących przeciwko Olafowi Tryggvasonowi trzech królów: „With them Earl Sigvald came, Eager for spoil and fame. Pity that such a name stooped to such treason!"...

Do Olafa Sigvaldi woła: „Follow me! I your pilot will be, For I know all the channels where flows the deep sea!

So into the strait where his foes lie inwait, Gallan King Olaf sails to his fate!

Then the sea-fog veils, the ships and theirs sails. Queen Sigrid the Haughty! Thy vengeance preveils!"

Po 1000 roku cicho o Sigvaldim. Pewne ślady wskazują, że gospodarował w Skanii, także mamy wzmianki o jego żonie Astrydzie.

Musimy wyznać bezstronnie, że wszyscy skaldowie, a szczególnie norwescy, lubujący się w postaci bohaterskiej Olafa Tryggvasona, nie lubili osobiście Sigvaldiego, wiedząc, że on był głównym sprawcą klęski Norwegów. Dlatego Sigvaldiego oczerniają często niesprawiedliwie, a za nimi to powtarzali i przepisywali późniejsi, stąd oczerniali Sigvaldiego nawet wstecz, za jego dawne, przed zdradą Olafa pod Svolden popełnione czyny, jak na przykład haniebne rzekomo zachowanie się w czasie bitwy pod Hjörungavaag. Ta nieprzyjazna o Sigvaldim opinia u skaldów normańskich utwierdza nas w przekonaniu, że służył on uczciwie obcym dla Normanów interesom polskim, Burisleifa Wielkiego i jego siostry Sigrydy.

Zob. Bitwa pod Svolden.

SWEND Widłobrody (Tiugeskegg), król Danii, syn króla Haralda Sinozębego (Blaatanda) i Gunhildy, Słowianki, księżniczki obodryckiej (?) urodzony około 965 roku, ochrzczony jako dziecko przez cesarza Ottona około 966 roku z imieniem drugim Otto. W wieku chłopięcym był przez parę lat zakładnikiem na dworze cesarskim Ottona w tym samym czasie, gdy przebywał tam w podobnym charakterze rówieśnik Swenda, Bolesław polski.

Pierwszym, ważniejszym występem historycznym Swenda była jego waśń, w walkę zbrojną przerodzona, z ojcem Haraldem, który w bitwie ze stronnikami syna został ciężko raniony i schronił się przed Swendem wśród Słowian na wyspę Wołyń, prawdopodobnie do Jomsborga, gdzie zmarł z ran. Pisze o tym Adam z Bremy tymi słowy: „In quo miserabili et plus quam civili bello victa est pars Haraldi. Ipse autem vulneratus ex acie fugiens ascensa navi elapsus est ad civitatem Sclavorum, que Jumne dicitur".

Harald Sinozęby, noszący w sagach tytuł Poskromiciela Wendów, tj. Słowian, był założycielem warowni jomsborskiej, by przez osiadłych tam wikingów panować nad bogatym ujściem wielkiej rzeki słowiańskiej Odry. Założycielem tej twierdzy z ramienia Haralda miał być legendarny jarl Palnatoke, który użyczał pomocy Styrbiornowi Starkiemu w jego wyprawie tragicznej do Szwecji. Po tragedii Styrbiorna i śmierci Haralda Jomsborg został przez Polaków zhołdowany, a jego załoga użyta prawdopodobnie do wspomożenia sojusznika Polski, męża Świętosławy-Piastówny, Eryka, przeciwko Danii, odziedziczonej świeżo przez Swenda Widłobrodego. W wyniku współdziałania sojuszników: Polaków i Szwedów, Dania została rozgromiona, a Swend wygnany ze znacznej części swego królestwa. Oto jak o tym pisze najstarszy i najwiarogodniejszy kronikarz tych spraw, magister Adam z Bremy w „Gesta Hammaburgensis ecclesiae pontificum". „Haricus rex Sueonum cum potentissimo rege Polanorum Bolizlao foedus iniit. Bolizlaus filiam vel sororem Herico dedit. Cuius gratia societatis Dani a Sclavis et Sueonibus iuxta impugnati sunt. Bolizlaus rex christianissimus, cum Ottone tertio confoederatus, omnem vi Sclavoniam subiecit et Ruziam et Pruzzos, a quibus passus est sanctus Adalbertus (Wojciech) cuius reliquias tunc Bolizlaus transtulit in Poloniam (L.II. schol. 24/25)".

A więc Danowie, czyli Swend, zostali pokonani wspólnie przez Bolesława i Eryka, królów Polski i Szwecji. Swend w latach 986—994, bezradny wobec wrogich sojuszników, tuła się po morzach, zbierając z łupieżczych wypraw na Anglię środki do odzyskania swego królestwa. W wyprawach tych pomagają mu chciwi każdego łupu jomsborczycy, nie mający na Bałtyku i na ziemiach słowiańskich swobody działania. W końcu 994 roku Swend ponawia próbę odbicia Danii i organizuje w tym celu sojusze z poganami-Słowianami Obodrytami i Weletami, nieprzyjaznymi Polakom i Niemcom. Cesarz Otto III zorganizował wyprawę przeciwko Obodrytom, wzywając do pomocy Polaków i Czechów. Jednocześnie rozgorzała walka na terenie południowej Jutlandii, gdzie wystąpiły przeciwko Swendowi wojska szwedzkie pod wodzą Eryka i wspomagający go jomsborczycy. Jest rzeczą prawdopodobną, że Swenda wspomagali Norwegowie, może pod wodzą synów jarla Haakona. Olaf Tryggvason, zimujący w 995 roku w Jomsborgu, nie brał udziału w tej walce, której kulminacyjnym punktem była krwawa, lecz bodaj nie rozstrzygnięta bitwa pod Heideby. Bitwę tę ponoć wygrał Eryk szwedzki, ale zaprzepaścił owoce zwycięstwa, wycofując się nagle z pola walki. Śmierć Eryka, która nastąpiła w końcu 995 roku, jednoczesna wyprawa zwycięska Olafa Tryggvasona na podbój Norwegii stworzyły warunki pomyślne dla Swenda, dzięki którym odzyskał władzę w swym królestwie. Uporawszy się ze zjednoczeniem pod swym berłem duńskich ziem, Swend rozpoczął podjazdową walkę z Polakami, która wszakże kończy się dlań klęską, gdyż zostaje wzięty do niewoli przez jomsborczyków, którzy królewskiego jeńca przekazali Polakom. Swend podobno dwa razy był w niewoli Słowian, więc najpewniej Polaków, którzy władali nad tą częścią Pomorza, gdzie Swend zapuszczał swe zagony najeźdźcze. Tę pierwszą niewolę skłonni jesteśmy odnieść do okresu walki Swenda z ojcem jego Haraldem, zapewne w 985 roku. Z pierwszej niewoli został Swend ponoć wykupiony na wagę złota kosztownościami zebranymi przez swych poddanych. Drugi raz, pewnie około 998 roku, uwięziony przez jarla Sigvaldiego, oddany na łaskę Bolesława. Pisze o tym „Chronicon Roskildense" i Saxo Grammaticus, a Adam z Bremy upatruje w tym dopust Boży jako karę za walkę przeciwko rodzicowi i tak pisze: „Swend cum bellum susciperat contra Sclavos, bis captus est et in Sclavoniam ductus, faciens a Danis ingenti pondere auri redemptus est". (L. II. s. 29). Że chodzi tu o niewolę w Polsce, nie ulega wątpliwości, bowiem Slavonia — to nazwa Polski kościelna, w aktach rzymskich i cesarskich, a i u tegoż Adama z Bremy w „Scholiach" (24—25) wyraźnie powiedziano, że „Bolizlaus, rex Polanorurn, całą Slavonię sobie podwładną uczynił". Tajemnicza to była niewola, skoro z niej jeniec Swend wychodzi jako narzeczony, a wrychle mąż siostry Bolesława Wielkiego, naonczas narzeczonej Olafa Tryggvasona, królowej-wdowy Szwecji. W tej tajemniczej niewoli kryje się źródło legendy odzwierciedlonej w sagach skandynawskich o swatach na dworze króla Burisleifa windlandzkiego między jarlem Sigvaldim i Swendem, królem Danii, o polskie królewny: Gunhildę i Astrydę. Imiona tych polskich księżniczek są poplątane i poprzekręcane wprawdzie, ale trudno dziwić się temu, zważywszy, jak trudne do wymowy było brzmienie słowiańskich imion dla cudzoziemca, a nadto gdy uwzględnimy, że te imiona przekazują nam sagi, które kształtowały się w ustnej tradycji przez kilkaset lat, zanim je w końcu na chrześcijańską modłę przerobione — zapisano. Przykładem bałamuctw pokutujących w tak ważnej sprawie jak małżeństwo Swenda, więc w sprawie genealogii jego synów, z których jeden, Kanut Wielki, był wielkim zdobywcą i monarchą, chlubą historii Anglii i założycielem nietrwałej wprawdzie dynastii, jest to, co pisze o Swendzie w najstaranniejszym wydaniu najwspanialsza encyklopedia świata „Encyclopaedia Britannica" (wyd. XI): „About the same time (994) he (Sweyn) repudiated his first wife Gunilda, daughter of duke Mieszko of Poland and married king Eric's widow, Sigrid. This lady was a fanatical pagan of a desquieting strength of character etc.". Jednocześnie ta sama encyklopedia mówi gdzie indziej, że Kanut (Canut) urodzony w 995 roku był synem córki Mieszka I, księcia Polski, pierwszej żony Swenda. Współczesny tym wypadkom kronikarz niemiecki Thietmar tak pisze: „o młodszym rodzie jaszczurczym, czyli o synach Swenda prześladowcy. Tych mu wydawała na świat córka Mieszka księcia, siostra

Bolesława, jego syna i następcy, która wygnana przez męża żyła czas długi w odosobnieniu, a nie mniejszej od innych doznawała na sobie gwałtowności".

Adam z Bremy pisze o tym: „Post mortem diu optatam Herici (Eryka) Suein ab exilio regressus, obtinuit regnum patrum suorum, anno depulsionis vel peregrinationis suae 14. Et accepit uxorem Herici relictam, matrem Olaph, quae peperit ei Chnud (Canut)". Ponieważ wiemy, że Sigryda owdowiała w 995 roku, że była potem zaręczona z Olafem Tryggvasonem, a najpewniej zaręczyła się przynajmniej po roku żałoby, ponieważ z jej dwóch synów ze Swenda, Harald był raczej starszy i dlatego dziedziczył po ojcu tron Danii, nijak nie możemy zgodzić się z „Encyklopedią Brytyjską", by Kanut mógł się urodzić w 995 roku. Urodził się najwcześniej w 999 roku. Młodzieńczy wiek Kanuta w 1016 roku, gdy podjął wyprawę na Anglię, bynajmniej nie musiał obniżać jego wartości i sławy dowódcy. Po ojcu odziedziczył zastęp wytrawnych wodzów, a o jednym z nich, niejakim Turgucie (Turgut), wspomina Thietmar. Historia zna wiele podobnych przykładów. Wpływ małżeństwa z Sigrydą tym się wyraźnie zaznaczył w panowaniu Swenda w Danii, że od tej pory wyraźnie odmienił swój dotychczas wrogi stosunek do chrześcijaństwa, protegował biskupów angielskich (Sigeric), popierał misję w Saksonii (Godibald), budował kościoły i wydał w tym czasie siostrę swą Gunhildę za earla angielskiego Palinga. Gdyby historycy angielscy, zamiast zawierzać sagom normańskim, które nienawidziły Sigrydy, sprawczyni klęski i śmierci Olafa Tryggvasona, bohatera Norwegii i przyjaciela Anglii, szukali o niej wiadomości w innych źródłach, których mają może więcej od nas, może by i znaleźli, że Sigryda była szczególnie życzliwa dla Anglii, może była wrogiem rajdów Swenda na Wyspę Brytyjską i kto wie, czy to nie przyczyniło się nawet do małżeńskiego rozdźwięku na dworze duńskim.

Zarzut, że Sigryda była „a fanatical pagan", jeżeli pochodzi z ust autora „Olaf's Drapa" Hallfredhr Ottarsona, który po bitwie pod Svolden ślubował pomścić śmierć Olafa Tryggvasona, a Sigrydę uważał za sprawczynię jego klęski, więc nienawidził jej szczerze, ma dla Sigrydy raczej chwalebną pod względem religijnym wartość, gdyż trzeba pamiętać, że skald Hallfredhr był rasowym poganinem, ochrzcił się pod przymusem moralnym, ale tak nieszczerze, że Olaf Tryggvason za jego wybryki po chrzcie nadał mu przydomek Vandraedhaskald, co znaczy: „skald sprawiający kłopot".

Po bitwie pod Svolden Swend, jako jeden z trzech królów-pogromców Olafa Tryggvasona, zdobył panowanie nad południową częścią zdobytej Norwegii. Najwyraźniej Swend wówczas, jako mąż Sigrydy-Piastówny, zajął miejsce Eryka szwedzkiego, jako sojusznik Polski, dla której przyjaźń ze Szwecją, wobec nowego układu sil na Bałtyku, miała już o wiele mniejsze znaczenie. Dla Polski pokój, a nawet przyjazne stosunki z Danią w przededniu wojny z Niemcami miały nieocenioną wartość, zabezpieczając granice pomorskie. Dla Danii wojna niemiecko-polska i sojusz ze Szwecją były okolicznością niezwykle sprzyjającą spokojnemu rozwojowi ekspansji zagranicznej, która ześrodkowała się na podboju Anglii. Na okres ten przypada wzmożenie pokojowe misji chrześcijańskich w krajach skandynawskich, szczególnie w Szwecji i Danii. Na tym miejscu z żałością notujemy, co o tym okresie piszą zagraniczne autorytety, które może reprezentować w popularnym przekroju nauki takie źródło jak „Encylopaedia Britannica". W artykule o Swendzie I czytamy tam ni mniej, ni więcej: „Jego najznakomitszy wyczyn, Svolde, był zapewne wygraną kosztem chrześcijaństwa, ponieważ spowodował śmierć świętego Olafa". Zdumiewa i tu ten sam błąd, który wytknęliśmy w życiorysie Olafa Tryggvasona wielkiemu historykowi Dawidowi Hume: pomieszanie dwóch tak różnych, a tak wybitnych postaci, jakimi byli Olaf Tryggvason i Olaf Haraldson święty. Nie mniejszy to błąd jak pomieszanie dla Polaka Bolesława Śmiałego z Bolesławem Krzywoustym.

Po pamiętnej rzezi Danów w noc St. Brice zarządzonej przez króla Ethelreda, w czasie której zginęła zarżnięta i siostra Swenda, Gunhilda, wraz z mężem swym earlem Palingiem i małymi dziećmi, Swend wznowił bezwzględną walkę z Anglią, poświęcając się zupełnie podbojowi Wyspy Brytyjskiej. Odwrócił się przy tym całkowicie od spraw bałtyckich i słowiańskich, może wbrew usiłowaniom małżonki swej Sigrydy, która chciała go wciągnąć do akcji sojuszniczej na korzyść brata swego Bolesława Wielkiego, wojującego naonczas z Niemcami. Swend zmarł nagle dnia 2 marca 1014 roku w Anglii u progu ostatecznego podboju Wyspy Brytyjskiej.